J.-E. LABORDE

L'Esprit

de

Saint François Xavier

Prix : 5 Francs

S'adresser à :

M. l'Abbé LABORDE, Rue de
SAINT-AUGUSTIN BORDEAUX

1940

J.-E. LABORDE

L'Esprit

de

Saint François Xavier

S'ADRESSER A

M. L'Abbé LABORDE, 102, Rue Berruer

SAINT-AUGUSTIN-BORDEAUX

1920

Avant-Propos.

Depuis longtemps, nous avions recueilli les éléments de cet ouvrage, en puisant dans les différentes vies de saint François Xavier et dans les traductions de ses lettres. Mais quand parurent les travaux critiques du P. Léonard Cros et les *Monumenta Xaveriana* publiés par les Pères espagnols, nous comprîmes que notre travail était à refaire : nous l'avons refait.

Cédant au goût de leur époque, les auteurs de ces vies et de ces traductions estimaient que la pensée du saint, si simplement et si clairement exprimée, ne pouvait décemment se présenter devant le lecteur, si elle n'était revêtue de l'ample vêtement de la période et du style oratoire. Le grave inconvénient de ce procédé, c'est que la pensée de l'Apôtre s'énervait au milieu de ces développements, et qu'on y mêlait d'autres pensées, pieuses sans doute, mais dont le saint n'aurait peut-être pas voulu reconnaître la paternité.

Les lecteurs de notre époque, plus amis de l'exacte vérité, récusent tous ces enjolivements : ils ont raison. Pour satisfaire à leur légitime désir, nous avons puisé nos documents aux sources les plus autorisées et nous livrons les pensées de l'Apôtre telles que nous les donnent les originaux.

En publiant *L'Esprit de saint François Xavier*, nous n'avons pas l'intention de diminuer le moins du monde l'intérêt des vies publiées en ces derniers temps, plus respectueuses des règles d'une saine critique, mais quand on écrit la vie d'un saint, on est conduit facilement à faire maintes digressions sur les mœurs, les habitudes, le climat, les habitants au milieu desquels le saint a vécu : ces digressions ont leur valeur ; néanmoins le lecteur perd de vue, parfois pendant plusieurs pages, le saint qu'il étudie. Sans doute, il y a compensation, mais, ici encore, l'inconvénient subsiste.

La seule prétention de ce livre est de nous faire pénétrer plus avant dans l'âme de saint François Xavier, et de mettre plus en

relief les sentiments qui vivifiaient ses œuvres extérieures. Il y a
là, dès lors, communication plus intime d'âme à âme, de cœur à
cœur.

Beaucoup de prêtres sont les imitateurs des œuvres extérieures
du grand Apôtre des Indes. Si la lecture de ces pages leur inspire
la résolution d'animer leurs actions des mêmes sentiments que
ceux de saint François Xavier, notre but sera atteint.

Que Dieu donne à ce désir sa pleine réalisation !

En la fête de saint François Xavier, le 3 décembre 1919.

J.-E. LABORDE, s. j.

L'Esprit de saint François Xavier.

L'esprit du *Santo Padre* n'est pas mort avec lui, il s'en faut. Sur ses traces, depuis trois siècles et demi, c'est par milliers que les missionnaires ont tout quitté pour aller prêcher l'Évangile aux Malais, aux Indiens, aux Chinois, aux Japonais, et, parmi eux, en est-il beaucoup pour qui Xavier ne soit pas le père, l'initiateur ?

Jadis, quand presque tous les Pères Jésuites s'embarquaient à Lisbonne pour l'Orient, c'est de son autel qu'ils partaient. Réunis dans sa chapelle, au collège Saint-Antoine, ils écoutaient l'un d'eux prêcher. Le sermon se terminait par une ardente prière au saint : après quoi, l'on s'embarquait. Sur le vaisseau, tout rappelait son souvenir. Aux heures d'angoisses, c'est lui qu'on invoquait. C'est lui qu'on imitait auprès des malades, et si quelqu'un se distinguait dans ces œuvres de zèle et de charité, l'on ne manquait pas de déclarer : « C'est un autre Xavier ».

Saint Vincent de Paul disait à ses prêtres qu'il envoyait à Madagascar : « La première chose que vous aurez à faire, ce sera de vous mouler sur le voyage que fit le grand saint François Xavier, de servir, édifier ceux des vaisseaux qui vous conduiront, y établir prières publiques, si faire se peut, avec un grand soin des incommodités, et s'incommoder toujours pour les autres ».

Arrivés à Goa, les missionnaires faisaient provision de courage auprès de la châsse du saint, dans sa chapelle dorée du Bon Jésus. De là, ils repartaient pour les quatre coins de l'Asie, croisant ses traces, à chaque grand voyage, saluant au passage les villes où il avait prêché, trop heureux quand Dieu leur faisait la grâce de fouler le même sol que lui.

Et ce ne sont pas des noms vulgaires que ceux de ces Jésuites, fondateurs, organisateurs, soutiens d'églises : Nobili, Ricci, Valegnano, Alexandre de Rhodes qui ont planté la croix là où Xavier emporté par la mort n'avait pas eu le temps d'aller. A sa suite, il conduit une longue procession de martyrs, recrutés parmi ses frères, une quarantaine massacrés dans les Indes et à Ceylan, vingt-sept en Indo-Chine, trente-deux en Chine, cent onze au Japon, une dizaine dans l'archipel indien, vingt-quatre tués en mer, tandis qu'ils gagnaient leur mission. Pourquoi ne pas ajouter d'autres victimes qui ont souffert autant, plus peut-être, que les martyrs proprement dits, les missionnaires arrachés par Pombal à leurs fidèles et dont plus de cinquante meurent en mer ou en prison. Quarante sont sur les autels, autant attendent leur béatification.

Là n'est pas toute la couronne de Xavier. Il n'a pas eu de disciples et d'enfants que dans sa chère Compagnie de Jésus. Eux aussi, les prêtres des Missions étrangères, pour ne parler que d'eux, ont le droit de se réclamer de lui. Il est leur patron très spécial. C'est son image qui les salue et qui leur montre l'Orient quand ils quittent leur séminaire, les yeux fixés sur les terres lointaines qui les appellent. Parmi les terres sanctifiées par son passage, deux leur sont confiées : Malacca et son cher Japon. Et voici la longue théorie de leurs bienheureux martyrs de Chine et de l'Indo-Chine, en attendant ceux de Corée. Eux aussi, ils forment la survivance de saint François Xavier : ils ont hérité de son esprit...

Mais il l'a fait aussi chef et modèle de ces innombrables apôtres qui, tous les jours, prolongent le sillon qu'il a ouvert. Pour tous, quels qu'ils soient, de grandes leçons se dégagent de sa vie. Confiance absolue en Dieu, vaillance fondée sur un abandon complet de son être entre les mains du Père qui est aux cieux, amour qui brave tous les obstacles et piétine toutes les peurs, espoir qu'aucun échec ne rebute, constance à reprendre l'œuvre brisée ou interrompue. Puis, attention toujours éveillée sur ce qui peut être utilisé pour l'extension du royaume de Dieu, étude assidue des progrès à réaliser, pas de dédain systématique et puritain pour les moyens humains honnêtes, assez de prudence pour en user discrètement, assez de foi pour savoir s'en passer. En face de Dieu, prière continue ; devant les petits, les faibles, les pécheurs, bonté inlassable ; devant les puissants, respect, mais franchise et sainte indépendance ; pour soi-même, aucun égard ; aucun retour sur sa personne, ses droits, ses convenances, sa santé, son autorité ; « tout pour le Maître et pour l'œuvre, rien pour l'ouvrier. » (Brou, II, 424.)

Son grand amour de Dieu
et de Notre-Seigneur Jésus-Christ.

La première grâce que Dieu confère à un futur missionnaire, c'est, habituellement, de le faire naître au milieu d'une famille bien chrétienne. Sous ce rapport, Xavier fut privilégié.

Tout, dans le Castillo où il naquit, parlait à la foi de l'enfant. Dans la chapelle agrandie par les soins de son père et devenue abbaye, on chantait la grand'messe tous les samedis, en l'honneur de Notre-Dame, et le lundi, pour les morts. Tous les jours encore, vêpres chantées ; tous les jours, chant du *Salve Regina*.

La famille avait ses dévotions traditionnelles, et l'Apôtre en emporta le souvenir à travers le monde. Parmi les patrons de choix, il y avait saint Jérôme qui lui apparaîtra plus tard à Bologne ; saint Michel donnait son nom à la grosse tour du château : il était le patron immémorial des Asnarez ; la chapelle intérieure lui était dédiée. C'est lui que le missionnaire donnera pour protecteur à l'Église du Japon.

L'enfant grandissant n'a autour de lui que les images de paix, de foi, de piété. Mais de tous ses parents, celle qui eut sur lui la plus salutaire influence, ce fut sa sœur Madaléna de Jassu qui lui donna l'exemple du renoncement au monde, alors que le monde lui souriait. Elle devint abbesse du couvent où elle se retira et fut favorisée de Dieu de grâces extraordinaires. C'est elle qui détermina ses frères à laisser Xavier à l'Université de Paris assurant que, dans les desseins de Dieu, il devait devenir une des colonnes de l'Église. (Cros, I, 5.)

Toute la jeunesse de Xavier s'écoula dans une atmosphère de foi et de piété ; c'est là qu'il puisa cet amour et ce respect pour Dieu qui ira se développant jusqu'à sa mort.

Quand il prononçait le nom de Dieu, c'était avec une expression toute particulière qui faisait impression; presque toujours, à ses lettres ou en ses conversations, il ajoutait : Dieu Notre-Seigneur ou Dieu notre Créateur et Souverain Seigneur ou sa Souveraine Majesté, manifestant ainsi ses sentiments intimes de respect.

C'est au sein de sa famille encore qu'il puisa son extraordinaire dévotion envers la Très Sainte Trinité. Son grand-père, Arnalt Périz de Jassu, terminait ses lettres par ces mots : « Que la Très Sainte Trinité vous ait en sa sainte grâce ou garde ! » La mère de Xavier accompagnait sa signature de trois petites croix en l'honneur de la Très Sainte Trinité, usage que suivit quelquefois Xavier. Sa sœur Madalena ne cessait de répéter de jour et de nuit dans les insomnies : « *Gloria Patri et Filio et Spiritui Sancto.* » Telle fut aussi la pieuse habitude de Xavier, et tous ses contemporains font remarquer qu'on n'entendait habituellement de sa bouche que ces mots : « O Christ Jésus ! O Très Sainte Trinité ! »

Un des témoins dans le procès de canonisation raconte que tandis qu'il naviguait avec Maître François, alors occupé à confesser, une tempête terrible s'éleva ; matelots et passagers crurent leur dernière heure arrivée. Maître François monta sur le pont, encouragea tout le monde, puis, se redressant, il fit sur les flots un grand signe de Croix en prononçant à haute voix ces mots : « Au nom du Père et du Fils et du Saint-Esprit, O Sainte Trinité, ayez pitié de nous et de ces pauvres gens ! » Il redescendit dans sa cabine pour continuer les confessions interrompues, et la tempête cessa comme par enchantement. (Mon., II, 245 ; Cros, *Doc.*, 512.)

Dans sa Règle de vie chrétienne, il écrit en tête :

« Le chrétien qui ne se contente pas d'en prendre le titre et qui fait profession de l'être effectivement et par une pratique solide doit, dès le matin, à son réveil, diriger son esprit vers l'accomplissement de trois actes qui sont les prémices de ses devoirs envers Dieu.

» Le premier est la confession et l'adoration de la Très Sainte Trinité de Dieu unique en sa nature et triple dans ses Personnes. C'est le caractère du christianisme que cette profession de foi et cet hommage envers les trois Personnes divines dans une essence unique, et nous accomplissons le devoir de cette profession de foi par l'acte formel du signe de la Croix, et l'expression simultanée des noms du Père, du Fils et du Saint-Esprit, ainsi que l'Église l'enseigne à ses enfants ; en même temps, notre esprit doit accompagner par une pieuse intention le mouvement de la main et le son de la voix. Vous devez vous signer, au moment de votre réveil, au front et à la poitrine et proférer au même instant, dans le profond recueillement d'un esprit vraiment religieux, l'invocation solennelle de la Très Sainte Trinité, Père, Fils et Saint-Esprit, pour adorer Dieu, l'unique Éternel, le Tout-Puissant, le souverainement Bon... » (Pagès, I, 195.)

Une dévotion très tendre inclina toujours François vers Notre-Seigneur Jésus-Christ enfermé dans le Tabernacle.

Vers la fin de la mi-carême 1537, il fit avec Ignace et ses autres compagnons le pèlerinage de Rome. Il revint avec eux, à Venise, où tous furent ordonnés prêtres, le 24 juin, fête de saint Jean-Baptiste. Pour se préparer à la célébration de sa première messe, François se retira avec Salmeron en un lieu solitaire, appelé Monsebée ; il y passa quarante jours dans la prière et la pénitence. Ce fut à Vicence qu'il offrit, pour la première fois, le Saint Sacrifice.

Ce que dut être pour lui ce jour béni, on peut l'entrevoir à la ferveur avec laquelle il monta toujours à l'autel : il célébrait la messe avec une joie mêlée de larmes. On eût dit, non pas qu'il croyait, mais qu'il voyait de ses yeux ce qui est caché sous les espèces eucharistiques. Si ardente était son âme, si brûlant son visage, qu'à le voir pleurer, les assistants ne pouvaient s'empêcher de pleurer eux-mêmes. Par la suite, tout le cours de sa vie, il garda ce vif sentiment de piété, et l'on eût toujours dit un prêtre qui, pour la première fois, goûte les douceurs de l'autel.

Lorsque Ignace l'envoya à Bologne, durant la nuit, Xavier, parfaitement éveillé, eut une apparition de saint Jérôme qui lui prédit qu'il aurait beaucoup à souffrir en cette ville.

Dès les premiers jours de son arrivée, il alla prier à l'église de Saint-Dominique ; près des restes de ce grand saint, il sentit s'aviver en lui la flamme du zèle et, dès ce moment, il manifestait à ses amis son désir de travailler à la conversion des infidèles.

Devant cet autel, il versait des larmes en abondance. Les assistants contemplaient étonnés ce prêtre inconnu, jeune encore, d'une ferveur si extraordinaire. Un chanoine de la ville lui offrit un logement dans sa maison ; on put l'épier à loisir et l'on put constater que le temps du sommeil se passait pour lui à se mortifier et à pleurer sur les souffrances de Jésus en Croix. Le chanoine essaya de le modérer, ce fut en vain. Plus tard, il porta sur lui ce témoignage : « Il parlait peu, mais ses paroles étaient d'une efficacité merveilleuse. Dans ses prédications, telle était son ardeur qu'elle se communiquait vite à l'auditeur. Je l'ai vu souvent répandre d'abondantes larmes à l'autel, surtout quand il célébrait la messe de la Passion. Aussi l'ai-je vu quelquefois tellement ravi au *memento* des vivants qu'on ne pouvait le tirer de son ravissement et il fallait attendre une heure entière, qu'il en revînt de lui-même; c'était un homme de grande oraison. » (Brou, I, 62; Cros, I, 275.)

Arrivé à la Cour du roi Jean III, Xavier s'employa avec zèle à rétablir l'usage de la Sainte Communion. Il écrit à Ignace : « Autre nouvelle d'ici, c'est que la Cour est bien réformée, et tellement qu'elle tient plus d'une maison religieuse que d'une Cour. Un si grand nombre se confesse et communie, tous les huit jours, sans y manquer, qu'il y a vraiment sujet de louer et bénir Dieu; notre travail de confessions est tel que, fussions-nous deux fois plus nombreux, nous aurions encore des pénitents de reste pour nous occuper tout le jour et une partie de la nuit. Encore, il ne s'agit que des gens de la Cour, sans parler du peuple. Quand nous étions à Almérin, campagne et résidence du roi pendant l'hiver, ceux qui venaient à la Cour pour affaires s'émerveillaient d'y voir tant de communiants, les dimanches et les fêtes; entraînés par cet exemple, ils faisaient comme eux; de sorte que, si nous étions plus nombreux, nul ne viendrait négocier avec le roi qu'il ne songeât à négocier avec Dieu. » (Mon., I, ép. 9.)

Sa dévotion envers la Très Sainte Eucharistie ne fit que croître quand il fut parvenu au pays des Missions.

Obligé de rester cinq mois à Malacca, plus que jamais sa prière y devint une prière ininterrompue. Il couchait souvent dans la sacristie. Pendant la nuit, il se glissait dans l'église et se tenait à genoux devant le Tabernacle. Quand ses genoux fléchissaient, il s'accoudait sur les marches, et c'est là que les premières heures du jour le retrouvaient, priant ou vaincu par le sommeil.

Il disait sa messe de très bon matin, il ne pouvait alors consacrer, ni communier sans larmes. Le Saint Sacrifice n'était souvent qu'une longue extase. Nombre de témoins ont affirmé l'avoir vu alors, élevé au-dessus de terre. Donnait-il la Sainte Communion, il ne pouvait s'empêcher de tomber à genoux et, parfois, tandis qu'il se pâmait ainsi devant les fidèles, l'extase le soulevait d'un pied au-dessus du sol. Parfois encore le ravissement se prolongeait, et le servant devait le tirer par les ornements pour le ramener à lui et il n'y arrivait pas toujours. De ces flots d'amour, quelque chose rejaillissait sur les assistants qui se sentaient portés à la ferveur. (Sousa, I, 49.)

Le plus possible, dans les résidences, il tâchait d'avoir sa chambre près de l'église, afin de pouvoir, pendant la nuit, s'y retirer pour prier. Au collège de Goa, il aimait une petite tribune qui donnait sur le sanctuaire et d'où il voyait le Tabernacle. Parfois, il allait s'agenouiller devant l'autel, où parfois la fatigue le gagnait; il passait alors deux ou trois heures de sommeil sur les degrés de l'autel. Alors, même pendant ce léger sommeil, on l'entendait qui soupirait en rêve : « O Jésus, mon Créateur, ô Roi bien-aimé de mon âme. » (Brou, II, 282.)

Plusieurs, en effet, de ceux qui ont veillé près de lui pendant son sommeil affirment l'avoir entendu pousser ces exclamations : « O Très Sainte Trinité! O Jésus! O Marie! »; et quand, à son réveil, on lui demandait pourquoi il soupirait ainsi, il se contentait de répondre : « Je ne m'en aperçois pas. » Ainsi, non seulement c'était dans la veille que le saint homme avait Dieu dans le cœur et sur les lèvres; mais dans le sommeil même, il goûtait le repos en Dieu. (Bul. de Can.)

Il avait à cœur tout ce qui touchait au culte de la Sainte Eucharistie : liturgie, ornements, chants. Il ne négligeait rien pour que les fêtes eucharistiques fussent célébrées avec toute la splendeur possible; il dit lui-même combien de telles fêtes lui ravissaient l'âme.

Sa joie, en partant pour le Japon, c'est qu'il aura le bonheur de dire la Sainte Messe, messe la première qui aura été célébrée sur cette terre infidèle, et qu'ainsi Jésus-Eucharistie prendra possession de ce nouveau royaume. Mais après avoir séjourné au Japon, il ne cache pas aux futurs ouvriers évangéliques qui seront appelés que leur plus grand et plus dur sacrifice sera celui de ne pouvoir célébrer tous les jours la Sainte Messe.

« C'est l'épreuve la plus grande parmi ces Universités japonaises, écrit-il, l'étendue des distances ne permet point de porter avec soi les objets nécessaires au Saint Sacrifice et l'on doit rester privé de l'aliment céleste qui confirme le cœur de l'homme et qui est l'unique consolation de tous les maux. C'est, en effet, dans ces contrées, la plus douloureuse de nos peines. On ne saurait transporter sans péril les vases sacrés pour le Saint Sacrifice, à travers des routes infectées de voleurs. » (Épis. Fim. Rod., 1552.)

Nous dirons plus bas ce qu'étaient les Indes, au point de vue moral, quand François Xavier y arriva, et le changement que son zèle y opéra. Au témoignage de tous ceux qui vécurent avec lui, ce fut surtout en portant les âmes à la fréquentation des Sacrements de Pénitence et de l'Eucharistie qu'il réalisa ce bien. Il jugeait, et cela aussi bien par science expérimentale que par science théologique, que son action sanctificatrice n'aurait aucune consistance si les âmes négligeaient la Sainte Communion, où est la vraie force du chrétien. En chaire, dans les conversations, dans ses lettres, au confessionnal, partout, il prêchait la communion; il voulait même de certains pécheurs dont il avait entrepris la conversion la communion quotidienne, ce qui n'était pas sans exciter l'étonnement de ceux qui en étaient témoins. Xavier avait été formé à l'école de saint Ignace, et, comme lui, il était un ardent propagateur de la communion fréquente.

Aussi le P. Melchior Nuñez pouvait écrire, à la date du 7 décembre 1552 :

« Voyez, très chers Pères et Frères, combien la moisson est abondante, et comme il y a sujet pour nous comme pour vous de demander à Dieu la venue de nombreux ouvriers, alors surtout qu'Il nous a donné un porte-drapeau tel qu'est le P. François Xavier, dont le zèle ardent va nous découvrant toujours de nouvelles terres pour que nous courrions y semer de toutes parts l'Évangile de Jésus-Christ. Le fruit est grand ici, à Goa ; il y a telle continuité de confessions, la plupart générales, et un usage si quotidien de l'Eucharistie, qu'il se passe peu de jours, aucun même, qu'un grand nombre de personnes ne reçoivent Notre-Seigneur. » (Cros, II, 211.)

Sa dévotion

envers la Très Sainte Vierge Marie.

La dévotion à la Très Sainte Vierge Marie était héréditaire dans la famille de Xavier. L'église paroissiale de Xavier était dédiée à sainte Marie. Son père et sa mère, après avoir richement doté cette église, y établirent une sorte d'abbaye et voulurent que les prêtres bénéficiaires chantassent tous les samedis la messe de la Vierge et le soir le *Salve Regina* ; de plus, à toutes les fêtes de Notre-Dame, on devait chanter messe, vêpres et complies, suivies du *Salve Regina*. François grandit au milieu de ces témoignages publics de piété filiale envers Marie.

Sa mère fut élevée dans la famille Ortiz de Sanguesa, dont la maison faisait face à l'église dédiée à Notre-Dame de Roc-Amadour ! Un cœur français peut donc se réjouir à la pensée que François Xavier reçut de sa mère une tendre dévotion envers Notre-Dame de Roc-Amadour !

Ces sentiments de piété qu'il trouvait en son père et en sa mère, il les retrouvait dans toute sa parenté, les Azpilcueta, les Jaure-quiçar.

Xavier arriva à Paris en 1525, il avait 19 ans ; il y séjourná jusqu'en 1536 ; c'est donc à Paris qu'il a passé les plus belles années de sa vie sans revenir une seule fois en Navarre.

Il y fut témoin des fêtes magnifiques qu'organisa François Ier en reconnaissance de sa guérison opérée par la réception de la Sainte Hostie. Ces fêtes augmentèrent la dévotion des Parisiens envers la Sainte Eucharistie.

Il fut aussi témoin de la piété des fidèles envers saint Joseph ; les chroniques du temps montrent que le culte de ce grand saint allait grandissant, d'année en année, en l'église Notre-Dame.

Mais il put constater, dès son arrivée, que le peuple français ne le cédait en rien à la catholique Espagne dans sa dévotion envers Marie. Une circonstance particulière vint lui en donner un témoignage bien éclatant.

Dans la nuit du 31 mai, mois consacré à Marie en la fête de la Pentecôte, une statue de Notre-Dame tenant l'Enfant Jésus est brisée dans la rue des Rosiers; on trouva, le lendemain, les deux têtes des saintes images sous un tas de pierres : la statue de Notre-Dame avait été frappée de coups de poignard.

Pour réparer cet outrage, on décréta une procession solennelle à laquelle devaient prendre part les étudiants de l'Université. Le roi François Ier se joignit à son peuple et, arrivé au lieu où s'était accompli le sacrilège, il tomba à genoux, pria longtemps, puis replaça dans la niche une statue d'argent qu'il avait fait faire, pendant que les chantres de la chapelle royale faisaient entendre leurs plus beaux chants.

Quelle impression de piété ne dut pas faire sur l'âme du jeune Navarrais, alors étudiant, la vue de ce Roi portant l'image de Marie, la baisant avec respect, versant des larmes de réparation et s'agenouillant pour prier au milieu de la rue entouré de son peuple ému ! Cette vue dut certainement faire croître en lui sa dévotion envers la Reine du ciel (1).

Quelques années après, Xavier se joignait à Ignace et à ses compagnons, et renonçant à toutes les vanités de la terre — il venait d'être fait chanoine de Nuestra Señora del Sagrario, à Pampelune — il se consacrait totalement au service de Notre-Seigneur : c'était le 15 août, en la fête de l'Assomption de la Très Sainte Vierge, en l'église de Notre-Dame de Montmartre.

Il n'est pas rare de voir les parents et les grands-parents de Xavier laisser dans leurs testaments un legs à Notre-Dame de Roncevaux, à Notre-Dame de Pampelune, à Notre-Dame de Unxue, à Notre-Dame de Roc-Amadour, mais on y remarque aussi un singulier attachement à l'ordre de saint Dominique. Ainsi, son aïeule Guillerma de Atondo commence son testament par ces mots : « Quand il aura plu à Dieu Notre-Seigneur de disposer de moi, je veux et recommande que mon corps, revêtu de l'habit de saint Dominique, soit enseveli dans l'église Saint-Jacques, des Frères Prêcheurs de Pampelune, où est enseveli mon mari, Arnalt Perix de Jassu (à qui Dieu pardonne !), savoir dans la chapelle de Saint-

----

(1) L'Université. Maîtres et étudiants eurent ordre d'assister à cet acte de réparation.

Pierre martyr, que je reçois pour mon avocat et pour avocat de
mes descendants à jamais. »

Bien avant sa naissance, François était donc placé sous la protection d'un saint dominicain : il hérita de l'attachement de ses
parents pour ce saint ordre et en donna bien des preuves en sa vie.
On peut, dès lors, conjecturer, sans ombre d'hésitation, que l'Apôtre des Indes puisa, au sein même de sa famille, cette dévotion au
Saint Rosaire qu'il eut toujours à cœur de pratiquer et de propager.

Quand il quitta Paris, il se fit un honneur de suspendre à son cou
un chapelet qu'il voulut mettre bien en évidence comme attestation de
son amour filial pour Marie et comme protestation contre les blas-
phèmes des hérétiques. On sait la touchante histoire de cette pauvre femme qui, voyant passer Ignace et ses compagnons avec leur
chapelet ainsi suspendu, ne put retenir ses larmes et s'écria : « Ils
en ont donc menti ceux qui affirmaient que le culte de Marie était
aboli. »

Son catéchiste, Jean d'Artiaga, fait remarquer que, dans les
Indes, Xavier avait conservé cette habitude de porter toujours suspendu au cou un chapelet qui servait à opérer des guérisons. Les
chrétiens le lui empruntaient, il passait de malades en malades et
c'était souvent sans lui revenir : on le gardait par dévotion et
Xavier ne récriminait pas contre ce pieux larcin. Il prêchait amoureusement cette dévotion à ceux qui s'étaient convertis et leur pro-
mettait par ce moyen la protection de Marie. Souvent, ne pouvant
aller voir les malades qui sollicitaient sa présence, il confiait son
chapelet à des enfants, avec charge de le porter aux malades. Les
enfants partaient, appliquaient le chapelet du Père sur le malade
qui, souvent, était guéri. Les païens eux-mêmes, pour être délivrés
de leurs infirmités, avaient recours au chapelet du saint Père.

« En 1616, une pieuse personne de Malacca dit au procès : « J'ai
connu le saint Père ; je me suis souvent confessée à lui. Il me donna
un chapelet blanc bénit, que je conserve et vénère beaucoup. Quand
je me sens malade, je baise le chapelet, et je suis bientôt soulagée.
Si je me vois un moment sans le chapelet, je ne suis plus contente et
je n'ai pas de repos que je ne l'aie de nouveau en ma possession. »
(Cros, II, 403.)

» Il y avait, à Saint-Thomas, un marchand du pays, homme très
dévot au P. Maître François. Ayant à s'embarquer pour Malacca,
et le saint se trouvant à Saint-Thomas, il alla lui dire adieu et le
pria de lui donner un petit souvenir qu'il désirait porter sur lui ; il
le pressa tellement que le saint tirant le chapelet qu'il portait suspendu au cou le lui donna, lui disant : « Gardez-le dévotement et

vous ne mourrez pas en mer. » Or, peu après, au cours de la traversée, une tempête mit en pièces le vaisseau, et à grand'peine quelques hommes, et le marchand avec eux, trouvèrent d'abord un refuge sur des pièces de bois liées en forme de radeau. Mais bientôt emportés en pleine mer, les naufragés n'eurent plus d'espérance. Ce fut à l'heure de cette suprême détresse que le marchand perdit tout sentiment de sa situation et crut se voir dans la compagnie de Maître François, à l'endroit même où il lui avait dit adieu. Quand il reprit ses sens, il se trouva sur la plage de Négapatam. Des compagnons laissés par lui sur le radeau, on n'eut plus de nouvelles. De ce jour, le bénit chapelet donné par le P. Maître Fançois lui devint plus cher que jamais. (Cros, II, 398.)

» Au Japon, comme aux Indes, Xavier s'efforça d'implanter dans le cœur des nouveaux chrétiens la dévotion au chapelet, et ce fut avec succès. Aussi, de toutes les dévotions catholiques, le rosaire est une de celles que les Japonais abandonnés conservèrent avec le plus de fidélité. Parmi les objets échappés aux perquisitions et que les chrétiens de 1865 pouvaient montrer à leurs missionnaires, il y avait des grains de chapelet qu'on se passait de père en fils. (Monas., *La religion ressus. au Japon*, I, 515.)

» A toutes les époques de la vie active de François Xavier, on voit que Marie y joue un rôle prépondérant.

» Quand il quitte Rome pour gagner les Indes, il fait un pèlerinage à Notre-Dame en compagnie de l'ambassadeur qu'il suivra jusqu'à Lisbonne. « Dans l'église de Notre-Dame de Lorette, écrit Xavier, le dimanche des Rameaux, j'ai entendu la confession de l'ambassadeur et je lui ai donné la Sainte Eucharistie; j'ai administré le même sacrement à un grand nombre de personnes de sa maison. J'ai célébré le Saint Sacrifice dans la chapelle de Notre-Dame et l'excellent ambassadeur a désiré que tous les gens de sa maison reçussent avec lui la Sainte Communion dans ce vénéré sanctuaire. Le jour de Pâques, il s'est de nouveau confessé à moi et a reçu l'absolution sacramentelle et le corps de Jésus-Christ, en compagnie d'autres personnes de sa suite. »

» Avant de quitter l'Europe, il voulut consacrer à Marie l'apostolat auquel il allait vouer sa vie. Il alla faire un pèlerinage à Notre-Dame, dans le sanctuaire qui lui est dédié sous le vocable de Notre-Dame de Nazareth. On peut dire que c'est sous les auspices de Marie que François inaugura cette série de prodiges qui l'ont fait proclamer le grand thaumaturge de l'Orient. Xavier venait de se consacrer et de consacrer son apostolat à Marie, et il disait la messe dans l'oratoire : pendant ce temps, deux gentilshommes étaient occupés à vider une querelle, l'épée à la main. Un des deux tomba blessé et des témoins coururent à la recherche d'un prêtre. On trouva François qui, la messe finie, se rendit auprès du blessé et le confessa ; mais quand il fallut obtenir du malheureux jeune homme qu'il pardonnât à son adversaire, tous les efforts de François furent inutiles. Le mourant allait jusqu'à répondre qu'il aimait mieux aller en enfer. François lui dit alors : « Mais ne pardonneriez-vous pas, si Dieu vous accordait la vie ? » Le jeune homme demeura comme interdit à cette question, et répondit enfin que si Dieu lui donnait la vie, il pardonnerait. François se mit à genoux pour prier, demandant à Dieu assurance de vie temporelle pour le blessé, afin que son âme ne pérît pas éternellement. Il se sentit exaucé et déclara au jeune homme qu'il ne mourrait pas de sa blessure. Tel fut l'accent du saint que le jeune homme n'en douta pas, il pardonna, et guérit en effet comme le saint le lui avait promis. » (Cros, *Vie*, I, 190.)

« Sur le bateau, aux Indes, au Japon, il aimait à faire redire à tous les saints noms de Jésus et de Marie. Au Japon, avant de partir, à défaut d'*Agnus Dei*, il remit en des sachets de soie les saints noms de Jésus et de Marie, écrits de sa main. Les chrétiens devaient les porter suspendus sur leur poitrine : dévotion qu'il pratiquait lui-même ». « Le culte des saints noms de Jésus et de Marie, dit un vieil annaliste, il le propagea si bien au Japon que les chrétiens les invoquaient en tous leurs périls, spirituels ou corporels, et les païens, pour les entendre ainsi faire, faisaient comme eux. J'ai bien des fois entendu moi-même des païens crier : Jésus, Marie ! » (Cros, 92, 93 ; Brou, II, 170.)

Tandis que Xavier était à Saint-Thomas, on eut une preuve de son recours à Marie au milieu des épreuves qui pouvaient l'assaillir.

Les traditions populaires montraient une colonne sur laquelle l'apôtre saint Thomas avait gravé cette inscription : « Quand la mer viendra battre cette pierre, des hommes blancs arriveront ici de loin, envoyés de Dieu pour prêcher cette même doctrine que je prêche aujourd'hui, et en renouveler la mémoire ». Or, la mer avait fait son œuvre ; à force de ronger la plage, elle battait maintenant le pied de la colonne. Les hommes blancs étaient venus, et parmi eux François Xavier.

François alla loger chez le vicaire Gaspard Coelho. Sa maison n'était séparée de l'église que par un cimetière. Maison modeste, car le vicaire et son hôte couchaient dans la même chambre. Le saint gagna le cœur du prêtre, auquel nous devons plusieurs renseignements, entre autres celui-ci :

« Maître François avait coutume, presque toutes les nuits, de sortir de la maison, bien souvent à mon insu, et, traversant un mien jardin, d'aller à la casa du bienheureux apôtre, dans un réduit où l'on conservait la cire destinée à l'autel de Marie.

» Il ne me l'a pas dit, mais je compris qu'il allait là pour prier et se flageller. Je lui dis un jour : « Père maître François, n'allez donc plus là tout seul. Il y a des diables qui vous feront du mal. » Il se mit à rire. Toutefois, il amena avec lui un Malabar qui l'avait suivi, homme simple, qui restait alors couché dehors près de la porte. Or, une nuit, pendant qu'il priait dans cette chambrette, il se mit à crier à plusieurs reprises : « O Notre-Dame, au secours! O Marie, ne viendrez-vous pas à mon aide! » Si bien qu'il réveilla le garçon; celui-ci entendit qu'on frappait, mais il ne savait pas sur qui. Cela dura quelque temps. Quand ce fut fini, François retourna se coucher. Je ne m'étais aperçu de rien. Mais il ne vint pas à Matines, comme il le faisait toujours, agenouillé devant l'autel de l'apôtre. Les Matines achevées, j'allai le trouver, et lui demandai : « Votre Révérence est-elle malade ? » Il me répondit : « Mon Père, je me sens mal. » Le Malabar était là : nous sortîmes, et il me conta ce qui était arrivé. J'en parlai au Père François : « Je vous avais bien dit de ne pas aller la nuit à Saint-Thomas. » Il sourit. Il fut malade deux jours, mais ne me dévoila rien. Seulement, plus d'une fois, en nous levant de table, je lui disais en badinant : « Au secours, ô Notre-Dame! O Marie, ne viendrez-vous pas à mon aide! » Il souriait, rougissait, et son silence était un aveu.

» Plus tard, c'était je crois un samedi soir, il me dit après dîner : « Votre Révérence sait-elle ce qui m'est arrivé la nuit dernière ? J'ai été à l'enclos de Saint-Thomas. En allant et venant, j'ai entendu que dans le cœur on récitait les Matines, et j'ai distingué telle et telle partie. » Je m'étonnais de ne pas avoir entendu ces Matines. Il ajouta : « J'ai été à la porte latérale, elle était fermée, la clef en dehors; puis aux autres portes elles étaient fermées à l'intérieur. Je suis donc retourné à ma chambre surpris et effrayé. » Il me dit cela en passant et n'y revint plus. »

Xavier était venu chercher à Saint-Thomas un accroissement de zèle et de courage. Dieu permettait que le diable intervînt et fît sentir à l'apôtre que c'était bien avec lui que la guerre était engagée. Mais Xavier savait que dans cette lutte il aurait toujours une protectrice, la Vierge Marie.

Depuis cette époque, et en souvenir de l'apôtre, tout le monde a en très grande vénération l'image de la Bienheureuse Vierge qui est dans l'église. (Mon., II, 488.)

Bien des fois Notre-Dame assista et seconda son fidèle serviteur dans son ministère auprès des âmes.

« Jean d'Eyro avait été converti par François à Saint-Thomas et lui avait fait la promesse de garder le vœu de pauvreté. Il entra dans la compagnie, mais avant de s'éloigner de Malacca, le saint lui dit : « Vous prendrez l'habit de saint François, et vous mourrez dans cet habit. » C'est ce qui advint. C'est lui-même qui raconte le fait suivant :

» Cédant à une tentation de convoitise, le converti accepta comme aumône un peu d'argent, malgré la promesse faite. Le Père le mit en pénitence, pendant quelque temps, dans l'îlette dite des Vaisseaux, non loin de la plage. Là, une nuit, endormi ou éveillé (Eyro ne savait qu'en penser), il vit la Très Sainte Vierge et son divin Enfant. Celui-ci l'attirait vers sa Mère, mais Notre-Dame refusait de l'accueillir : elle lui reprocha enfin certaines fautes qu'il n'avait pas avouées.

» Le temps de sa pénitence achevée, Eyro revint auprès de maître François, et se confessa, mais sans parler des fautes à lui signalées par Notre-Dame. François, d'un ton grave et d'un visage sérieux, lui demanda : « Qu'avez-vous vu à l'îlette ? Que vous est-il arrivé ? » Eyro, ne pouvant imaginer que François connût un tel secret, feignit de ne pas comprendre ; alors François lui exposa, par le menu, toute la vision. Eyro, tout hors de lui, comprit mieux que jamais que Dieu habitait dans l'âme du Père. » (Cros, II, 411.)

Ce fut avec une grande joie que François aborda au Japon, le 15 août 1549 : il prenait possession de ce sol tant désiré en la fête de l'Assomption de la Très Sainte Vierge, jour anniversaire de sa consécration au service du Roi Jésus à Montmartre.

Quelques jours après, il écrivait à ses frères : « J'espère pouvoir écrire, avant deux ans, que nous avons dans Méaco une église consacrée à la Très Sainte Vierge, en sorte que tous ceux qui, venant au Japon, seront exposés aux tempêtes pourront invoquer Notre-Dame de Méaco. » (Mon., I, 657.)

Xavier raconte ensuite quel accueil fut fait à une image de Marie, qu'il portait avec lui. Sur son ordre, Paul, son catéchiste, qui avait l'image peinte sur bois et très bien faite de la Très Sainte Vierge et de l'Enfant Jésus reposant sur le sein de sa mère, la fit voir au prince de Cangoxima. Celui-ci la considéra avec attention ; puis comme saisi de respect, il tomba à genoux, vénéra pieusement l'image et commanda à tous ceux qui l'entouraient d'imiter son exemple. La mère de ce prince, ayant également vu cette image, y prit un plaisir infini mêlé d'une profonde admiration. Peu de temps après, elle envoya quelqu'un de confiance pour en demander une copie, à tel prix que ce fût ; mais les moyens pour cette œuvre manquant à Cangoxima, son désir ne put être satisfait. » (Epist. Cang., 1549.)

« Le Père Maître François allait quitter le Japon, quand un chrétien, du nom de Miguel, s'approchant de lui, le pria de lui laisser quelque chose qui pût servir à guérir les malades, vu que le pays manquait de médecin et de remèdes.

» Le Père lui donna alors deux objets : une image de Notre-Dame et une discipline. En lui donnant l'image, il lui dit : « Mon fils Miguel, voici un remède pour les âmes. Vénérez cette image de la Très Sainte Vierge et lorsque, vous ou d'autres, désirerez obtenir le pardon de vos péchés, agenouillez-vous devant l'image, et priez Notre-Dame de solliciter pour vous ce pardon auprès de son divin Fils.

» La discipline servira à guérir les corps. » (Cros, II, 91.)

C'est ainsi qu'il agissait lui-même, comme le font assez entendre les paroles qui suivent. Xavier raconte qu'en se rendant de Malacca à Cochin, il essuya une épouvantable tempête : tous les passagers se crurent perdus. En ce moment critique, Xavier a recours à Marie : « Pour m'assurer davantage le pardon de mes innombrables péchés, écrit-il, je sollicitai l'intervention de la glorieuse Vierge Notre-Dame, à qui Dieu Notre-Seigneur, au ciel où elle est, accorde tout ce qu'Elle demande. » (Cros, *Doc.*, I. 360.)

Miguel vénéra toujours les deux objets que lui avait laissés le Père François comme des reliques. Il portait la discipline sur sa poitrine et il disait à son fils : « Si nous changeons de résidence, et que je n'aie pas, à cause de ma vieillesse, la force de porter dans les mains l'image de Notre Dame que le Père François me donna, vous me la suspendrez au cou pour l'avoir sur la poitrine ou sur le dos, afin que je ne m'en aille pas sans elle. » (Cros, II, 92.)

Partout dans la vie de saint François Xavier, nous retrouvons les traces de sa piété filiale envers Marie.

Avant de s'embarquer pour le Japon, il passe la nuit dans l'église de Notre-Dame du Mont, à Goa ; dans cette même église, aux pieds de Marie, il dit la dernière messe avant son départ pour la Chine, mettant ainsi sous la protection de la Très Sainte Vierge ses deux grandes expéditions apostoliques. A Sancian, au terme de sa vie, jusque dans le délire, il répétait : « Jésus, ayez pitié de moi. Marie, souvenez-vous de moi ! »

Ainsi toute sa vie, depuis son enfance jusqu'à sa mort, il unit dans une même tendre dévotion et le Fils et la Mère, Jésus et Marie. L'Apôtre de Jésus-Christ voulut rester toujours l'Enfant de Marie.

Son amour pour la Compagnie de Jésus.

Un des historiographes qui ont le mieux connu et le mieux fait connaître l'Apôtre des Indes est, sans contredit, le Père Léonard Cros. Quand nous lui soumîmes notre dessein d'écrire « l'Esprit de saint François Xavier », il nous répondit : « Vous pourrez tout aussi bien intituler ce livre : « Le cœur de saint François Xavier », car si Xavier a été un grand esprit, il a été surtout un grand cœur, et c'est par le cœur que l'homme est aimable. »

Notre saint aima grandement Dieu et les âmes; mais Dieu lui avait donné une famille spirituelle, la Compagnie de Jésus; jusqu'à sa mort, il voua à cette famille un amour de prédilection tout fait de tendresse fraternelle.

Les manifestations de cet amour les plus affectueuses et les premières, on le comprend, furent pour le fondateur de cette Compagnie, pour saint Ignace, qu'il se plaît à appeler dans ses lettres « mon vrai Père, mon unique Père dans le cœur de Jésus. » (Mon., 473, 368...)

Arrivé aux Indes, il s'empresse de lui écrire : « Nous avons reçu votre lettre si désirée avec un fruit infini pour nos âmes, car nous y avons appris l'état florissant de toute la Compagnie, et les occupations vertueuses et saintes auxquelles vous vous dévouez à Rome, les édifices spirituels et matériels que vous élevez en vue de la génération présente et de la postérité... Nos corps sont absents d'auprès de vous, mais nos âmes n'ont jamais été plus unies. Daigne Notre-Seigneur nous accorder la grâce de vous imiter après que vous nous avez montré la voie pour servir Jésus-Christ Notre-Seigneur. (Mon., I, 237.)

Au moment de quitter Lisbonne, il écrit : « Nous sommes sur le point de nous embarquer. Nous demandons à Jésus-Christ Notre-Seigneur la grâce de nous revoir et de nous réunir corporellement en l'autre vie. Je ne sais, en effet, si nous nous reverrons jamais en la présente, il y a si loin de Rome aux Indes ! Puis, la moisson des Indes est assez abondante pour qu'on n'aille pas chercher de moisson ailleurs. Celui-là donc qui le premier arrivera au ciel, et qui là-haut ne trouvera pas le Père qu'il aime dans le Seigneur, priera Notre-Seigneur Jésus-Christ de nous réunir tous dans sa gloire. » (Mon., I, 241 ; Cros, I, 376.)

Le 14 janvier 1549, il termine en ces termes une lettre à saint Ignace : « Ce serait nous rendre grand service et faire, ce semble, chose agréable à Dieu que de nous envoyer une lettre pleine de conseils spirituels : par cette sorte de testament, vous nous ferez part à nous, vos moindres enfants, des biens, des trésors que vous avez reçus du ciel.

» Je sollicite pour moi une grâce, savoir qu'un prêtre de la Compagnie célèbre la Sainte Messe, à mon intention, dans l'église bâtie à l'endroit où saint Pierre fut crucifié ; et veuillez aussi donner charge à quelqu'un de nous écrire ce qui se fait dans les collèges d'Europe, quelles œuvres entreprennent les Profès et autres membres de la Compagnie et le fruit de ces œuvres.

» Et vous, très vénéré Père de mon âme, comme si vous étiez là présent à mes yeux, je vous supplie, les genoux en terre (c'est à genoux que je vous écris), ne cessez pas de me recommander à Dieu, dans vos saints sacrifices et oraisons, afin que, ma vie durant, il me donne de connaître pleinement et parfaitement accomplir sa très sainte volonté.

» Votre moindre et inutile fils, François. » (Cros, I, 425.)

Enfin, au moment de partir pour la Chine, 9 avril 1552, peu de jours, par conséquent, avant sa mort, il écrit de nouveau à son bien-aimé Père Ignace : « Vous me ferez une chose souverainement agréable, si vous chargez quelqu'un de me donner des nouvelles de tous les Pères qui sont venus avec nous de Paris à Rome et des autres aussi. Que l'on me dise longuement les accroissements de la Compagnie, le nombre de nos collèges, de nos maisons, des professeurs et des hommes illustres qui ont demandé leur admission. Une telle lettre m'aidera à supporter les immenses fatigues que j'endure sur terre et sur mer.

» Que Dieu nous unisse en son ciel, et même, s'il y va de sa gloire sur cette terre, si l'obéissance le commandait, la chose se ferait sans difficulté.

» Le plus petit de vos enfants et le plus éloigné, Xavier. (Mon., I, 736.)

» En quels termes saint Ignace répondait-il à son cher missionnaire ? Nous ne savons. La correspondance du saint fondateur est celle d'un homme qui sait le prix des paroles, lettres d'affaires plus que d'épanchements, toujours sobres et contenues. Mais un mot d'austère tendresse à ses fils. Ils savaient que pour ne pas se répandre en longs développements, son amour n'en était pas moins profond.

« Mon vrai Père, répond Xavier à une de ces lettres, j'ai trouvé à Malacca une lettre de votre sainte charité. Dieu Notre-Seigneur sait quelle joie ça été pour moi d'avoir des nouvelles d'une santé et d'une vie si chères. Entre tant de saintes paroles et consolations de votre lettre, ces derniers mots : « Tout à vous sans que jamais je vous puisse oublier. Ignace », je les ai lus, les larmes aux yeux, et je pleure encore en les écrivant. Je me ressouviens du temps passé, du grand amour que vous eûtes, que vous avez encore pour moi : je considère que si Dieu Notre-Seigneur m'a délivré de nombreux périls et misères au Japon, c'est aux prières de votre charité que je le dois. » (Brou, II, 249.)

On a pu le remarquer, dans une de ses lettres, Xavier insinue quelle serait son obéissance si saint Ignace lui ordonnait de revenir en Europe. Or précisément au mois de juin 1553, saint Ignace lui envoyait cet ordre. Mais quand ces lettres arrivèrent aux Indes, Xavier était déjà allé au ciel recevoir la récompense de ses travaux.

François avait dû quitter l'Europe sans avoir la consolation de voir la Compagnie approuvée par l'Église. Le 27 septembre 1540, par la bulle *Regiminis militantis Ecclesiæ*, Paul III érigeait la Compagnie en ordre religieux. Ce que dut être la joie de notre saint à cette nouvelle, on l'entrevoit dans sa correspondance : « Entre les nombreux bienfaits que j'ai déjà reçus, en ma vie, de Dieu Notre-Seigneur, et que je reçois tous les jours, il en est un singulier, c'est que vivant, j'ai pu voir, comme tant je le désirais, la confirmation de notre règle et genre de vie. Grâces soient à jamais rendues à Dieu Notre-Seigneur d'avoir ainsi jugé bon de manifester à tous ce qu'il avait secrètement donné à connaître au seul Ignace son serviteur et notre Père. » (Cros, I, 243.)

Xavier s'embarquait pour les Indes le 7 avril 1541, anniversaire de sa naissance, à l'âge de 35 ans. Le même jour, à Rome, on dépouillait les votes des premiers compagnons d'Ignace pour l'élection d'un supérieur général. Laynez produisit le suffrage que Xavier lui avait laissé par écrit :

« Moi, François, n'étant mû par aucune considération humaine, n'écoutant que ma conscience, je dis et déclare qu'à mon avis, il faut élire pour chef de la Compagnie, à qui nous devions tous obéissance, notre ancien Maître et vrai Père, don Ignace. Après nous avoir tous rassemblés, non sans de grandes fatigues, il saura mieux qu'un autre nous garder, nous gouverner et nous diriger sans cesse vers une perfection plus haute, parce qu'il a de nous une connaissance plus intime. Et après sa mort (je parle suivant les sentiments profonds de mon âme, comme si je devais mourir à cette heure même), je juge que le Père Pierre Lefèvre prendra sa place, et, en cela, Dieu m'est témoin que je parle uniquement selon ma pensée.

« En foi de quoi, je signe de ma propre main. François. » (Mon., I, p. 812.)

Le vendredi suivant, à Saint-Paul-hors-les-murs, les cinq Pères présents à Rome faisaient leur profession entre les mains de saint Ignace. François était alors en pleine mer, mais, en son nom, Laynez lut encore la déclaration suivante : « Lorsque la Compagnie assemblée aura élu son supérieur, moi, François, je promets aujourd'hui, pour ce temps-là, perpétuelle obéissance, pauvreté et chasteté. Et aussi, mon bien cher Père en Jésus-Christ, Laynez, je vous prie, pour le service de Dieu Notre-Seigneur, en mon absence, veuillez offrir, de ma part, toute ma volonté et mes trois vœux de religion au supérieur que vous et les autres vous aurez choisi. Et de ce jour, comme du jour de son élection, je promets d'être fidèle à ces vœux.

» En témoignage de quoi, j'ai rédigé cette déclaration signée de ma main. François. » (Mon., I, 814.)

François fit sa profession entre les mains de l'évêque Jean d'Albuquerque ; il en porta la formule sur sa poitrine, jusqu'à sa mort, en un reliquaire où se trouvaient la signature de saint Ignace et une relique de saint Thomas.

François apprit avec une joie immense les accroissements de la Compagnie ; il reporta sur toutes ces nouvelles recrues, pour lui cependant inconnues, l'affection qu'il avait toujours eue pour ses premiers compagnons : en entrant dans la Compagnie, tous devenaient ses frères bien-aimés.

De Cochin, 21 janvier 1548, il écrit à tous ses frères de Rome une longue lettre qu'il termine ainsi :

« A mon retour de Malacca aux Indes, j'ai échappé à de grands périls. Au plus fort de la tempête, j'ai imploré Dieu par la puissante entremise des membres de notre Compagnie. De là, m'élevant dans ma prière vers tous les esprits bienheureux, j'invoquai principalement Pierre Lefèvre et ceux de nos Pères qui sont morts, pour associer les morts aux vivants en les prenant pour intercesseurs... Il est souvent arrivé que Dieu m'a fait connaître, par une inspiration intérieure, l'infinité de dangers corporels et occasions de chute spirituelle dont il m'a préservé, grâce aux prières et aux saints sacrifices de mes Frères, les uns combattant encore sur terre, les autres jouissant déjà des récompenses célestes. Et mes paroles ont ici pour objet, mes Pères et mes Frères bien-aimés en Jésus-Christ, de confesser devant vous les bienfaits sans nombre et sans mesure, dont je suis redevable à Dieu et à vous-même, dans l'impuissance où je me sens de vous en récompenser.

» Lorsque j'ai commencé des discours touchant notre Compagnie, je ne puis m'arrêter de parler ni d'écrire; mais le départ immédiat des vaisseaux m'oblige malgré moi de cesser; je ne puis mieux finir que par cette déclaration : Si jamais je t'oublie, ô Compagnie de Jésus, que ma droite soit donnée à l'oubli! tant me sont présents les bienfaits de toute nature dont je suis redevable à tous mes Pères, et, sans doute, je dois à vos prières la connaissance intime que Dieu me donne de tous les bienfaits de la Compagnie envers moi. Pour me préserver du péché d'ingratitude, Dieu, dans sa miséricordieuse bonté, m'en a donné quelque lumière. Mais je cesse : je prie Jésus-Christ Notre-Seigneur, qui nous a réunis dans la Compagnie pendant cette vie, de nous rassembler au sein de l'éternité dans la Compagnie de ses saints, après surtout que, par son amour, nous en avons été séparés en cette vie. »

Ce même amour éclate dans les paroles suivantes : « Quand vous nous écrirez, parlez-nous de tous nommément. Ce ne sera qu'une fois l'an! De grâce donc, parlez-nous d'eux et longuement : que nous ayons là de quoi lire huit jours durant! Nous ferons de même pour vous. » (Cros, I, 188.)

« Je vous prie et supplie, pour l'amour de Dieu, mes très chers Frères, parlez-moi dans vos lettres de tous ceux de la Compagnie. Je n'espère plus les revoir face à face en ce monde, que je puisse donc les voir *per enigma* dans vos lettres. Ne me frustrez pas de ce bien quoique j'en sois indigne. Dieu nous a faits tels que je suis en droit d'attendre et de recevoir de vous grande consolation. » (Cros, I, 209, 301.)

« Mes récréations, en ce pays, sont de me ressouvenir bien des fois de vous autres, mes bien-aimés Frères, et au temps où par la très grande miséricorde de Dieu, je vous connus et jouis de vos entretiens. Je vois maintenant, je sens dans l'intime de l'âme combien, par ma faute, j'ai perdu de ce temps de notre commune vie... Malgré l'éloignement où vous êtes de moi, vos prières, le souverain soin que vous avez de me recommander à Dieu, me valent une très grande grâce : je le sens, Dieu Notre-Seigneur, par votre entremise et secours, me donne claire vue de la multitude infinie de mes péchés, et les forces voulues pour vivre parmi des infidèles, je lui en rends grâce et à vous, mes bien-aimés Frères. » (Cros, I, 243.)

Des extrémités du monde où il se trouvait, sa pensée se reporte continuellement vers ses Frères de Rome et de Lisbonne, il leur écrit et ses lettres se terminent toujours par une effusion de tendresse. « Par l'amour du Christ Notre-Seigneur, de sa Mère très sainte et de tous les saints qui sont dans la gloire du Paradis, je vous en prie, mes très chers Pères et Frères, ayez de moi un souvenir spécial, recommandez-moi sans cesse à Dieu, car je vis dans un grand besoin de sa faveur et de son aide. J'en ai fait l'expérience, vos prières m'ont soutenu et fortifié en nombre de souffrances d'âme et de corps. Pour ne jamais vous oublier, pour avoir de vous un souvenir continuel et particulier, pour ma grande consolation, sachez, mes très chers Frères, que j'ai découpé dans vos lettres vos signatures écrites de vos mains, et avec la formule de mes vœux, je les porte continuellement sur moi. C'est ma joie. Je rends grâce à Dieu Notre-Seigneur, d'abord, puis à vous, Pères et Frères très doux, de ce que Dieu nous a faits tels que rien que porter vos noms sur moi me remplit de joie. Et bientôt nous nous reverrons dans l'autre vie, puisque nous ne pouvons plus nous revoir ici-bas. » (Mon., I, 403.)

Au milieu même de ses immenses travaux, au Japon, il est fidèle à sa promesse et il envoie une très longue lettre à ses Frères de Goa dont la fin redit son amour indéfectible.

« Je m'arrête enfin sans pouvoir achever de vous dire le grand amour que j'ai pour vous, en général et en particulier. Si, dans la vie présente, les cœurs de ceux qui s'aiment en Jésus-Christ apparaissaient ouverts, croyez, mes très chers Frères, que vous vous verriez clairement dans le mien ; que si vous ne vous y reconnaissiez pas, ce ne serait pas que je n'aie, en effet, vos images imprimées et dans le cœur et dans l'âme ; mais j'ai de vous une si haute idée, et l'humilité vous en donne une si basse, que difficilement, en effet, vous vous y reconnaîtriez.

» Je vous en supplie, aimez-vous les uns les autres d'un véritable amour ; ne laissez pas d'amertume dans vos cœurs ; dépensez à vous aimer une bonne part de vos ferveurs, et qu'une bonne part du désir que vous avez de souffrir pour Jésus-Christ s'emploie à vaincre, pour l'amour de lui, des répugnances qui empêcheraient de s'accroître en vous la charité fraternelle. Jésus-Christ l'a dit, vous le savez, c'est à ce signe que l'on reconnaît les siens : ils s'aiment les uns les autres. » (Ajuda 25/1.)

C'est le cœur si filial de saint François Xavier qui a donné de la compagnie la définition suivante si belle et si souvent citée : on la trouve dans une lettre où l'apôtre rend compte des choses de l'Inde à son Père Ignace.

« Jusqu'à présent, il m'a paru que personne n'est à retenir dans la compagnie contre sa volonté, à moins que ce ne soit par force d'amour et de charité. Bien au contraire, ceux que je vois n'être pas pour la Compagnie, je les en congédie, quelques désirs qu'ils aient de n'en pas sortir. Quant à ceux que je pense être faits pour elle, j'use à leur égard d'amour et de charité pour les y affermir, vu surtout qu'en ces contrées ils ont tant à souffrir pour le service de Dieu Notre-Seigneur, et aussi parce qu'il me semble que la Compagnie de Jésus veut dire compagnie d'amour et de conformité d'esprit et non pas compagnie de rigueur et de crainte servile. » (Cros, II, 513.)

Après cela, on ne s'étonne plus de voir Xavier demander à ses Frères de lui écrire souvent, de lui écrire très longuement, promettant de les payer de retour : quand on aime, les détails n'importunent pas, on les désire.

« Quand, au retour de ses expéditions, il se retrouvait au milieu de ses Frères, il multipliait les marques de son affection et encourageait tout le monde par ses paroles et par ses exemples : « O mes Frères et compagnons, leur disait-il, combien notre Dieu est meilleur que nous ne le pensons ! Il y a si peu de temps que notre compagnie a été confirmée, sept ans au plus, et nous voyons que le Seigneur a voulu opérer par elle tant de choses » ! Ces paroles, il les disait avec tant de dévotion que nous avions tous envie de pleurer. Tout cela dit avec cet amour et cette charité était pour nous encourager, nous faire concevoir une ferveur spirituelle plus grande, de grands desseins et le désir d'affronter fatigues et labeurs. » (Brou, II, 17.)

« Pour les Pères nouvellement débarqués à Goa, la vue du Père François était une consolation sans mélange. Ce qui, avant tout, frappa le Père Gaspard Barzée, ce fut la tendresse fraternelle du saint : « Certes, mes Frères, écrivait-il, elle est indicible la joie qui envahit alors nos âmes ; ce fut d'abord, de la part des Pères et Frères, un tourbillon de charité. Quand il se fut un peu apaisé, après les mutuelles félicitations et après qu'un repas nous eut rendu nos forces, le Père François se mit en devoir de nous interroger sur l'état de la Compagnie en Europe. Il ne tarissait pas sur le Père Ignace, le Père Simon, les autres Pères, le nombre des compagnons, mais surtout sur leurs vertus. Il était touchant de voir comme il louait amoureusement Dieu en parlant et en enten-

dant parler des fruits de salut que Dieu opère par la Compagnie. »
(Brou, II, 48.)

Le Père Paul de Valle nous a raconté son entrevue avec le saint
à son arrivée à Cochin : « Ah ! mes Frères, qui pourrait donc mieux
que ne sauraient le faire mes tièdes paroles vous faire entendre la
joie que ressentit mon âme ? Celui-là, oui, est un vrai serviteur de
Dieu, et jamais je n'en vis aucun de semblables. Frères, ceci est
certain, à le voir seulement sans qu'il vous parle, on se sent animé
d'un désir si pénétrant de servir Dieu qu'on ne peut en donner une
idée. Sa bouche ne cesse de redire : « Loué soit Jésus-Christ ! » et
avec une telle ferveur qu'à l'entendre les cœurs s'enflamment. Il
passa avec les Pères, à Cochin, cinq jours, pendant lesquels nous ne
le perdimes pas de vue vingt heures. Il ne peut se rassasier d'interroger au sujet des Frères et de tout ce qui se fait en Europe. Il
veut particulièrement qu'on lui parle du Père Maître Simon et du
Père Ignace par dessus tout. Il va toujours débordant d'amour. »
(Brou, II, 56.)

Tandis que le Père François était au Japon, les Pères des différentes stations s'étaient réunis pour élire un supérieur. « Mais,
raconte un témoin, le Père Louis Frois, Dieu avait d'autres desseins. Soudain arriva son élu à lui, le bien-aimé par-dessus tous les
autres, le Père Maître François. Nous avions perdu tout espoir de
le revoir ; nous le tenions pour mort.

« Il arriva au collège où les Pères et les Frères l'attendaient avec
impatience. Quand il les eut embrassés avec un grand amour,
apprenant qu'il y avait quelques malades, il alla droit à l'infirmerie.
Un Frère, abandonné du médecin, était à toute extrémité, mais il
espérait beaucoup de cette visite : il disait que si le Père le trouvait
vivant, il guérirait. Il en fut ainsi.

« Impossible de vous dire quelle joie a causée chez nous cette
visite du Père : nous le désirions tant ! Nous avions tant besoin de
lui. Depuis qu'il est dans ce collège, il se fait de grandes choses
pour la gloire de Dieu et l'honneur de la Compagnie. » (Select.
Ind. ep., p. 155.)

Daigne Notre-Seigneur Jésus-Christ faire régner perpétuellement
entre les membres de la Compagnie cette charité fraternelle qui
animait le cœur du grand Apôtre des Indes, charité qui non seulement rend supportable, mais très douce, la vie de communauté,
suivant la parole du Saint Esprit : « Comme il est bon, comme il est
agréable pour des frères d'habiter ensemble ! »

Son zèle pour la perfection.

Tout ce que François a fait de supérieur aux forces de la nature n'apparait plus merveilleux quand on le rapproche de ses admirables vertus. Ce qui ravit en lui, c'est sa grande âme, c'est son grand cœur, c'est de le voir si admirablement tout à ses frères et, en même temps, tout à Dieu. Là est la plus vraie beauté, là est sa plus vraie gloire. Il n'est qu'un instrument de Dieu dans ses miracles. Sans doute, François est un instrument aimé, et le don de prophétie, le don des miracles sont pour lui une récompense, mais il ne répugne pas que Dieu prophétise par une bouche haïe ; la bouche de Caïphe prophétise. Où François est et apparaît agent, c'est dans ses vertus, et tous les agrandissements de son cœur furent l'ouvrage de Dieu avec lui. *Gratia Dei mecum.* (Cros, II.)

Don François de Jassu y Xavier se fit recevoir au collège Sainte-Barbe comme camériste portionniste, payant 30 sols tournois de pension par an. Il prit à ses gages un martinet, triste personnage de basse naissance et de mauvaise vie. Il dut être inscrit dans la nation de France, province de Bourges. Puis quittant son costume de jeune gentilhomme, il revêtit la robe noire et longue des étudiants, serrée à la taille par une courroie. Sa vie universitaire commença.

Ce fut une vie de travail ; les succès qu'il remporta en sont une preuve ; mais l'âme courait de grands périls. A Xavier, on trouvait qu'il réclamait bien souvent de l'argent. Il voulait faire honneur à son nom, marcher de pair avec ses égaux en noblesse, se faire remarquer. De là, des dépenses exagérées. Aux châtelains gênés de Xavier et d'Obanos, ses frères, le temps semblait mal choisi pour ces folies de jeune homme et ils se demandèrent s'il ne fallait pas rappeler l'étudiant en Navarre.

Mais leur sœur, la clarisse de Gandie, écrivit : « Ne faites pas cela ; bien au contraire, favorisez les études de François, car j'ai la certitude qu'il doit devenir un grand serviteur de Dieu et une colonne de l'Église. » On se rendit à cet avis qui venait du ciel, et François resta.

En 1529, il perdit sa mère Doña Maria de Azpicuelta, mais Dieu qui veillait avait déjà dirigé vers Paris celui qui devait être le père de son âme, Ignace de Loyola.

« Cette année 1529, écrit le bienheureux Lefèvre dans son *Mémorial*, Ignace vint habiter dans ce même collège de Sainte-Barbe, et dans la même chambre que nous occupions, Xavier et moi, voulant à la Saint-Rémi entrer avec nous dans le cours des Arts. C'était le susdit Maître Xavier qui s'était chargé de lui donner des répétitions. »

Dans le fait, ce fut le bienheureux Lefèvre qui devint le répétiteur. Pour quelles raisons Xavier passa-t-il ce travail à son ami? On peut le pressentir. Mondain comme il l'était encore, Xavier devait se sentir médiocrement attiré vers cet homme qui poussait les étudiants à se confesser et à communier, en un temps où la fréquentation des sacrements était rare, qui prêchait le dépouillement et la croix, et menait une vie assez singulière.

Cependant Ignace, discrètement, dans la foule scolaire qui l'entourait, parmi les âmes de bonne volonté qu'il menait à la perfection, cherchait à discerner ses futurs compagnons. Avant tout, il essayait d'entrer profondément dans les cœurs pour les remplir de Dieu.

Naturellement, il avait jeté les yeux sur le jeune Navarrais qui l'avait frappé par ses rares qualités d'énergie, de fierté, d'intelligence : il résolut de le gagner à la sainteté. Ce devait être long et dur. Le Père Polanco a écrit à ce sujet : « J'ai ouï dire à notre grand mouleur d'hommes, Ignace, que la plus rude pâte qu'il ait oncques maniée, c'était, au commencement, ce jeune François Xavier. Il était jeune, gaillard et noble biscayen; ayant assez bien étudié dans la philosophie, il faisait assez peu de cas d'Ignace qui, pour lors, allait vivotant à la merci d'autrui. A peine le rencontrait-il sans se gaudir de ses desseins. »

. Il se laissait si peu toucher par le refrain ascétique d'Ignace : *Quid prodest ?* que justement vers ce temps-là, pour mieux s'assurer l'avenir, il faisait vérifier ses titres de noblesse. Ignace ne se découragea pas et pour gagner son compagnon, il lui rendit tous les services en son pouvoir, lui amena des élèves et l'aida de sa bourse. Peu à peu la glace se fondait, les préjugés se dissipaient. Avec son âme naturellement élevée, Xavier commença à concevoir qu'il y avait une autre grandeur que la grandeur humaine. Il vit que ce pèlerin n'était pas ce qu'il avait cru jusque-là, un exagéré quelque peu ridicule, mais un saint vivant de l'esprit de Dieu. La parole évangélique, continuant à tomber sur son âme, la pénétrait de lumière. Elle la pénétra si bien et si profondément que douze ans plus tard, c'est cette même parole qu'il priera le Père Simon Rodriguez de faire retentir aux oreilles du roi du Portugal, Jean III : « Que tous les jours, écrira-t-il, le roi passe un quart d'heure à demander à Dieu Notre-Seigneur de bien entendre et de bien sentir au fond de son âme ce que dit le Christ: *Que sert à l'homme de gagner l'univers, s'il vient à perdre son âme ?* et qu'à la fin de toutes ses prières, il ajoute : *Quid prodest !* »

Le dénouement suprême, la conversion, dut avoir lieu dans le courant de 1533. Lefèvre était absent. Il avait été en Savoie dire adieu à son vieux père avant de se donner tout entier à Ignace.

Durant sept mois, Ignace et Xavier, restés seuls, durent multiplier leurs entretiens. C'est alors que, par degrés, le « pèlerin » amena le professeur gentilhomme à regarder plus froidement, puis avec défiance, puis avec un saint mépris, ces honneurs ecclésiastiques jusque-là tant convoités.

Lorsque, au commencement de 1534, Lefèvre revint à Paris, c'était fait; Xavier était tout à Dieu. Doucement détourné de toute convoitise humaine, il cédait aux sollicitations d'Ignace qui le poussait aux œuvres de pénitence, de zèle et d'humilité. Son ardeur, dès lors, ne connut plus de bornes. Il s'élance dans la voie de la sainteté à pas de géant, et la parcourt en progressant sans cesse, sans arrêt, jusqu'à sa mort.

Le 15 août 1534, avec Ignace et ses amis, au matin de l'Assomption, dans une petite chapelle semi-souterraine de Montmartre, à l'endroit même où saint Denis avait été martyrisé, il se lia par un triple vœu d'obéissance, de pauvreté, de chasteté. Une dizaine de jours après, le 24 août, les vacances universitaires commençaient; libre de son temps, François employa le mois de septembre à faire les exercices. Il s'y porta avec toute la générosité de sa nature. Dans la solitude où il était souvent visité par son maître et directeur, François pratiqua de rudes austérités. Il resta quatre jours sans manger. « Il macérait son corps, nous dit Simon Rodriguez, sans assez de prudence, emporté par sa ferveur. Avec des cordelettes étroitement serrées, il se serrait les bras et les hanches. Il se liait aussi les jambes d'une corde noueuse et ainsi, sans pouvoir remuer, il faisait ses méditations. C'était pour châtier ce qu'il y avait eu d'excessif dans son goût de jeune homme pour les exercices de saut et autres jeux auxquels il se livrait avec ses condisciples dans l'île de Paris. (Brou, I, 39.)

« Il serra si fort ces cordelettes que les chairs se tuméfièrent, couvrant presque entièrement l'instrument de pénitence. On ne voyait plus comment les couper. Très affligés, ses amis se mirent à prier. Il passa deux jours dans des souffrances très vives. On craignit qu'il ne fallût amputer celui des deux bras qui avait été le plus serré. Mais par une singulière miséricorde de Dieu, il guérit complètement et j'ignore absolument comment se produisit cette soudaine guérison. Dieu voulait que de nombreux chrétiens, de nombreux infidèles parvinssent, grâce à son zèle, à l'éternelle félicité. A Dieu donc, auteur de toute bonté, grandes actions de grâces. »

François sortit des exercices transformé en un autre homme et donna dès lors à tous et partout l'exemple de la plus haute vertu.

Pour se trouver au rendez-vous commun, à Venise, le 25 janvier 1537, il partit avec ses compagnons; son apprentissage de voyageur fut des plus durs, car c'était l'hiver et un hiver extrêmement rude. Il fallait parfois attendre deux ou trois jours qu'on eût dégagé les sentiers. « Mais Dieu les guidait, dit Rodriguez; ils s'étaient donnés à lui, ils espéraient en lui. Sa grâce et son amour les remplissaient d'une extrême joie, d'une allégresse incroyable et ils bravaient ainsi toutes les difficultés et même les périls de mort. Et ces souffrances n'étaient rien auprès de ce qu'ils étaient prêts à souffrir. »

Après cinquante jours de marche, François arrivait à Venise et y retrouvait Ignace qui l'attendait depuis presque un an : c'était le 8 janvier 1537. Il fut décidé qu'on resterait quelque temps à Venise et qu'on emploierait le temps à des œuvres de zèle et de charité. Xavier se rendit à l'Hôpital des Incurables qui avait été fondé, quatorze ans auparavant, par Gaétan de Tiène. De jour et de nuit, il fut à la disposition de tous.

Plus tard, il emporta de Venise en Orient l'habitude de donner tout ce qu'il pouvait de son temps aux infirmes, aux pauvres en qui la foi montre Jésus-Christ. Et comme à ce dévouement il faut parfois un héroïsme véritable que rien ne fasse reculer, ni le dégoût, ni la crainte physique de la mort, il semble avoir voulu en finir d'un coup. Il posa un de ces actes comme on en trouve souvent dans la vie des saints. Voici le récit qu'en fait Rodriguez : « Pendant que les Pères travaillaient dans les hôpitaux, il n'en est aucun qui ne s'efforçât de vaincre les répugnances de la chair devant les odeurs nauséabondes qui s'exhalaient des plaies. On pourrait en dire long sur ce sujet. Pour faire court, je ne citerai qu'un fait ou deux.

» Il y avait à l'hospice des incurables un homme qu'on eût pris pour un lépreux. Son corps était rongé d'ulcères. Il appela un des

Pères, François Xavier : « Je vous en prie, lui dit-il, grattez-moi le dos », Xavier le fit aussitôt, mais voilà que l'horreur le prend, et le dégoût, et aussi la crainte de contracter ce mal. Alors il décide de se vaincre, il passe par-dessus tout ce qui pourra subvenir ; il ne veut que venir à bout des mouvements instinctifs de la nature. Il couvre ses doigts de purulence, les porte à sa bouche et aspire le pus. Le lendemain, il raconta la chose à son compagnon et lui dit en riant : « J'ai rêvé, cette nuit, que la lèpre de ce malade me restait à la gorge, j'avais beau tousser et cracher, je n'arrivais pas à m'en débarrasser. » Du reste, Dieu ne permit pas que cet excès de mortification nuisit à la santé de Xavier. »

En mars 1537, François avec ses compagnons, sauf saint Ignace, dut reprendre le bâton de pèlerin ; cette fois, c'était pour aller à Rome. Ce voyage d'une centaine de lieues fut extrêmement pénible. Il pleuvait sans discontinuer, et on allait à pied. Et lui et ses compagnons cheminaient en véritables pauvres, mendiaient leur pain, observaient rigoureusement le jeûne du carême, ne se réservaient jamais rien pour le lendemain. Ils passaient la nuit dans les granges ou les étables, souvent les vêtements trempés. Logeaient-ils dans quelque hôpital; ils en profitaient pour catéchiser les pauvres. Pendant la marche, ils évangélisaient les passants ou bien chantaient les psaumes ou les litanies. Dieu sait dans quels lits immondes il leur fallut parfois coucher. Ils tombaient de fatigue, pouvaient à peine avancer. Les rivières étaient débordées. Un dimanche, ils firent dix-huit milles à travers l'inondation, ayant, à certains endroits, de l'eau jusqu'à la poitrine. Or, le matin, ils n'avaient pris qu'une bouchée de pain ; sortis de là, ils n'eurent pour se refaire un peu que des pommes de pin ramassées dans un bois. (Lainez, p. 115 ; Rodrig., p. 480.)

Vers ce temps, Dieu commençait à faire entrevoir à François son avenir apostolique. Voici ce que le Père Maître Lainez m'a conté, écrit le Père Ribadeneira. Au temps où les Pères allaient, en Italie, par les hôpitaux, le Père François et le Père Lainez dormaient près l'un de l'autre. Plusieurs fois, en se réveillant, le Père François lui disait : « Jésus ! que je suis moulu ! Savez-vous ce que je rêvais ? Je portais sur le dos un Indien, et il était si lourd que je ne pouvais le soulever ». Cela se produisit plusieurs fois. (Ribad., *De actis*, S. Ign.)

Une autre fois, Simon Rodriguez, qui couchait dans la même chambre d'hôpital, était éveillé par ces exclamations : « Mas ! Mas ! criait Xavier dans son sommeil, encore, encore plus ! » Pressé de questions, Xavier se taisait, mais plus tard, à Lisbonne, sur le point de s'embarquer, il s'expliqua : « Vous souvenez-vous, frère Simon, lui dit-il, de cette nuit dans l'hôpital de Rome où je vous réveillai par mon cri répété : Mas! Mas! Mas! — Vous m'aviez demandé ce que cela voulait dire, et je vous répondis que ce n'était rien. — Sachez maintenant que je me voyais en de très grands labeurs et périls pour le service de Dieu Notre-Seigneur. En même temps, sa grâce me soutenait et m'animait à tel point que je ne pouvais m'empêcher d'en demander davantage. J'espère que l'heure est proche où ce qui me fut montré d'avance va se réaliser. » (Cros, I, 148.)

A Bologne, il donna déjà la mesure de son zèle. Sans ménagement pour sa santé, travaillant sans interruption, il tomba malade d'une violente fièvre quarte qui épuisa bientôt ses forces. Peu s'en fallut qu'il ne se rendît incapable de tout travail sérieux pour l'avenir. Le Révérend Père Rodriguez qui le vit quelques mois après crut avoir devant lui un cadavre plutôt qu'un homme vivant. « A le voir, dit-il, si différent de lui-même, grêle, chétif, épuisé, je ne pus m'empêcher de juger qu'il ne recouvrerait jamais ses anciennes forces et que tout travail lui serait à jamais interdit. (Rodrig., com. de orig. et prof., Soc. Jes., p. 53.)

Il se remit cependant et, à Rome, il prit part à toutes les œuvres de zèle de ses confrères. Avec Pierre Lefèvre, il s'employa à prêcher dans les églises de Saint-Laurent in Damaso et de Saint-Louis des Français.

C'est au milieu de ces travaux apostoliques que vint le trouver l'ordre de saint Ignace de partir pour le Portugal avec l'ambassadeur Pedro Mascareñas.

Durant tout le voyage, Xavier travailla à la sanctification de ses compagnons tout en leur donnant l'exemple des vertus qu'il leur prêchait. Il profitait de toutes les circonstances pour faire avancer les âmes dans la voie de la perfection, et pour y avancer lui-même.

« Comme nous traversions l'Italie, écrit-il à Rome, il plut à Notre-Seigneur de manifester miraculeusement sa bonté à l'endroit d'un de ses serviteurs, celui qui résida à Rome dans l'intention d'entrer en religion. Contre le gré de tous, il voulut passer une grosse rivière; mais telle était la violence du courant que, nous tous présents, il emporta le serviteur et son cheval. Dieu Notre-Seigneur voulut bien ouïr les dévotes prières de son serviteur l'ambassadeur, qui, avec tous les siens, ardemment et non sans larmes, suppliait Dieu de le délivrer, et Notre-Seigneur voulut bien le sauver, en effet, plus par miracle que par humaine assistance. C'était un écuyer de l'ambassadeur.

» Tandis qu'il allait ainsi sur l'eau, il eût certes mieux aimé être dans le monastère : vif était le regret qu'il ressentait d'avoir différé l'exécution du dessein qu'en ce moment il eût tant voulu avoir accompli. Lorsque je pus m'entretenir avec lui, il me dit : « Rien, tandis que j'allais sur l'eau, sans espérance de salut, ne me faisait autant de peine comme d'avoir si longtemps vécu sans me préparer à la mort. » Et, de même, il avait en ce moment, disait-il, l'âme bien marrie de n'avoir pas mis en œuvre, mené à terme ce que Notre-Seigneur lui avait donné de commencer une vie nouvelle. A l'entendre, tous s'animaient à bien faire. Pour lui, il demeura si épouvanté que l'on eût dit qu'il revenait de l'autre monde, et qu'il en avait senti les tourments, si pénétrante était la façon dont il en parlait. Il disait : « Qui ne se prépare pas à mourir n'a pas même à la mort le courage de penser à Dieu. »

» Ce que ce brave homme disait, c'était non pour l'avoir lu ou entendu dire, mais pour y être passé et le savoir d'expérience.

» Ceci me fait prendre en pitié beaucoup de nos amis et connaissances : j'ai peur que, après avoir tant différé d'exécuter leurs bonnes pensées et bons désirs de servir Dieu Notre-Seigneur, ils n'aient plus ni temps ni moyen quand ils le voudront faire. » (Cros, I, 164.)

François attribua le salut de l'écuyer aux prières de l'ambassadeur, mais un sauvetage, dont, cette fois, l'humilité de François ne put attribuer le mérite à l'ambassadeur et à son entourage, révéla la charité et le courage du futur apôtre des Indes.

En franchissant les Alpes, le secrétaire de Mascareñas glissa malencontreusement sur la neige et roula dans un précipice. L'homme avait disparu, et l'on ne voyait pas comment on pourrait descendre pour aller à son secours et l'arracher à une mort certaine. La douleur, l'épouvante paralysaient tous les cœurs. Pendant qu'on se regardait ainsi sans rien faire, Xavier saute de cheval, descend dans le précipice, trouve le malheureux accroché par ses habits à une pointe de rocher, et, lui tendant la main, l'aida à remonter.

Dans une autre circonstance, il montre sa patience et son amour des âmes.

Le fourrier de don Pedro était un homme violent. Un jour, pour je ne sais quelle négligence, l'ambassadeur l'avait vivement repris. Il attendit que le maître se fût éloigné et, aussitôt, devant toute l'escorte, il éclate en injures. François a entendu. Il se tait et laisse à la tempête le temps de s'apaiser un peu. Le lendemain, il épia l'occasion de faire entendre au furieux quelque bonne parole. Le soir vint. Selon sa coutume, l'homme prit les devants pour préparer les logements de la nuit. Alors, François monte à cheval et, au galop, se met à sa poursuite. Il l'atteignait déjà quand le cheval du fourrier, s'emportant, se précipita du haut d'un rocher et, du coup, s'abattit mort sur son cavalier. L'homme était blessé grièvement peut-être. Xavier s'approcha, le dégagea et, discrètement, lui dit : « Malheureux, qu'alliez-vous devenir si vous aviez été tué après votre fureur d'hier. » A cette voix, ému encore par le danger auquel il venait d'échapper, l'homme rentra en lui-même. Il avoua sa faute et, quand on fut arrivé au gîte, il consentit à réparer publiquement le scandale. (Brou, I, 86.)

Dans le fait suivant, nous voyons les industries dont François se servait déjà et dont il devait se servir plus tard pour gagner les âmes à Dieu, et l'action puissante qu'elles exerçaient sur elles.

Un jeune Portugais, noble et riche, Philippe de Aguia, avait parcouru la France, l'Allemagne, l'Italie et, finalement, était arrivé à Rome en 1540. Ayant visité D. Pedro de Mascareñas, celui-ci l'invita à se joindre à lui pour retourner en Portugal. Philippe avait la conscience fort chargée, comme il arrive si facilement aux jeunes gens riches et lettrés, dans un pays étranger où leur vie échappe à toute surveillance. En chemin, il fit connaissance de Maître Xavier et lui témoigna une grande amitié. Celui-ci recherchait sa compagnie et lui dilatait le cœur par son honnête et gaie conversation tandis qu'ils cheminaient. Peu à peu, il en vint à lui parler de confession générale et lui proposa de l'entendre. Le jeune homme céda aux instances du prêtre, se confessa avec grande consolation.

A partir de ce moment, Philippe d'Aguia mena une tout autre vie : il fut à même, lui aussi, de constater que Maître François avait un don admirable d'imprimer dans les âmes la crainte de Dieu. Philippe disait plus tard au Père Vieyra, provincial de la Compagnie, son neveu, qu'il avait senti cette grâce se répandre en lui pendant qu'il se confessait. « Ce fut alors, ajouta-t-il, que, pour la première fois de ma vie, je compris ce que c'est qu'être chrétien. » (Michel, p. 65.)

Contrairement aux affirmations erronées des anciens historiens, François se rendant à Lisbonne n'eut pas à faire le sacrifice de dire un dernier adieu à sa mère qui était morte depuis plusieurs années. Mais il renonça au plaisir de saluer ses frères et sœurs : il se refusa aussi la satisfaction de revoir le château de Xavier, bien que le souvenir de la maison où il avait passé les premières années de son enfance fût, pour lui comme pour tout homme, suave et doux.

A Lisbonne, il se priva encore du contentement d'embrasser une dernière fois le docteur Navarro, son oncle, qu'il affectionnait cependant tendrement. Le docteur enseignait alors à Coïmbre ; il fit plusieurs instances auprès de Xavier ; il plaida même sa cause auprès du roi, le conjurant de lui envoyer son neveu ; celui-ci se contenta de lui écrire la belle lettre suivante où se trahissent ses désirs de se sanctifier et de voir les autres travailler à leur propre sanctification.

« Votre lettre du 25 octobre a donné à mon âme tant de joie et de consolation que rien ne pouvait m'en donner davantage, si ce n'est votre vue, ce que je désire déjà depuis plusieurs jours.

» Vous sachant appliqué à des travaux et occupations aussi saints que sont les œuvres de piété et d'instruction de ceux qui veulent être doctes uniquement pour employer leur doctrine au service de Jésus-Christ Notre-Seigneur, je ne vous plains pas comme je vous plaindrais si j'avais lieu de croire que l'immense talent dont Jésus-Christ vous a doté vous le dépensiez moins utilement à son service, car la récompense de l'œuvre sera d'un prix bien plus haut que la peine qui vous l'aura acquise, *quia super multa erit constitutus, qui in modico fuit fidelis.*

» Si donc, à l'heure présente, ayant à faire quelques cours en sus des leçons accoutumées, vous en ressentez la fatigue, une pensée doit vous donner courage pour accepter résolument ce surcroit de labeur, c'est qu'il fut un temps où vous l'employâtes moins activement qu'il n'eût fallu à faire valoir le grand talent de votre doctrine. Aussi sommes-nous heureux, nous qui aimons votre bien, de vous voir payer de cette façon vos vieilles dettes, au lieu de se fier à des héritiers. Combien, en effet, pâtissent dans l'autre monde pour avoir trop compté sur des exécuteurs testamentaires ! *Et ideo horrendum erit incidere in manus Dei viventis, præsertim in reddenda villicationis ratione.* Plaise à Dieu Notre-Seigneur (à qui il a plu de vous donner tant de savoir pour le départir aux autres) que vous soyez, à votre tour, libéral dans la communication de ce bien à des âmes qui ne désirent s'instruire que pour mieux servir leur Créateur et Seigneur. Ayez, dans ces labeurs, la gloire de Dieu en vue, et au cœur le désir de l'accroître. » (Cros, *Doc.*, 370.)

A Lisbonne, une pensée le préoccupe : porter les âmes à la perfection.

« Un grand nombre de gens, écrit-il, se rencontrent ici, à Lisbonne, qui vivent, désireux de servir Notre-Seigneur, et qui le feraient s'il se trouvait quelqu'un qui leur donnât les exercices spirituels pour les aider à ne pas remettre d'un jour à l'autre l'exécution de leurs bons désirs. Certes, quelque hâte que puissent mettre les hommes à faire le bien qu'ils connaissent, ils trouveront, s'ils y regardent bien, qu'ils tardèrent trop à le faire : mais la pleine connaissance que donnent les exercices est d'un grand secours à plusieurs; elle les réveille et les dégage de ce qui pourrait les retenir. Ceux-là surtout y sont-aidés qui, contre toute raison, voudraient non pas aller où Dieu les appelle, mais tâcher de mener Dieu au chemin de leurs propres désirs, se laissant ainsi eux-mêmes guider, moins par leurs bons désirs, que Dieu met en leur âme, que par leurs affections désordonnées. De telles gens et de leur sort, on doit avoir plus de compassion que d'envie, si l'on considère quelle raide côte ils gravissent; par quel chemin ils vont, difficile et périlleux, et la fin pleine d'angoisse où ils aboutissent, triste paie de tant de fatigues...

« Le roi nous recommande beaucoup les confessions des jeunes gentilshommes de sa cour : il y a établi la règle que tous ses pages se confessent chaque semaine. Il nous a instamment prié d'avoir bien soin d'eux : « Si ces jeunes gens, disait Son Altesse, connaissent Dieu et le servent, ils auront plus tard l'estime de tous, et leurs exemples amèneront la réforme de tous les séculiers de mon royaume s'ils vivent comme ils le doivent; car le bas peuple se modèlera sur eux : j'en ai l'assurance, la réforme des nobles suffira à la réforme d'une grande partie de mes États. » (Cros, I, 166.)

Dans sa lettre du 20 janvier 1549 au Père Simon Rodriguez, Xavier insiste sur la sainteté des missionnaires plus utile que la science.

« Vous rendriez un bien grand service à Notre-Seigneur, mon très cher frère, si, avec beaucoup d'autres de la Compagnie, vous veniez en ce pays de l'Inde. Sur le nombre, sept ou huit prédicateurs, et quant aux autres, n'eussent-ils pas le talent de prêcher, s'ils étaient hommes grandement mortifiés et dès longtemps éprouvés, ils feraient, sans tant de science, beaucoup pour la conversion des infidèles. Ce sont, en effet, gens fort barbares et ignorants : au milieu d'eux le service de Dieu sera fort avancé par des hommes médiocrement doctes, mais très vertueux et doués d'une vigueur corporelle capable de résister à beaucoup de travaux.

» Faites en sorte que chaque année, il arrive ici quelques hommes de la Compagnie, et que la plupart soient déjà ordonnés prêtres. Écrivez à Rome et partout où vivent de nos Pères pour les prier de nous envoyer à Coïmbre quelques prêtres de grande mortification et diversement éprouvés; il s'en trouve, chez vous, qui n'ont pas le talent voulu pour prêcher, pour enseigner dans les collèges, de sorte qu'on peut s'en passer; mais ces hommes, s'ils ont grande humilité, grande mortification et autres vertus, pourront très utilement s'occuper à la conversion des infidèles.

» Des novices ne sont pas faits pour aller hors des collèges : ils ne peuvent avoir ni l'instruction, ni la vertu formée qui sont requises pour la conversion des Gentils ; il y faut, vous le savez très bien, travailler à une épreuve de plusieurs années dans l'exercice de la mortification. » (Cros, I, 411.)

Il suggère les mêmes remarques dans une lettre à saint Ignace : « Toutes ces nations indiennes sont fort barbares, vicieuses et sans inclination pour la vertu ; pas de constance dans le caractère, nulle franchise. L'apostolat y est encore rendu bien difficile par les chaleurs excessives de l'été, et par les vents et les pluies de l'hiver, sans compter la difficulté des langues et les graves périls où l'on se rencontre et pour la vie du corps et pour la vie de l'âme.

» Grâces à Dieu, nous tous, vos fils, hommes de la Compagnie, nous avons été bien gardés par sa Providence ; et par sa même admirable grâce, nous sommes agréés, aimés, non seulement des Portugais, soit hommes privés, soit magistrats civils, soit gens d'église, mais des païens eux-mêmes.

» L'ignorance est grande chez les Indiens et les Mahométans ; ce n'est donc pas le grand savoir qui est principalement requis de ceux que vous nous enverrez ; mais il faut beaucoup de vertu et surtout une parfaite chasteté, de la prudence, du courage, une vraie humilité et puis des forces corporelles. » (Cros, I, 123.)

Nous retrouvons ces mêmes pensées et ces mêmes désirs dans les différentes lettres et dans les nombreuses instructions qu'il écrit aux missionnaires.

« Je vous prie avec les plus vives instances, mon bien cher Frère en Jésus-Christ, d'agir avec cette population perverse comme font les bons parents avec des fils ingrats ; ne laissez pas s'affaiblir votre patience, malgré le nombre de leurs péchés. Dieu ne les extermine pas quand il pourrait si facilement le faire. Il ne se lasse pas de leur accorder le nécessaire pour leur existence et pour tous les besoins, alors qu'il pourrait les priver de tout.

» Ne vous découragez pas ; vous faites plus de bien que vous ne vous l'imaginez ; si vous n'arrivez pas à réaliser tout celui que vous ambitionnez, contentez-vous de celui que vous faites : l'insuccès ne vous sera pas imputable. » (Mon., I, 311.)

« C'est avec une joie immense que j'ai appris de vous que vous viviez parfaitement heureux. Si Dieu daigne aussi se souvenir de vous, ayez soin de ne pas l'oublier, et ne cédez jamais au découragement. Rendez à Dieu des actions de grâces perpétuelles de ce qu'il daigne se servir de vous dans une œuvre si grande. Continuez à vous souvenir de moi ; votre pensée ne me quitte jamais.

» L'avenir religieux apparaît plein de promesses ; priez avec ferveur pour que ces promesses se réalisent. Faites paraître une tendre charité envers les principaux du pays, comme envers les plus petits, les plus pauvres, parce que si vous gagnez leur cœur, votre ministère sera facile. Sachez supporter avec patience leur fragilité, persuadé que s'ils ne sont pas encore bons, ils peuvent le devenir. Si vous n'obtenez pas tout ce que vous désirez, contentez-vous du résultat obtenu, c'est ainsi que j'agis moi-même. » (Mon., I, 313.)

« Dès votre arrivée dans un hameau, rassemblez tous les hommes à un jour fixé d'avance, et toutes les femmes à un autre : vous, vous aurez soin que les prières se disent en toutes les maisons, et vous baptiserez ceux qui ne l'ont pas été encore, les adultes aussi bien que les enfants.

» Au milieu de vos travaux, vous considérerez en vous-même que si le moulin a broyé du bon froment, toute la gloire en revient uniquement au suprême ouvrier qui fait couler l'eau pour activer la meule, et pour communiquer l'impulsion et la puissance à toute la machine. » (Mon., I, 319.)

« Si vous vous souvenez de moi autant que je me souviens de vous, mes très chers Pères, nous ne sentirons pas l'absence corporelle, car nous serons toujours unis spirituellement. S'il vient du Portugal des pères prédicateurs, placez-les dans les forteresses ; s'ils ne sont pas prédicateurs, mais s'ils sont humbles et vertueux, ils feront encore beaucoup de bien en remplissant les autres ministères de la Compagnie. Les bons religieux qui vivent au milieu des pécheurs prêchent par leurs œuvres et par leur vie, et très souvent, plus efficacement que ceux qui parlent du haut des chaires, car agir vaut mieux que parler.

» Je vous recommande instamment que vous preniez toujours grand soin de vos âmes, la chose en vaut la peine, car comment sanctifiera-t-il les autres celui qui ne se sanctifie pas ? Comment espérer grand'chose de celui qui se néglige. » (Mon., I, 571.)

Le Père Louis Frois écrivait aux Pères de Coïmbre :

« C'est le sentiment commun, et chacun de nous en a la conviction intime, il y a dans le Père François un tel assemblage de vertus, une sagesse telle dans sa conduite et ses déterminations, un si grand zèle pour la gloire de Dieu, un si vif désir que la Compagnie se dévoue à l'étendre, que, pour atteindre cette fin désirée, nul ne conçoit, ne prémédite rien qui déjà n'ait été révélé à Maître François, et longuement prémédité en son cœur.

» Tant qu'il demeura au milieu de nous, il y eut, dans la maison, grande ferveur; chacun des Frères, affermi dans sa vocation à la Compagnie, demandait à Notre-Seigneur d'être du nombre de ceux que le Père choisirait pour l'accompagner. Il écrivait en Portugal, il dressait des instructions pour les Pères des forteresses, et s'occupait à cela comme si ce devait être les adieux de quelqu'un qu'on ne reverrait plus. Il nous animait, nous encourageait tous ; et telle était suave et pénétrante l'efficacité de ses paroles, qu'on ne pouvait douter qu'elle ne jaillisse d'un cœur où le Saint Esprit habitait.

» Au réfectoire, les Frères, tour à tour, par son ordre, faisaient le récit de leur vie passée. Quand un Frère avait fini de parler, le Père Maître François résumait en des termes qui inclinaient l'âme au mépris d'elle-même ; puis, il la relevait et la dilatait par l'espérance de la gloire éternelle ; il lui indiquait les remèdes appropriés à ses infirmités, et ce qu'il disait à ce propos manifestait sa grande expérience. A d'autres Frères, il demandait compte de la manière dont ils faisaient l'examen de leur conscience, et, en présence de tous, il exposait les méthodes les meilleures pour rendre cet exercice plus utile et disposer l'âme à une parfaite accusation des péchés dans le sacrement de Pénitence. » (Cros, *Doc.*, 435.)

Entre autres instructions que le Père François donna au Père Antoine de Eredia qu'il laissait à Cochin avec la charge de supérieur, il lui disait :

« Ce que vous devez faire le plus, au milieu de ce peuple, c'est d'y exercer les actes de toute sorte d'humilité ; ayez de la considération pour tous, ecclésiastiques et séculiers, et s'il se fait quelque bien, attribuez-le-leur ; dites que ce sont eux qui l'ont fait.

» Travaillez à accroître, pour votre part, le bon renom de la Compagnie, et à cette fin, affermissez-vous grandement dans l'humilité ; ainsi par vous la Compagnie sera connue. Souvenez-vous, en effet, que ceux de qui les travaux ont donné à Dieu sujet de mettre en relief le nom de la Compagnie s'appuyèrent sur le fondement d'une grande vertu ; ainsi, vous, par la vertu, travaillez à nous acquérir une part de l'honneur de la Compagnie ; sans cela, vous détruirez ce que les autres ont fait.

» Rappelez-vous, par-dessus tout, que l'autorité auprès du peuple Dieu la donne à ceux qui ont assez de vertu pour qu'il puisse se fier à eux en leur donnant ce crédit ; mais quand les hommes prétendent pour eux-mêmes à cette autorité auprès du peuple, s'attribuant ainsi ce qui n'est pas d'eux, Dieu la leur refuse afin que ses dons ne tombent pas dans le mépris, et que l'on discerne les parfaits des imparfaits. Demandez toujours à Dieu qu'il vous donne de sentir, dans l'intime de votre âme, les obstacles venant de vous, à cause desquels il laisse de se manifester par vous au peuple, et de vous donner le crédit qui vous serait nécessaire pour opérer le bien.

» Ne négligez pas, dans vos examens de conscience, de rechercher particulièrement les fautes que vous faites, en prêchant, en confessant et dans les entretiens, et amendez-vous, car, à mesure que vous corrigerez ces fautes, Dieu vous communiquera plus abondamment ses grâces et ses dons.

» Ne faites pas comme beaucoup d'autres qui sont à la recherche d'artifices par lesquels ils espèrent se faire agréer du peuple : de tels hommes, le souci de se bien poser dans le peuple les occupe plus que la gloire de Dieu et le zèle des âmes. Ce genre est fort périlleux ; il ne va pas sans une certaine vanité d'avoir nom dans le peuple et de s'accréditer auprès de lui.

» Votre travail principal, à vous, doit être d'acquérir le sentiment intime des choses dites dessus ; et quand Dieu Notre-Seigneur vous en donnera plus particulière vue, notez-la, écrivez-la, parce que ces vues sont le principe de l'avancement spirituel. Il y a, en effet, grande différence entre la lettre nue de certaines paroles des saints et le goût, l'impression vive qui les leur dictait. De là vient que pour n'avoir pas ce sens intime, qui les fit écrire aux saints, les hommes tirent de leurs paroles peu de profit ; et c'est pour cela que je vous recommande de tenir note écrite des lumières dont vous aurez impression plus vive. Estimez-les grandement et humiliez-vous-en ; abaissez-vous afin que Dieu vous grandisse.

» N'omettez rien pour savoir, par d'autres, vos amis, les fautes, les erreurs que vous commettez dans la chaire, au confessionnal et dans vos autres ministères, afin de vous en corriger. » (Cros, II, 245.)

C'est une chose digne de remarque. Xavier si large, si accommodant pour les plus grands pécheurs, était rigoureux pour les imperfections et les manquements de ses frères ; il en souffrait et témoignait son mécontentement ; c'est qu'il craignait pour eux un abus de grâces particulières qui provoquerait la justice de Dieu à user de représailles. « Je constate, disait-il, combien le peu de soin continuel à éviter les imperfections amène la ruine de la perfection et, par suite, la perte de la vocation. » (Mon., I, 582.)

On peut dire que du jour de sa conversion à sa mort, Xavier n'eut qu'une préoccupation, sanctifier les autres tout en se sanctifiant lui-même : *sanctifico meipsum pro eis*. Ainsi avait fait le Maître, ainsi fit le disciple ; ainsi doivent faire tous ceux qui ont charge d'âmes.

Son esprit de prière.

La prière est nécessaire à tout chrétien pour faire son salut ; elle est bien plus nécessaire au prêtre pour opérer son salut et celui des autres.

François était trop convaincu de l'impuissance humaine dans l'œuvre de la conversion des âmes, pour ne pas recourir fréquemment au moyen indispensable de réussir dans cet apostolat. Il n'est rien qu'il ne conseillât plus instamment à ses frères, rien qu'il ne pratiquât davantage.

Au reste, dès son enfance, il avait été façonné à cet esprit de prière qui prit plus tard de si admirables accroissements. On admirera, dans la suite, la révérence de François pour le Saint Office et sa répugnance à user d'un bréviaire abrégé. Influence lointaine, mais vive encore, des leçons données par son Père à ses bénéficiers, quand il écrivait à leur adresse : « L'église et l'abbadia étant contiguës et en même clôture, il ne serait ni permis, ni honnête que les bénéficiers récitassent les heures hors de l'église. Ils les diront donc au chœur, dévotement, prononçant clairement les mots, sans les interrompre pour vaquer à d'autres occupations, attentifs le plus que bonnement il se pourra, afin que Dieu agrée leurs prières. Par-dessus tout, qu'ils gardent le silence au chœur, et s'ils ne le font, qu'ils soient punis par le vicaire. » (Brou, I, 10.)

Arrivé aux Indes, Xavier s'efforça d'attirer le plus possible les chrétiens à l'église. Là, comme nous le verrons, il leur distribuait abondamment le pain de la parole divine, mais, en retour, il voulait que le peuple priât et qu'il priât beaucoup. Il désirait que les fidèles s'habituassent à recourir à Dieu pour les nécessités corporelles et spirituelles : il suppliait les missionnaires d'inculquer à tous le goût de la prière. Dans ce but, il ne craignait pas de multiplier les dévotions et les pratiques de piété. Il en signale une qui, en son temps, produisit les plus heureux fruits.

« Lorsque j'étais à Malacca, j'établis la coutume de recommander

toutes les nuits, au milieu des places, les défunts éprouvés du purgatoire et ceux qui vivent dans le péché mortel. Cette pratique
favorise beaucoup la dévotion et la persévérance des bons, elle fait
la crainte et terreur des mauvais. »

Voilà quelle était sa façon de faire pour habituer le peuple à la
prière. En surplis, une clochette à la main, il allait par les rues et
les carrefours, criant à haute voix : « Fidèles chrétiens, amis de
Jésus-Christ, envoyez vos fils, vos filles, vos esclaves, hommes et
femmes, à l'instruction chrétienne, pour l'amour de Dieu. »

On accourait, on faisait cercle, enfants et grandes personnes,
riches et pauvres. Le saint les rangeait en file, et la procession se
rendait à l'église. « Là, dit le Père Gonzalvez, tout ce qu'il faisait
ravissait les auditeurs et les spectateurs. Élevait-il les yeux au ciel,
il y élevait les âmes. Faisant le signe de la croix, il en disait à haute
voix les paroles, et cela si dévotement, que le peuple, les enfants
surtout, faisaient aussitôt comme lui. A ceux-ci, il enseignait des
cantiques résumant la doctrine, et il la fixait ainsi dans la mémoire.
Puis, les bras étendus ou élevés vers le ciel, il entonnait une sorte
de litanie dont chaque verset formulait très brièvement un enseignement de l'Église, et le répons chanté qui suivait formulait un
acte de foi. »

François rédigea lui-même plus tard, à l'usage des Pères, un petit
manuel où l'on trouve détaillée sa méthode ; l'enseignement de la
foi y est toujours entremêlé de beaucoup de prières vocales.

Quant à lui, pénétré de la nécessité et de l'efficacité de la prière,
c'est presque à chacune de ses lettres qu'il réclame des autres le
secours et le concours de leurs prières. Il écrit au Père Enriquez,
au moment où il va traiter une question épineuse : « Je vais à Goa
pour y plaider la cause des pauvres chrétiens, en une affaire que,
Dieu aidant, j'espère élucider et d'où, je l'espère aussi, résultera la
conversion de beaucoup de païens. Recommandez la chose à Dieu,
nos péchés, il est vrai, sont grands, et nous ne méritons pas d'être
ses instruments en une œuvre qui intéresse à ce point son service.
Priez-le, néanmoins, de vouloir bien, par un effet de son immense
bonté et de son amour infini, se servir de nous, pour la propagation
de notre sainte foi. » (Cros, *Doc.*, 391.)

Écoutons-le à son entrée au Japon.

« Vous me recommanderez beaucoup à tous les Frères et Pères
de la Compagnie et à toutes personnes pieuses de la maison, vous
visiterez les Frères de saint François et de saint Dominique, et me
recommanderez beaucoup à eux et à leurs saintes oraisons et dévots
sacrifices.

» Mettons notre confiance en l'assistance de Jésus-Christ Notre-Seigneur, de la Très Sainte Vierge Marie, sa mère, et des neuf chœurs des anges. Entre eux, nous choisissons pour spécial protecteur l'archange saint Michel, leur prince et le défenseur de l'Église militante. Nous comptons beaucoup sur lui, et tous les jours nous nous recommandons à lui comme au patron de ce grand royaume. Nous invoquons, en même temps, tous les anges gardiens des Japonais, ministres de Dieu auprès d'eux, pour leur conversion, et nous n'omettons pas de solliciter le secours des saints qui ne sauraient, au ciel, voir tant d'âmes périr, sans prier pour le salut de ces vivantes images de Dieu. Nous mêlons à tout cela, il est vrai, bien des fautes et négligences, nous ne savons pas nous recommander à la Cour céleste comme nous devrions le faire, mais nous avons grande confiance qu'à ces déficits suppléent les Bienheureux de la Compagnie qui sont là haut, ne cessant de représenter nos pauvres désirs à la Très Sainte Trinité.

» Avec de tels auxiliaires, nous avons, grâce à la bonté de Dieu Notre-Seigneur, des espérances de victoire supérieures à tous les obstacles que l'ennemi pourra dresser devant nous pour nous faire reculer. Ces obstacles, toutefois, sont grands et nombreux, et nul doute qu'ils ne nous fissent impression si nous comptions le moins du monde, pour les vaincre, sur notre pouvoir ou notre savoir. Ces grands sujets de craindre, Dieu Notre-Seigneur permet que l'ennemi nous les mette sous les yeux, afin que ne pouvant trouver en nos forces un sujet de confiance, nous n'en cherchions qu'en lui seul et en ceux en qui sa bonté s'épanche.

» Et maintenant, pour votre consolation, nous vous ferons part d'un souci dans lequel nous vivons, afin que vous nous aidiez de vos saints sacrifices et prières. Dieu Notre-Seigneur ayant sous les yeux nos continuelles malices et nos grands péchés, nous vivons en une juste crainte que, si nous ne nous amendons sérieusement, il ne laisse de nous faire grâce et de nous donner son secours, pour commencer à le servir et y persévérer jusqu'au bout. Ici donc, il nous devient nécessaire de prendre sur terre, pour intercesseurs, tous ceux de la bénie Compagnie du nom de Jésus, avec tous ses dévots et amis, afin que par eux nous soyons présentés à la Sainte Mère Église, épouse de Jésus-Christ, notre Rédempteur et Seigneur, laquelle, nous le croyons et nous n'en pouvons douter, nous donnera part à ses nombreux et immenses mérites, et nous présentera et nous recommandera aux Bienheureux du ciel et plus spécialement à son époux Jésus-Christ, notre Rédempteur et Seigneur, à la Très Sainte Vierge sa Mère, les priant de nous recommander au

Père éternel, de qui tout bien naît et procède, afin qu'il nous délivre à jamais du péché, et qu'il ne cesse pas de nous faire de continuelles faveurs, sans regarder à nos malices.

» Pour son seul amour, en effet, comme bien il le sait, puisque nos cœurs lui sont ouverts, et qu'il y discerne nos intentions et pauvres désirs, nous sommes venus en ces contrées délivrer des âmes depuis plus de quinze cents ans esclaves de Lucifer, qui se fait, sur la terre, adorer d'elles comme un Dieu, après n'avoir pu se faire adorer au ciel. Précipité de là, il se venge comme il peut contre ses victimes, ces pauvres Japonais. » (Mon., I, 575 ; Cros, II, 30.)

Les témoignages contemporains sont unanimes à nous représenter Xavier comme un homme de prière : il ressort de ces dispositions que ce grand saint a su joindre à une vie active, débordante, une vie intérieure, intense.

Jeronyma Pereira racontait en 1556 :

« Mes frères Antonio et Diego Pereira étaient grands amis du Père Maître François. Ils voulurent savoir ce qu'il faisait pendant la nuit. Donc, à travers les trous et les fentes de sa case en feuilles de palmier, ils le virent à genoux devant un crucifix ; il priait et toute la nuit se passait ainsi en oraison. Si parfois, après ses exercices de piété, il dormait, c'était sur une natte, avec une pierre sous la tête, et ce sommeil était court. »

Un autre témoin donne de plus amples détails :

« J'habitais la même maison que le Père et son compagnon. Le Père avait une chambre à part. Il s'y retirait pour prier, quand son compagnon et moi allions nous coucher. Il avait là une petite table et dessus, une croix en bois de saint Thomas. A côté de cette table était une pierre noire, grosse comme une tête. J'ai vu le Père, à genoux, vêtu comme pendant la journée, contemplant et priant, les mains levées vers le ciel. Je l'ai observé moi-même. Deux ou trois fois je l'ai vu reposer la tête sur la pierre. Avant l'aurore, il se levait pour dire son office et sa messe. » (Mon. Proc., 1556.)

Bien des personnes l'ont vu en extase pendant ses oraisons. Le travail de la journée pouvait interrompre l'extase, il interrompait à peine la prière ; de ses lèvres jaillissaient continuellement des appels à la Très Sainte Trinité, à Jésus, à Marie. Avant chacune des heures canoniales, il récitait le *Veni Creator*, et alors le cœur semblait lui jaillir de la poitrine et le souffle lui manquer. Il avait, dans ses travaux, plus de raisons qu'il n'en fallait pour user de la permission reçue de réciter le bréviaire abrégé du cardinal Quignones ; lui-même, en vertu de ses pouvoirs de légat, accordait parfois aux prêtres cette autorisation. Il ne s'en prévalut jamais pour lui-même et s'en tint toujours au bréviaire romain.

Quelquefois, en pleine récréation, Dieu l'envahissait, il s'éloignait pour se cacher, mais tout trahissait le secret de son âme. Il avait souvent pour compagnon, dans ses visites, un élève indien du collége, nommé André Vaz. Devenu plus tard vicaire à Saint-Jean-Baptiste de Goa, Vaz racontait que le saint avait coutume, après ses courts repas, de s'isoler, pour prier, dans la tour de l'église. Vers 2 heures de l'après-midi, le jeune homme venait le chercher et ils partaient. Or, un jour qu'ils devaient aller chez le Gouverneur, Vaz le trouva assis sur un banc, le regard fixe, le visage en feu. Il attendit, il appela, Xavier ne bougea pas. André éleva la voix, frappa du pied, fit claquer la porte, Xavier resta perdu en Dieu. Alors l'enfant s'éloigna. Deux heures après il revint, Xavier était toujours là. Au bruit que fit André, il sembla sortir d'un songe : « Est-il déjà 2 heures » ? demanda-t-il. « Il est 4 heures », répondit le jeune homme. Le saint se leva en hâte et sortit. Il marchait silencieux et si vite qu'André ne pouvait le suivre. Il allait à travers les rues, devant soi, ne sachant où. A la nuit tombante, il allait encore, au hasard. Alors, il reprit le chemin du collége : « Mon garçon, dit-il à André, nous irons au palais une autre fois : cette journée, Dieu la veut pour lui. » (Sousa, I, 49 ; Brou, II, 281.)

Les heures de travail écoulées, François semblait vouloir se compenser des interruptions qu'avait dû subir sa prière. S'il avait pu, la nuit entière se fût passée en oraison. Au collége, c'est dans le jardin qu'on le suivait pour l'épier : on le voyait faire des stations, allant de chapelle en chapelle. Aujourd'hui encore, dans cette espèce de forêt vierge qu'est devenu Goa, près des ruines informes du séminaire, on voit un de ces ermitages. Jadis, à Rome, on l'avait entendu pendant son sommeil rêver de travaux et de souffrances, et il murmurait : « Encore, Seigneur, encore ! ». Maintenant, dans l'ombre de l'oratoire, son cœur, débordant de joie céleste, laissait échapper un autre cri : « Assez, Seigneur, assez ! ». Et la chapelle est devenue pour les pèlerins le sanctuaire du *No mas !*

A quelque distance, on trouve un puits carré, profond, taillé dans le roc, avec un escalier sur le côté, descendant au niveau de l'eau. Là, parfois, Xavier venait baigner sa poitrine brûlante d'amour. Souvent, il resta dans ce jardin de longues heures pendant la nuit, les yeux au ciel, la soutane ouverte pour apaiser un peu le feu qui le dévorait. C'est l'attitude que lui prêtent les artistes quand ils veulent représenter non tant l'apôtre dont le bras se fatiguait à baptiser, mais le saint aux prières consumantes. (Brou, II, 282.)

Méditer, contempler, dit un de ses compagnons du Japon, lui était chose familière. Montagnes et vallées, on ne voyait que neige ; rien autour de nous ne pouvait donner aucune distraction, et cependant, tout le temps de l'oraison, le Père François ne levait pas les yeux, ne détournait le regard d'aucun côté : il tenait ses bras et ses mains immobiles, les pieds seuls se mouvaient et bien paisiblement. Certes, il montrait bien, par cette modestie, qu'il marchait en présence de Dieu Notre-Seigneur. (Cros, II, 101.)

De son côté, le Père de Quadros écrit :

« Ici vécut le béni Père Maître François de qui les travaux, les œuvres et les vertus eurent une telle excellence que personne, je crois, ne démolira ce que Dieu a bâti par ses mains.

» Je suis dans la stupéfaction quand je considère quelle était son union avec Dieu, nonobstant ses continuelles occupations. Au Japon, tandis qu'il voyageait à pied, il n'interrompait pas son oraison et il était si absorbé qu'il ne remarquait pas la rupture de ses chaussures, les heurts de ses jambes contre des pièces de bois ou autres obstacles, bien qu'il s'y blessât notablement.

» Un Frère me disait : « Un jour, le Père se promenait dans le jardin du collège, tout perdu en Dieu : je l'observais sans être vu. Il s'arrêta tout à coup, comme s'il eût craint d'être aperçu, et levant au ciel ses yeux, appuyant la main contre sa poitrine, il redisait : Seigneur, pas plus, pas plus ! Assez, assez ! ».

» Certaines personnes qui habitèrent avec lui une même maison m'ont assuré qu'il ne dormait pas plus de trois à quatre heures, et durant ce court sommeil, il disait fréquemment : « O mon bon Jésus ! ô mon Créateur ! ô Sainte Trinité ! » et autres paroles semblables.

» Quand il résidait au collège, il allait passer la nuit dans un petit oratoire d'où il apercevait le Très Saint Sacrement, et si le sommeil l'accablait, il dormait, étendu sur le sol, au même endroit.

» Très souvent, tandis qu'il conversait avec les Pères, il lui venait de si grandes impressions ou visites divines, que, pour ne pas manifester ces grâces, il était contraint de s'éloigner.

» Son recueillement n'était point interrompu par les communications avec le prochain et les entretiens même familiers, et ceux qui conversaient avec lui étaient si frappés de son union visible avec Dieu qu'il ne s'en trouvait pas un qui osât longtemps arrêter le regard sur son visage.

» Un de nos Pères, qui voyagea plusieurs fois avec lui et sur terre et sur mer, m'a dit que, durant la navigation, il vit toujours le Père François en oraison dès une heure après minuit jusqu'au jour.

» Nous savons que dans la casa de saint Thomas à laquelle il était fort dévot, Dieu lui fit des grâces très grandes : il y demeurait des nuits entières à prier. » (Cros, II, 379.)

Un des avantages de cette vie d'union, c'est que Dieu, toujours si libéral pour récompenser son serviteur, lui départait quelques-unes de ces consolations spirituelles qui enivraient son âme et avaient un tel rejaillissement sur le corps qu'elles le rendaient comme insensible aux fatigues et aux privations.

C'est ainsi qu'à propos de l'effrayante pénurie à laquelle il a été condamné à l'île du More, il écrit :

« Tout ceci soit dit pour que vous sachiez que les îles du More sont grandement fertiles en consolations spirituelles, tant de périls et de travaux librement embrassés par le seul amour et service de Dieu Notre-Seigneur ne pouvant qu'être sources inépuisables de joies spirituelles ; ces îles, à mon avis, semblent faites à souhait pour qu'un homme, en peu d'années, y perde les yeux, par la seule abondance de ses larmes de sainte joie. Je ne me souviens pas d'avoir été ailleurs tant et si continuellement consolé, ni d'avoir ailleurs si peu ressenti ce qui peine le corps, et cependant on n'y marche qu'entouré d'ennemis ou d'amis peu sûrs ; pas un remède pour se défendre des maladies, pas une de ces choses dont le secours est nécessaire pour entretenir ou protéger la vie : ces îles, en vérité, seraient bien mieux nommées îles de l'espoir en Dieu qu'îles du More. » (Cros, I, 352.)

Au Japon, le voyage à Miyako présenta bien des difficultés, bien des déboires, bien des souffrances physiques et morales, et cependant, déclare le Frère Fernandez, « jamais je ne vis le Père François plus gai ». Le Japonais Bernard ajoute : « Il sautait parfois, il s'égayait et jetait une pomme qu'il tenait en mains, puis la reprenait d'un visage tout arrosé de larmes joyeuses, avec des propos très profonds sur la bonté et miséricorde de Dieu qui l'avait choisi pour semer la doctrine céleste en des provinces si lointaines et comme arrachées du monde. » (Cros, 113 ; Brou, II, 192.)

Xavier lui-même écrivait à cette époque : « Me voici déjà blanchi, mais aussi alerte et robuste que jamais, si fortifiants sont les fruits de joie que l'on recueille dans les travaux employés à cultiver un peuple sensé et désireux d'acquérir la connaissance de la vérité et le salut éternel. A Yamanguchi, dès que le roi nous eut permis de prêcher l'Évangile et que l'on vint en foule nous écouter, la joie de mon âme, une des plus vives que j'aie ressenties, éveilla dans le corps une animation pareille. Je voyais que, par nous, Dieu abattait l'audace des bonzes et triomphait de ses implacables ennemis ; je voyais les néophytes heureux de ces victoires ; j'étais témoin de la jubilation dont ils avaient l'âme remplie, et un sentiment de bonheur si pénétrant, si doux envahissait mon âme que j'en perdais celui des fatigues du corps.

» Les consolations célestes ainsi mêlées à nos travaux par la bonté de Dieu, que ne puis-je non seulement les donner à entendre à l'oreille, mais par un spécimen que je vous enverrais, les faire goûter au cœur de nos Universités d'Europe!

» Un grand nombre sûrement de ces étudiants dirigeraient tous leurs désirs et leurs études à la conversion des infidèles, s'ils avaient, une fois, goûté la joie céleste qu'un tel labeur répand dans l'âme. Que si l'on savait communément, si l'on voyait à quel point l'esprit des Japonais est disposé à recevoir l'Évangile, certes, bien des docteurs laisseraient là leurs livres; bien des prêtres, des chanoines, des évêques même laisseraient leurs bénéfices, leurs dignités, leurs évêchés quelles qu'en soient les rentes : ils échangeraient contre une vie pleine de vraies et douces joies leur triste et ennuyeuse vie, et pour atteindre ce trésor, ils n'auraient pas de peine à naviguer jusqu'au Japon. » (Cros, II, 194.)

De Cochin, le 15 janvier 1544, il écrit à ses Frères de Rome :

« Je n'ai plus rien à vous écrire sur ces pays, si ce n'est qu'elles sont grandes les consolations que Dieu Notre-Seigneur communique à ceux qui vont parmi les infidèles pour les convertir à la foi de Jésus-Christ. S'il y a une joie en cette vie que l'on peut désirer, c'est bien celle-là. Il m'arrive souvent d'entendre dire à une personne qui vit parmi les infidèles : « Seigneur, faites trêve à vos consolations. » Oui, puisque votre infinie bonté et miséricorde veut les répandre, appelez-moi à votre sainte gloire, car c'est une souffrance de vivre sans vous, une fois que vous vous êtes communiqué intérieurement à votre créature. » (Mon., I, 278.)

Cette constance inébranlable dans la prière est une grande leçon que François Xavier donne à tous les hommes apostoliques; eux aussi trouveront dans l'esprit de prière une force dans la lutte, une consolation dans l'épreuve, une possession d'eux-mêmes dans l'entraînement des œuvres. Au sein des préoccupations et des travaux les plus absorbants, ils resteront unis à Dieu par l'intime de leur âme, et par là, ils échapperont à cette calamité que saint Paul redoutait pour lui-même, de se perdre après avoir évangélisé les autres !

Son Humilité.

« Ignace de Loyola, à Sainte-Barbe, n'avait pas encore fait ou du moins n'avait pas achevé la conquête de l'âme de François.

» Loin de se déprendre de la gloire humaine, le fils de tant d'illustres aïeux s'attachait d'autant plus à ses rêves que tout, et Dieu lui-même travaillait à les dissiper. Ne voyait-il pas s'évanouir, aux yeux du monde, toute l'illustration des Jassu, des Athonds, des Azpicueta, des Xavier !

» François écouta ces impressions que rendaient plus vives la mort de sa mère et le sentiment de la solitude où cette mort le laissait, lorsque, le mardi 13 février 1531, il adressa à ses amis de Navarre prière et mandat de lui procurer un titre authentique de sa noblesse.

» D'autre part, de toutes les dignités auxquelles son ambition pouvait prétendre, seules les dignités ecclésiastiques n'étaient pas encore pour lui inaccessibles. Les chanoines de Pampelune lui firent savoir qu'à l'unanimité, vu ses mérites, ils lui conféraient le canonicat. C'étaient les honneurs si ardemment désirés par le jeune professeur de philosophie qui venaient au-devant de lui.

» A cette époque, écrit le bienheureux Lefèvre, nous n'avions ni la saine intelligence du principe, ni connaissance de la véritable fin. Nous faisions, au contraire, de la fin le moyen, et du moyen la fin. Une autre de nos disgrâces, et elle était bien grande, nous ne pensions pas que la Croix de Jésus-Christ méritait d'avoir place ni au commencement, ni au milieu, ni à la fin. »

» Il manquait aux deux écoliers de Sainte-Barbe la science des exercices de saint Ignace ; là, ils connurent le principe ; là, ils se passionnèrent, non plus pour la gloire humaine, mais pour les humiliations de Jésus-Christ. François et ses compagnons allaient partir pour Venise, lorsque lui arriva la lettre du Vénérable Chapitre de la cathédrale de Pampelune qui lui conférait le canonicat : « Une âme vulgaire, dit le Père Simon Rodriguez, aurait pu s'en émouvoir,

4

mais déjà François comptait pour rien des choses que le monde estime bien hautes. »

« La grâce, par l'intermédiaire de saint Ignace, lui avait fait comprendre la vanité de toutes les choses créées ; cette gloire humaine qu'il avait tant ambitionnée, il la méprisait maintenant, il n'avait plus qu'un désir, procurer la plus grande gloire de Dieu, par l'humiliation de sa personne. » (Cros, *Doc.*, 320 et I, 310, 321.)

Dès ce moment, il résolut même d'abandonner sa chaire de philosophie pour vivre dans une plus grande humilité ; il fallut les instances de ses amis pour qu'il restât en place l'espace de trois ans.

On sait les fruits merveilleux qu'il procurait à Lisbonne avec le Père Simon Rodriguez, il ne s'en attribue rien : « Nous sommes ici déjà six confrères, tous de nos amis de Paris, car Notre-Seigneur a daigné favoriser nos vœux en nous associant ces collaborateurs, afin de répandre son nom parmi les peuples qui l'ignorent. Si Dieu Notre-Seigneur nous fait grâce de le servir comme nous le devons, nous le devons à vos prières, car les résultats obtenus dépassent de beaucoup nos facultés, notre science et notre capacité. » (Monum., I, 232.)

Quelle humilité et quelle obéissance dans les lignes suivantes qu'il écrit à saint Ignace avant son départ pour les Indes : « En temps opportun, nous n'omettrons pas de traiter avec le roi de l'érection d'un pensionnat pour les écoliers ; à ce sujet, nous aurions besoin d'être instruits de la forme que vous voudriez avoir donnée à cet établissement et du mode à suivre dans sa création, enfin de la personne qui doit être choisie pour en être le supérieur, et quelle discipline doit être prescrite aux pensionnaires pour qu'ils croissent en esprit de piété plus encore qu'en science. Sur tous ces points, je vous prie de m'écrire très amplement.

» Nous ne cessons de nous occuper de nous associer des compagnons. Si nous demeurons ici, nous fonderons plusieurs maisons. Mais que nous demeurions ici, ou que nous fassions voile pour les Indes, je vous prie, au nom de l'amour et du service de Dieu Notre-Seigneur, de nous écrire la forme et la règle à suivre pour recevoir des membres de la Compagnie ; faites-le de la manière la plus étendue, car vous connaissez notre peu de talent, notre incapacité dans la conduite des affaires qui nous expose à laisser perdre les occasions d'accroître le plus grand service de Dieu Notre-Seigneur. »

De Lisbonne, il écrit aussi à son oncle, le docteur Navarro, qui enseigne à Coïmbre cette lettre si pleine d'humilité : « Depuis que je suis en cette ville, j'ai reçu de vous deux lettres remplies de tendresse et de charité. Que Notre-Seigneur, de qui l'amour vous porte à écrire, vous rende la récompense proportionnée à cette extrême charité et bienveillance ; tous mes désirs ne me donneraient pas le moyen de m'acquitter de ma dette et de correspondre à votre bienveillance. Par la clémence de Dieu, bien que je n'aie de moi qu'une ombre de connaissance, cependant je me vois inutile à tous ; aussi je dépose toute mon espérance et toute ma confiance en Dieu seul, et je me sens grandement consolé par la pensée que Dieu pourra rendre, en ma place, à votre sainte âme et à celles qui lui ressemblent, un prix surabondant. »

Ces sentiments si humbles de lui-même le font encore recourir aux lumières de saint Ignace au moment de quitter l'Europe, l'homme humble ne compte jamais sur ses propres lumières. « Nous vous en prions, pour l'amour et service de Notre-Seigneur, quand, au mois de mars prochain, les vaisseaux de Portugal partiront pour l'Inde, écrivez-nous longuement vos pensées sur la conduite que nous avons à tenir parmi les infidèles. L'expérience, sans doute, nous éclairera sur quelques points, mais nous espérons de Dieu Notre-Seigneur, qu'il plaira à sa divine Majesté, comme il lui a plu de le faire jusqu'à présent, de nous éclairer par votre moyen sur tout le reste, et de nous apprendre aussi comment nous devons le servir. Nous craignons, en effet, qu'il ne nous arrive ce qui arrive à tant d'autres à qui Dieu refuse bien des choses, parce qu'ils négligent de demander et de recevoir d'autrui, ou ne le veulent pas faire. Dieu donnerait, si humiliant notre entendement nous sollicitons, dans nos œuvres, aide et conseil, surtout de ceux à qui il a plu à sa divine Majesté d'établir ses médiateurs entre Elle et nous pour nous faire savoir à quoi Elle désire employer nos services. Ainsi donc nous vous le demandons et redemandons au nom de cette très étroite amitié qui nous unit en Jésus-Christ, écrivez-nous vos avis, indiquez-nous à quelles industries nous devons recourir, selon qu'il vous paraîtra, afin de mieux servir Dieu Notre-Seigneur, puisque nous désirons tant que Jésus-Christ Notre-Seigneur nous manifeste par vous sa volonté.

» Puis, dans vos prières, nous désirons un autre souvenir plus particulier. La longue traversée, des relations avec des gentils, si neuves pour notre petit savoir, tout cela exige plus de secours que de coutume. » (Mon., I, 239 ; Cros, *Doc.*, 375.)

Du Japon, il fait la même prière : « Ici, les forces nécessaires sont celles de la vertu. Elles me font défaut, et cependant là où je vais j'en aurai souvent grand besoin. De grâce, et pour l'amour et service de Dieu Notre-Seigneur, ayez spécial souvenir de moi et recommandez-moi à tous ceux de la Compagnie. C'est à leurs prières, c'est aux vôtres, je le crois, sans aucun doute, que je dois la protection divine qui m'a, jusqu'à présent, couvert. » (Cros, *Vie*, I, 297.)

« Comment procéder avec les païens et les mahométans auxquels on m'envoie : c'est vous que je prie de me le faire savoir par l'amour de Jésus-Christ. J'ai cette confiance que Jésus-Christ Notre-Seigneur tracera par vous une voie facile par où je les ramènerai à la foi chrétienne. En attendant, je me tromperai ; mais vos lettres, vos instructions me feront voir mes fautes, et j'espère les corriger ensuite. Jusque-là, j'espère aussi que les mérites et les prières de la sainte Église et de tous les membres vivants, desquels vous êtes, inclineront Jésus-Christ à user de moi, tout méchant serviteur que je suis, pour semer son évangile sur cette terre infidèle.

» Si sa souveraine Majesté daigne se servir de moi qui ne suis que cendre et poussière, et même moins que cela, il y aura là sujet de confusion pour ceux qui sont capables de grandes choses et encouragement pour les autres. J'en suis témoin oculaire : il y a, ici, grande pénurie d'ouvriers ; avec quelle joie je me ferai le serviteur de ceux qui y viendraient travailler à la vigne du Seigneur. »

« Si la propagation de la foi parmi les infidèles est souvent contrariée, écrit-il au Père Simon Rodriguez, ne vous en étonnez pas ; c'est nous qui sommes auteurs principaux de ces embarras ou lenteurs. Il faut donc, en premier lieu, remédier à nos misères et puis aller au secours des Gentils. » (Cros, *Doc.*, I, 363 ; *Vie*, I, 210.)

A peine débarqué à Goa, il conquiert par son humilité le cœur de l'Évêque ; agenouillé aux pieds de Fray Juan de Albuquerque, François lui remet le bref qui l'institue nonce du pape et lui en confère les pouvoirs.

« J'en userai, dit-il, quand et comme il plaira à votre Seigneurerie, pas davantage. » A quoi l'évêque répondit : « Usez de tous les pouvoirs que vous a donnés Sa Sainteté. » (Cros, *Vie*, I, 214.)

Comme il se montra parfaitement obéissant à ses supérieurs en Europe, ainsi, dans ces contrées, et il le fut toujours à l'égard de l'évêque et de ses vicaires ; les autres religieux le virent toujours s'humilier devant eux. Aussi exigeait-il que les Pères et Frères obéissent aux vicaires des évêques dans les forteresses où ils résidaient : qu'ils allassent, en arrivant, leur baiser la main et leur fissent révérence dans la rue. Tout cela, il le faisait en perfection, et il s'agenouilla quelquefois à leurs pieds. (Cros, II, 378).

Dans son humilité, Xavier se plaisait à faire ressortir le travail des autres : « Depuis mon arrivée à Malacca, je demeure tout émerveillé, tout saisi, à la vue du grand fruit que le Père François Pérez fait en ce pays... C'est un grand travailleur ; le temps lui manque pour dormir et pour manger. Elle ne l'atteindra pas, ce me semble, la parole de Notre-Seigneur : que faites-vous là, oisifs, tout le jour ?... Pour moi, je me suis senti confus en considérant le bien si grand qu'avec l'aide de Dieu Notre-Seigneur faisait, en ce pays, un homme d'une santé misérable et toujours souffrant. Tout le peuple s'édifie à son sujet et profite si bien de ses leçons que six Pères occupés sans relâche à entendre les confessions auraient fort à faire, si nombreux accourent les pénitents.

» Après cela, je ne sais que dire, si ce n'est que tous, et principalement ceux qui se portent bien, ont sujet de s'humilier en voyant les malades travailler ainsi et opérer un tel bien dans les âmes. » (Cros, *Vie*, I, 453.)

Les missionnaires ont besoin d'un grand courage. Xavier les avertit que ce courage naît de la confiance en Dieu et d'une sincère humilité.

« Sachez-le bien, écrit-il à ses frères de Portugal, pour en rendre grâces à Dieu Notre-Seigneur, cette terre de Japon est grandement apte à recevoir notre sainte foi et à la propager. Si nous savions la langue, il s'y ferait, je n'en puis douter, beaucoup de chrétiens. Plût à Dieu Notre-Seigneur que nous l'apprissions en peu de temps, et déjà, après nous être appliqués pendant quarante jours à l'étudier, nous nous essayons en expliquant les dix commandements.

» J'entre dans ce détail afin que tous vous rendiez grâces à Dieu Notre-Seigneur d'ouvrir ainsi des voies à l'exécution et accomplissement de vos saints désirs ; et aussi que vous approvisionniez vos âmes de nombreuses vertus et y nourrissiez le désir de souffrir et de travailler beaucoup pour le service de Notre Rédempteur et Seigneur. Souvenez-vous toujours que ce que Dieu estime, apprécie davantage, ce ne sont pas les services à lui rendus, quelque grands qu'ils soient, mais une bonne volonté pleine d'humilité avec laquelle les hommes s'offrent à lui et lui dédient leurs vies uniquement pour son amour et pour sa gloire. Tenez-vous prêts, car il se peut qu'avant deux ans j'écrive pour appeler beaucoup d'entre vous au Japon ; disposez-vous donc, cherchez, amassez beaucoup d'humilité ; à cette fin, persécutez-vous, faites-vous violence là où vous sentez que vous pourriez, un jour, sentir répugnance ; de toutes les forces que Dieu vous donne, travaillez à vous connaître intimement tels que vous êtes ; avec cela croîtront en vous la foi, l'espérance, la confiance en Dieu, son amour, l'amour du prochain. C'est de la défiance de soi-même que naît la vraie confiance en Dieu. Le même chemin vous conduira à l'humilité intérieure, laquelle est partout nécessaire, mais dont vous aurez, ici plus qu'ailleurs, besoin et plus que vous ne pensez.

» Gardez-vous de chercher appui dans la bonne opinion que le peuple a de vous : n'en tirez que votre confusion. Pour s'être négligés à ce propos, certains en viennent à perdre l'humilité intérieure, à choir dans la vanité jusqu'à ne pas discerner combien cette disposition leur nuit ; et si, tout à coup, ceux qui les honoraient changent de sentiment à leur égard, eux s'en inquiètent et ne retrouvent, ni au dedans, ni au dehors, la paix.

» Je vous en prie donc, par tout ce qui vous intéresse, mettez votre confiance totalement en Dieu : ne comptez ni sur votre pouvoir, ni sur votre savoir, ni sur l'opinion des hommes. Si vous en êtes là, je vous tiens pour armés contre toutes les adversités soit corporelles, soit spirituelles qui vous pourraient advenir. Dieu, en effet, soutient et fortifie les humbles, ceux en particulier qui, en des choses petites et basses, ont vu, comme en un miroir, leurs défaillances. Ceux-là, quand ils viennent en des tribulations plus grandes, ni les démons, ni ses ministres, ni toutes les tempêtes de la mer, ni les gens méchants et barbares, de terre ou de mer, ni aucune créature ne peuvent les déconcerter. Ils sont affermis dans leur confiance en Dieu, sachant bien que, sans permission expresse, rien ne peut leur nuire, puisque toute créature est sujette à son autorité, étant sûrs, d'ailleurs, qu'à ses yeux sont manifestes l'intention et le désir qu'ils ont de le servir ; il n'est rien qu'avec une telle confiance en lui ils puissent craindre : leur seule crainte est de l'offenser.

» Ils savent encore que lorsque Dieu permet au démon de faire son métier, et aux créatures de les tourmenter, c'est pour leur donner occasion de se mieux connaître, pour leur faire expier leurs péchés ou acquérir de plus grands mérites, ou pour les humilier, et voyant en cela des faveurs signalées de Dieu, ils lui en rendent grâces de tout leur cœur.

» Je sais quelqu'un à qui Dieu a fait cette grande grâce que bien souvent, qu'il se trouve au milieu des périls ou qu'il en soit hors, il s'occupe en son âme à mettre toute son espérance en lui ; dire le profit qu'il en a retiré serait trop long.

» Les peines les plus grandes que vous avez jusqu'à présent connues sont petites auprès de celles qui vous restent à connaître, de celles que vous rencontrerez au Japon. Je vous en prie donc, je vous en supplie, de toutes mes forces, pour l'amour et le service de Dieu Notre-Seigneur, préparez-vous à beaucoup, et pour cela

défaites-vous beaucoup de l'amour-propre qui est l'empêchement
d'un si grand bien.

» Prenez bien garde à vous, mes frères en Jésus-Christ, car beaucoup sont en enfer, qui, lorsqu'ils vivaient en ce monde, furent, par
leurs paroles, cause, instrument de salut de plusieurs; ceux-ci, par
leur moyen, allèrent dans la gloire du Paradis, et eux allèrent en
enfer pour avoir manqué d'humilité intérieure, pour s'être appuyés
sur une trompeuse et fausse opinion qu'ils avaient d'eux-mêmes.
Nul, au contraire, n'est dans l'enfer de ceux qui, durant la vie présente, tendirent à cette humilité et prirent les moyens de l'acquérir.
Souvenez-vous de cette parole du Maître : « Que sert à l'homme de
gagner l'univers, s'il vient à perdre son âme! ». Qu'ils se gardent,
tels d'entre vous, d'imaginer qu'étant depuis longtemps dans la
Compagnie, et plus anciens que d'autres, ils ont pour cela sujet de
s'appuyer sur eux-mêmes, et qu'ils peuvent plus que d'autres qui
comptent moins d'années de Compagnie. J'aimerais à savoir que
les plus anciens appliquent souvent leur entendement à considérer
combien mal ils ont mis à profit leurs années passées dans la Compagnie; combien ils en ont perdues à ne pas avancer ou plutôt à
reculer, car celui-là perd ce qu'il a gagné qui ne va pas s'enrichis-
sant dans le chemin de la perfection.

» S'ils méditaient ces choses, les plus anciens se sentiraient bien
confus : ils se mettront à l'œuvre pour atteindre à l'humilité, non
point au dehors, mais intérieure; ils renouvelleront leurs forces et
prendront cœur pour recouvrer les biens perdus, édifiant ainsi par
leur exemples et la bonne odeur de leur vie les novices et tous ceux
avec qui ils demeurent.

» Que ce soit là le continuel exercice de vous tous, puisque vous
désirez vous signaler au service de Jésus-Christ, et, croyez-moi,
vous qui viendrez au Japon, l'épreuve montrera vite à quoi vous
pouvez atteindre, et quelque diligence que vous mettiez à amasser
et à acquérir force vertus, sachez que vous n'en aurez pas de
reste.

» Si je vous parle ainsi, ce n'est certes pas pour vous donner à
entendre que le service de Dieu est chose fatigante et que le joug
du Seigneur n'est pas doux et léger. Si les hommes, en effet, se dis-
posaient à chercher Dieu, s'ils prenaient et embrassaient, pour cela,
les moyens nécessaires, ils trouveraient à le servir tant de douceur
et de consolation qu'il leur serait, dès lors, très facile d'aller contre
toutes les répugnances qu'ils auraient à se vaincre. Si nous savions
que de plaisirs, que de joies spirituelles nous perdons pour ne pas
nous faire violence dans les tentations!... Être en ce monde sans y

jouir de Dieu; ce n'est pas vivre, c'est continuellement mourir. » (Cros, *Vie*, II, 15.)

« Ce que je vous dis là n'est pas pour vous empêcher d'aspirer à des œuvres ardues, de vous signaler, comme grands serviteurs de Dieu, de laisser mémoire de vous à ceux qui viendront après vous : je vous le dis uniquement pour que, dans les petites choses, vous discerniez le peu que vous pouvez de vous-mêmes, et ne cherchiez appui qu'en Dieu seul. Si vous persévérez dans cette vie, je ne doute pas que l'humilité et toute vie spirituelle ne s'accroissent en vous, et toujours, où que l'on vous envoie, vous gardiez la paix du cœur, et ferez beaucoup de bien. La raison, en effet, persuade que celui-là seul sentira vivement les misères de ses frères et leur viendra en aide avec charité qui d'abord ressentit les siennes, et travailla diligemment à les guérir. Seul un tel homme s'empressera de secourir le prochain dans ses nécessités. Je ne vois pas, en effet, par quelle autre vie arriverait le vif sentiment des misères d'autrui, et le savoir-faire pour les guérir à celui qui n'a pas eu le sentiment de ses propres misères. » (Cros, II, 22.)

« Et maintenant, puisqu'un tel champ est là qui s'ouvre devant vous, il faut que vos désirs tendent à ce que le ciel vous voie grands serviteurs de Dieu. Pour cela, soyez sur la terre humbles de cœur, humbles de vie : laissez à Dieu tout le soin de vous accréditer auprès des hommes. Si vous faites autrement, vous verrez ce qu'il en coûte de s'attribuer le bien de Dieu. Mais je me console à cette pensée : vous saurez, je l'espère, découvrir dans vos âmes assez de choses répréhensibles pour en venir à abhorrer grandement tout amour-propre désordonné, et pour vivre si parfaits que le monde ne trouvera rien qu'il puisse, avec raison, blâmer dans votre conduite. Alors, ses louanges vous seront une lourde croix parce qu'elles vous remettront devant les yeux vos misères. » (Cros, II, 34.)

Dans la formation du Père Gaspard Barzée, Xavier insiste sur la vertu d'humilité ; entre autres conseils, il lui donne les suivants :

« Par-dessus tout, veillez sur vous-même, humiliez-vous intérieurement autant que vous le pourrez ; dirigez-vous par les règles d'humilité que je vous ai données, et mettez-les à profit. Vos méditations ou parties d'elles, employez-les à considérer et à imprimer en votre âme les vues et les sentiments que Dieu, par sa miséricorde, vous communiquera à ce sujet. » (Cros, II, 254.)

« Si parmi vos inférieurs, il en est qui se montrent arrogants, employez-les dans les exercices les plus humbles, les plus abjects : défendez-leur, autant que possible, de sortir de la maison. Que dans leurs méditations, ils reviennent souvent sur ce sujet : l'humilité chrétienne. Que si ces moyens ne les corrigent pas, délivrez la Compagnie d'un poids onéreux. Il vaut mieux que la Compagnie compte des sujets peu nombreux, mais bons, que des sujets nombreux, mais mauvais. » (Mon., I, 704.)

« Les frères laïques qui prétendraient se faire plus qu'ils ne sont, ceux-là vous les mettrez en des offices humbles et bas, et tandis qu'ils y seront occupés, vous leur montrerez un visage serein ou grave, et vous modifierez ce dehors, conformément à ce que leurs actes extérieurs donneront à connaître de leurs dispositions intimes. Enfin, amenez-les à se défaire de l'idée qu'ils sont nécessaires à la Compagnie, vu que la Compagnie n'a pas besoin de gens prétentieux. » (Cros, II, 255.)

« Souvenez-vous de vous-même, puisque, comme vous le savez, l'Écriture dit : « Qui n'est pas bon pour soi, comment le sera-t-il pour les autres ? »

» Avec les pères et les frères, vous devez user de beaucoup d'amour, charité et modestie, et non pas d'âpreté et de rigueur, si ce n'est qu'eux abusassent de votre bénignité, parce qu'alors, pour leur profit, il est bon d'user à leur égard de quelque sévérité, et particulièrement si vous discerniez en eux quelque chose de prétentieux et de superbe. Comme il est bien, en effet, de pardonner plus aisément ceux qui péchent par ignorance ou négligence, aussi est-il nécessaire de mettre plus de soin et de diligence à réprimer et à humilier ceux qui procèdent par voie de prétention et de superbe. Il ne faut d'aucune façon les autoriser à penser qu'ils n'ont qu'à marcher ainsi pour qu'on leur passe leurs manquements et défauts. Sachez, et n'en doutez pas, qu'une des choses qui nuisent le plus aux inférieurs imparfaits et superbes et les laisse se perdre, c'est de comprendre qu'ils ont affaire à des supérieurs faibles, indolents, ou qui n'osent les reprendre et les punir de leurs fautes : de là, en effet, ils prennent occasion d'aller en avant dans leur prétention et superbe. » (Cros, II, 269.)

« Il faut amener les nouveaux admis à l'humilité et les y maintenir ; à quoi sert beaucoup, quelquefois, que, devant les Frères, ils disent leurs défauts, ce qu'ils furent dans le monde, à quoi ils s'y occupaient ; mais tout dépend, ici, de la qualité des sujets, de leurs dispositions, de la vertu que l'on voit en eux, car si la disposition voulue est absente, l'épreuve nuit au lieu de servir. » (Id., 271.)

A son retour du Japon, Xavier apprend que saint Ignace l'a nommé provincial des Indes ; il expose aussitôt à son Bienheureux Père ses préoccupations : « Aux Japonais, je dois tant que je ne saurais jamais l'écrire. Pour leur bien, Dieu me donna connaissance des maux infinis de mon âme; vivant hors de moi, j'ignorais de grandes misères qu'il y avait en moi, jusqu'au temps où je me vis dans les dangers et les labeurs du Japon. Alors, Dieu Notre-Seigneur me fit clairement discerner quel extrême besoin j'avais de quelqu'un qui veillât avec sollicitude sur moi! A votre sainte charité de voir maintenant la charge qu'elle me donne de tant de saintes âmes de la Compagnie qui sont en ces contrées à moi qui, par la miséricorde de Dieu, me reconnais avec évidence une insuffisance si grande. J'espérais que vous m'auriez recommandé à la sollicitude de ceux de la Compagnie et non pas eux à la mienne! » (Cros, *Doc.*, 427.)

L'humilité de saint François Xavier était d'autant plus admirable que tous, tant ses Frères que les étrangers, l'entouraient de leur estime et de leur vénération. Le Père Balthazar Nuñez mandait aux Pères de Coïmbre, au mois de novembre 1548 : « Il faut d'abord que je vous donne des nouvelles de notre bon et si vrai Père. Il est de taille moyenne, sa démarche est distinguée, sans rien d'affecté. Il a le visage ouvert, les yeux toujours au ciel et humides de larmes, les lèvres pleines de sourire. Il parle peu, mais ses paroles sont à faire pleurer. On n'entend sortir de sa bouche que « Christ-Jésus! Très Sainte-Trinité! »

« Dans les pays qu'il traverse, il laisse un renom que l'on ne peut imaginer. Ce sont là des choses que je ne puis écrire; elles sont de telle conséquence qu'on ne peut les confier au papier. Sa renommée est telle dans l'Inde qu'il est connu partout. Le plus heureux est celui qui peut se dire son ami intime... » (*Sel. epist. Ind.*, p. 37.)

Dans les rapports ordinaires de la vie, l'humble bonté de Xavier était irrésistible. Il faudrait lire au procès de 1556 tout ce qu'en disaient les témoins interrogés. « Jamais je n'ai vu homme plus franc. Il avait toujours l'air joyeux. Il causait volontiers avec tous, bons et mauvais, aussi tous l'aimaient. Tout ce qu'il demandait, il l'obtenait facilement. Tout ce qu'il entreprenait, il le menait à bout à cause de l'humilité, de l'amitié qui le liait à tout le monde. S'il semblait avoir des préférences, c'était pour les plus grands pécheurs. On allait à lui en foule; grands et petits l'honoraient comme un saint déjà canonisé. Il était si humble dans ses actions, ses labeurs, ses souffrances, que jamais on ne le vit même s'impatienter et se plaindre en ce qui le touchait, mais seulement en ce qui touchait la gloire de Dieu... » (Proc. 1556, Cochin.)

Le Père Texeira, qui a connu saint François Xavier, nous a laissé ces lignes qui nous prouvent en quelle estime l'apôtre avait la vertu d'humilité : « Tandis que ses amis préparaient les choses nécessaires à son voyage en Chine, le Père Maître François, pour remplir sa charge, s'occupa surtout des besoins spirituels de ses frères en religion ; il fit plusieurs instructions à la communauté réunie, puis il s'efforça de nous porter, chacun en particulier, à la véritable obéissance, à la résignation de la volonté propre, à l'humilité de cœur, et tout spécialement à la mésestime, à la basse opinion de nous-même. Il manifesta toujours de la haine et de la répulsion contre la présomption, parce que, disait-il, elle est la source de grands maux et un obstacle à de grands biens pour les serviteurs de Dieu. Aussi, tandis qu'il se montrait affable et bienveillant envers les humbles et ceux qui se méprisaient, il se montrait grave, sévère, presque dur envers les caractères hautains et pleins d'eux-mêmes.

» Quelquefois, nous l'avons entendu dire avec un accent bien pénétré et des gémissements de cœur : « O présomption, ô présomption, combien de maux tu as causés, tu causes et tu causeras ! » (Mon., II, 884.)

De Sancian, le 26 octobre 1552, c'est-à-dire peu de jours avant sa mort, Xavier écrivit de nouveau au Père Gaspard Barzée pour lui recommander la pratique de l'humilité dont il lui a longuement parlé tant dans ses lettres que dans ses conversations.

« Les avis que je vous laissai, ne vous fatiguez pas de les lire et de les exécuter, et principalement celui par lequel je vous recommande de vous exercer, tous les jours, dans l'humilité. Prenez garde de ne pas vous négliger à ce sujet, pour trop considérer ce que Dieu opère de bien par vous ou par les autres de la Compagnie. Sachez que pour le bien que je vous veux et à vous et à tous les autres, j'aimerais beaucoup vous voir considérer non pas tout ce que Dieu fait par vous, mais ce que, par votre faute, il laisse de faire. La dernière considération vous humilierait, vous confusionnerait ; elle vous amènerait à mieux connaître, d'un jour à l'autre, vos misères, vos péchés ; l'autre, au contraire, vous met en très grands risques de concevoir de vous une opinion fausse et trompeuse ; vous en viendrez à vous attribuer ce qui n'est pas vôtre, ni fruit de vos œuvres, mais œuvre de Dieu seulement. Souvenez-vous à combien d'autres de tels sentiments ont nui, et le mal que ferait dans la Compagnie un tel esprit. » (Cros, II, 228.)

La veille de saint Jean, de nuit, à l'hermitage de Notre-Dame du Mont, au temps où il partit pour le Japon, il donna au Frère Jean Bravo des conseils très pratiques pour assurer sa persévérance. Il lui dit entre autres choses : « Travaillez à vous vaincre en toutes choses, refusant à vos convoitises ce qu'elles demandent, et embrassant, acceptant ce qu'elles fuient et abhorrent. Combattez par-dessus tout la convoitise de la vaine gloire, jusqu'à ce que vous en soyez venu à souffrir patiemment l'humiliation, à l'accepter volontiers, à vous en réjouir. Sans cela, vous ne serez bon ni à vous-même ni aux autres ; vous ne pourriez pas plaire à Dieu, vous ne persévéreriez pas dans la Compagnie. » (Cros, *Doc.*, I, 476.)

On voit, d'après ce qui précède, que Xavier prêchait à ses frères l'humilité ; mais il ne leur prêchait rien dont il ne donna lui-même, le premier, les plus admirables exemples. Au milieu des gens du monde, au milieu de ses frères en religion, il se montra toujours le plus humble des hommes. Il apprécie son Père saint Ignace si au-dessus de lui pour la vertu que, par déférence, il ne lui écrit que les deux genoux en terre. Il termine, en général, ses lettres par ces mots : « Le plus petit d'entre vous. Le dernier de tous. Le plus indigne. Le serviteur des serviteurs. »

Sous sa plume, ces mots ne sont pas des formules banales, mais l'expression très sentie de ses pensées. Lui, le grand ouvrier dont tous admiraient l'incessant et prodigieux labeur, s'estimait, comme le veut le Maître, un serviteur inutile.

Son Esprit de pénitence.

La vie de missionnaire ne doit pas être envisagée avec les yeux d'un touriste en quête d'émotions nouvelles qui satisfassent sa futile curiosité; elle ne doit pas davantage être considérée avec une imagination dont l'exaltation ne s'arrête qu'aux beaux côtés des choses. Les faits, et partant la raison, nous disent que c'est une vie dure, pénible, crucifiante : *dura evangelistarum conditio.* Celui donc qui se destine à la vie apostolique doit, à l'amour de Dieu et âmes, joindre la vertu de patience qui lui fera supporter vaillamment les épreuves inhérentes à l'apostolat lointain.

Aussi, en terminant sa lettre au roi Jean III, François écrit : « Je vous conjure encore une fois, au nom de votre charité singulière envers Dieu et envers les âmes qui sont les images de Dieu, daignez écrire à Rome au Père Ignace afin qu'il envoie dans les Indes grand nombre de prêtres disposés à souffrir beaucoup dans le corps et dans l'esprit. De tels hommes sont indispensables pour les missions des Indes et pour celles surtout du Japon et de la Chine. »

C'est dans la même pensée qu'il écrit à François de Mancias : « Priez Dieu qu'il daigne nous fortifier par une grande patience nécessaire surtout dans les rapports avec les peuples. Considérez en votre esprit que c'est ici comme un purgatoire où vous subissez déjà la peine de vos fautes et reconnaissez cette grande grâce que Dieu vous accorde de pouvoir, lorsque vous vivez encore, expier les péchés de votre vie passée. » (Mon., I, 310.)

François possédait à un haut degré ces vertus nécessaires au missionnaire. Les quelques témoignages que nous apporterons, ajoutés aux faits relatés dans les chapitres qui suivront, prouveront largement que ses dix ans d'apostolat ont été pour lui dix ans de grandes souffrances physiques et morales, et qu'à l'exemple de saint Paul, il pouvait se glorifier de porter les stigmates de Jésus-Christ en son intérieur et en son extérieur.

Il débuta dans la carrière par la souffrance, car la traversée de Lisbonne aux Indes fut longue et extrêmement pénible : soleil implacable, tempêtes furieuses, privations de tout genre, maladie, rien ne manqua de ce qui pouvait mettre aux abois la patience d'un débutant.

François domina hautement, dès le principe, toutes ces épreuves. Quand il arriva aux Indes, il était déjà aguerri. Du jour où il mit le pied sur le sol des Indes jusqu'au jour de sa mort, en face de la Chine, il fut le soldat qui sans trêve et sans repos combattit les bons combats de son Seigneur et Roi Jésus-Christ. Il y eut cependant des jours de particulières souffrances, tels ceux passés dans l'île de More. Le pays était âpre, montueux, difficile : « On ne sait ce que c'est que le pain et le vin ; pas de viande, pas de troupeaux, à peine quelques porcs. En bien des endroits, pas d'eau potable. »

François n'avait pas l'habitude de dissimuler aux élus de l'apostolat les réalités crucifiantes de leur vocation. Aux îles de More, il leur fallait donc s'attendre à une vie d'extrême dénûment. Il leur a parlé aussi de périls sans nombre, naufrages, famines, persécutions, poison et le reste. Il n'a pas dit ce qu'en ce genre il eut personnellement à souffrir. Il ne raconte pas ses courses sur mer dans les minuscules pirogues des indigènes. Il fit trois fois naufrage, et passa deux ou trois jours sur une épave au gré des vagues. Il fut en butte à l'hostilité continue des musulmans, et dut passer plusieurs nuits caché dans les broussailles pour échapper à leurs coups. Un jour qu'il prêchait près d'un cours d'eau très large et très profond, les indigènes se mirent à lui lancer des pierres. Sa vie était en danger ; un miracle le sauva. Il y avait sur la rive une grosse et longue poutre fixée au sol. Il la prit, l'arracha sans effort, monta dessus et se trouva transporté à l'autre bord. (Procès, Cochin, 1556 ; Brou, I, 404.)

Toutefois, sous le rapport des souffrances de tout genre, le Japon fut la terre privilégiée. Nous ne pouvons que citer quelques faits.

Quand Xavier se dirigea vers Miyako, on était à la fin d'octobre. C'était un voyage de plus de 800 kilomètres. « Il n'avait, remarque Valignano, aucun secours, aucun appui humain. Il fallait pour tenter une telle entreprise un cœur vraiment grand et confiant. Pénétrer ainsi dans l'intérieur des terres, passer dans un costume si nouveau, si étrange, traverser toute la gentilité du Japon sans guide, sans espoir autre que Dieu, ceux qui savent ce qu'était le Japon diront que c'était une œuvre de confiance très héroïque et très surnaturelle. »

La route se fit, partie à pied, partie en barque. A pied, le voyage était plus fatigant, car il fallait porter son bagage. « Il tenait en deux besaces, écrivait Fernandez, à savoir : un surplis, trois ou quatre chemises, et une vieille couverture qui nous servait, à tous deux, la nuit, car il n'y avait pas de lit dans les hôtelleries du Japon. » Bernard le Japonais portait, suspendu à la ceinture, un petit sac à provisions, contenant du riz grillé. C'était pour les jours où il serait impossible de rien acheter dans les auberges.

François quitta Yamaguchi pour se rendre à Miyako. A vol d'oiseau, il y avait à peu près 400 kilomètres à franchir : pour mieux étudier le pays, et y semer plus utilement l'Évangile, ils firent la plus grande partie du voyage à pied. L'hiver, cette année, fut particulièrement rude, et la neige tomba en abondance. Ils en avaient parfois jusqu'aux genoux.

Sacaï, où ils débarquèrent, était ce port de mer que, en novembre 1549, François avait signalé comme un bon emplacement pour une factorerie portugaise. Nos voyageurs avaient une lettre de recommandation pour un habitant de la ville, mais ils eurent peine à le trouver. Ils furent mal accueillis par la population. Personne ne les voulait héberger. Le long des rues on ne cessait de les insulter. Il fallut quitter la ville et se faire dans un bois de sapins une cabane en branches. Ils y furent poursuivis à coups de pierre par les enfants. « Une chose me peine, disait le Saint, c'est qu'avec tout cela nous ne pouvons pas prêcher! » A la fin, ils découvrirent celui qu'ils cherchaient et furent assez bien reçus. Il était temps, car François était pris d'une fièvre ardente, qui, par bonheur, dura peu. Aussitôt remis, il commença ses catéchismes. Il ébranla quelques âmes et il se forma dans la ville un petit noyau de chrétiens.

Cependant son hôte s'occupait de le faire passer à Miyako. Ce n'était pas facile; toute la banlieue de la capitale était en guerre. Enfin il se rencontra un gentilhomme qui accepta de prendre les étrangers à sa suite. Il restait 15 lieues à franchir. François dut les faire « au galop », courant derrière les chevaux, mêlé aux coolies!

C'est dans cet état humiliant qu'il fit son entrée à Miyako, le Kiôte d'aujourd'hui.

Jean Fernandez, compagnon de Xavier, raconte quelques-unes de leurs souffrances : « Ni l'âpreté du froid, ni les neiges, ni la crainte des gens inconnus, ne purent empêcher le Père Maître François de poursuivre l'exécution de son dessein pour le service de Dieu. Sur mer, les pirates étaient partout, et nous devions souvent, afin d'échapper à leurs regards, demeurer cachés au fond de cale des embarcations. Allant par terre, nos peines croissaient. En deux besaces, comme celles des frères mendiants, nous portions tout notre bagage. Arrivant le soir, transis de froid et affamés, à des auberges, nous n'y trouvions quelquefois rien, pas même un abri quelconque. D'autres fois, à cause des grandes neiges et de la rigueur du froid, nos jambes enflaient, nous tombions dans ces mauvais et âpres sentiers des montagnes. Pauvres, mal vêtus, étrangers et reconnus tels, nous étions, en certains endroits, fort mal accueillis, hués par les enfants, et même poursuivis à coups de pierre. » (Cros, II, 99.)

» Les cinq ou six journées qui suivirent notre départ de Facato furent bien rudes. Encore, dans tous ces chemins, le Père Maître François ajoutait-il aux peines que nous trouvions celle d'une continuelle mortification. Pour se faire une idée de ces menus détails, il faudrait l'avoir vu, comme moi, de ses yeux. Ainsi, dans les auberges qui n'étaient que des écuries, fatigué du chemin comme il l'était, il gardait, au repas, une telle tempérance et des manières si réservées qu'à le considérer, on eût dit un esclave admis par grâce à la table d'un grand seigneur, et qui, devant lui, mange sans oublier combien il est indigne de recevoir les aliments de la main de son maître. Après une journée de marche, au milieu des neiges, tout ce qu'on trouvait dans les auberges, c'était un peu de riz cuit à l'eau pure, du poisson salé et une soupe d'herbes mal assaisonnée et d'une odeur encore pire. Le Père François laissait le poisson et se contentait de la soupe et du riz. » (Cros, II, 101.)

L'apôtre lui-même détaille à ses frères les épreuves qui attendent le missionnaire au Japon.

« Il faut aussi vous faire part d'autres faveurs que nous recevons de Dieu et que sa miséricorde nous donne de discerner, afin que vous nous aidiez, ici encore, à Lui en rendre toujours grâces. Ailleurs, l'abondance des provisions de bouche amène ou occasionne bien des victoires de nos convoitises désordonnées, et la vertu d'abstinence, dans sa lutte contre elles, demeure trop souvent humiliée. De là, grand détriment et pour les âmes et pour les corps ; des maladies nombreuses et corporelles et spirituelles naissent de cet excès et donnent beaucoup à souffrir aux hommes avant qu'ils se soient réduits à un milieu de tempérance, et combien avant d'y arriver ont irrémédiablement abrégé leur vie ou se sont condamnés à bien des genres de tourments et de douleur, ne fût-ce qu'à prendre, pour guérir, des médecines plus répugnantes au goût que ne lui purent être savoureux au goût de délicats mangers, et ils n'échappent pas encore à de pires ennemis comme est celui de remettre sa vie aux médecins qui, s'ils parviennent à guérir, n'y arrivent que par un long chemin d'erreurs.

» Et voici que Dieu nous fait à nous l'unique grâce de nous mener

en un pays où cette abondance fait tellement défaut que voulus-
sions-nous donner au corps des superfluités, la terre elle-même se
refuserait à les fournir. On ne tue pas d'animaux, on n'en élève
point pour les manger ; on s'alimente quelquefois, bien que peu, de
poisson, de riz, de froment ; la plupart se nourrissent d'herbages
variés qui abondent et de quelques fruits, car les fruits sont rares.
Or, les gens de ce pays se portent à merveille, et les vieillards y
sont nombreux. Rien ne suffit à contenter la nature, mais les Japonais sont là pour prouver que bien peu suffit à les sustenter. Quant
à nous, la santé de nos corps est parfaite ; plût à Dieu que telle fût
aussi la santé de nos âmes. » (Cros, II, 27.)

Cette santé du corps était loin d'être aussi florissante que voulait
faire accroire le saint, afin qu'on ne s'apitoyât pas sur lui.

Voici, en effet, ce que les Pères de Goa écrivaient en Europe :

« La venue du Père François, aussi inattendue qu'elle était désirée,
a causé à nous tous et à la population entière une consolation, une
joie qu'aucune parole ne saurait exprimer. Il s'est fait aussitôt dans
la ville un grand mouvement vers le bien.

» Plus que jamais, le Père Maître François édifie ceux qui le
voient. Les grands et continuels travaux l'ont tellement ruiné que
manger lui est devenu un tourment ; son estomac est si débile qu'il
se refuse à digérer un aliment quelconque, sans parler de douleurs
de poitrine et d'autres infirmités graves ; et cependant, s'il se plaint,
s'il gémit, c'est qu'on dépense trop pour lui : la dépense est de
quelques œufs saupoudrés de sucre. Ainsi accablé, il prêche cinq
fois, six fois par jour. Ajoutez l'assiduité au confessionnal, le soin
des affaires de la maison, le service spirituel des gens du dehors.
De là, vous pouvez juger ce qu'il fera une fois la santé recouvrée !

» Je ne dis rien de ses oraisons, de ses veilles, de son humilité,
de son affabilité, de la charité si paternelle qu'il témoigne à nous
et aux étrangers ; il n'est sévère que pour lui-même. » (Cros, *Doc.*,
438.)

Un autre témoin nous donne une idée de ce qu'était la vie de
François avant son voyage au Japon.

« Quelle que fût sa fatigue, il ne manquait pas d'enseigner la
doctrine aux enfants. Rentré au logis, il priait et se reposait un peu
tandis qu'on lui préparait un pauvre dîner. Pedro Fernandez, qui
fut son serviteur, disait que Maître François souvent faisait la cui-
sine et puis la partageait entre les enfants qui le suivaient. Son
manger habituel était du riz mal apprêté, du poisson plus mal
apprêté encore, du lait aigre mêlé au riz, ou bien, les jours de
régal, quelque galette de riz. Il disait à ceux qui étaient sous son

autorité : « Mangez autant qu'il vous est nécessaire pour servir Dieu, mais ne mangez pas pour vous-mêmes ; faites-le, vous proposant de soutenir le corps et de dépenser ses forces au service de Dieu. »

» Le dîner achevé, il donnait audience aux chrétiens pour les difficultés et les différends. Le soir, et quelquefois la nuit, il allait où il pensait trouver plus de gens assemblés ; il y prêchait ce que Dieu lui inspirait.

» Son abstinence était grande ; il mangeait une fois le jour, et bien peu. S'il mangeait de la viande, ce n'était guère que lorsqu'il était en compagnie, et qu'elle lui était offerte. Il s'ingéniait pour n'avoir pas à boire du vin, et il ne mangeait pas de pain alors qu'il en avait sous la main.

» Allant sur un vaisseau de Négapatam à Saint-Thomas, le Père François ne prit aucune nourriture depuis le jour du départ, dimanche de Lazare (dimanche de la Passion) après-dîner, jusqu'au samedi avant les Rameaux ; le vaisseau, quasi tout ce temps, était mouillé à l'ancre. Un de ses amis lui demanda s'il voulait manger, s'offrant à tuer une poule afin qu'il prît au moins un peu de bouillon. Maître François ne voulut pas, mais il le pria de lui faire un bouillon d'oignons. Il en but, sans prendre autre chose, de quoi cet homme fut fort étonné, car il savait pertinemment que le Père n'avait rien mangé depuis cinq jours. » (Cros, II, 439.)

On sait ce qu'étaient les nuits pour le Père François : la plus grande partie se passait en prières, et lorsque les besoins du corps exigeaient impérieusement un peu de repos, il prenait ce repos couché à terre, la tête appuyée sur une pierre, ou bien même sur les degrés de l'autel de l'église pour être plus près de son Seigneur résidant au tabernacle.

Le Père Melchior Gonzalez écrit à la date du 9 novembre 1548 :

« Nous arrivâmes à Goa le 2 ou 3 septembre, bien heureux d'y trouver le Père Maître François. Donner par lettres une idée de ses vertus, c'est impossible ; elles sont d'une si haute valeur que je n'ai ni parole, ni sentiment qui puissent s'élever jusqu'à elles.

» Il n'est pas vieux, et sa santé paraît bonne, bien qu'il soit très mortifié. Je note ce détail qu'il ne boit d'aucune sorte de vin. Les privations ne lui sont rien, tant il s'oublie, vaillant soldat de Jésus-Christ, pour ne s'occuper que de son Roi. De lui on peut bien dire la parole de saint Bernard : ce fidèle soldat ne sent pas ses blessures, lorsqu'avec amour il considère les blessures de son Roi : *fidelis miles vulnera sua non sentit, dum benigne sui Regis vulnera intuetur.* En vérité, mes Frères, au milieu de nous se trouve un martyr vivant, car on dirait qu'il ne cherche pas autre chose. Que de fois déjà des flèches ont été décochées contre lui; que de fois on a mis le feu au logis où il se retirait pour passer la nuit. A trois ou quatre fois, en une même nuit, la tentative s'est renouvelée : d'où vous pouvez juger ce que doit être son sommeil et quel repos il y trouve. Vrai soldat de Jésus-Christ, voilà un titre qui lui revient bien justement. » (Cros, I, 385.)

Ce qui donne une singulière idée de son esprit de pénitence, c'est que non seulement il ne se laissait pas abattre par les épreuves, mais il paraissait d'autant plus gai, plus joyeux que les peines et les tribulations augmentaient. Il s'appropriait lui-même les paroles de saint Paul et, après avoir décrit les terribles dangers auxquels il venait d'échapper, il s'écriait : « Au milieu de tout cela, je surabonde de joie : *in omni tribulatione surabundo gaudio.* »

Mais ce qui donne une idée plus grande encore de sa mortification et jette l'esprit dans une sorte de stupeur, c'est qu'en quittant le Japon, où il venait d'endurer d'indicibles souffrances, bien loin de songer à un repos bien mérité et nécessaire, il n'aspire qu'à l'évangélisation de la Chine, où l'attendaient, il le savait (on le lui prédisait de tous côtés), des croix bien pesantes, même le martyre. Il prouvait bien par une telle conduite combien était sincère le cri de son âme, lorsqu'il disait à Dieu au début de son apostolat : « Seigneur, pour l'honneur de votre nom et le salut des âmes, ne m'épargnez pas; ajoutez et surajoutez souffrances aux souffrances : *amplius, Domine, amplius !* »

La suprême épreuve, la mort, l'attendait aux portes de la Chine; il la supporta avec le calme, la paix, la résignation du soldat qui meurt pour son Roi sur le champ de bataille.

Sa Charité.

L'Église a pour but de diriger les âmes vers le ciel ; à première vue, étant donné ce but, on reste surpris quand on considère le grand nombre de congrégations d'hommes et de femmes, la multiplicité d'établissements consacrés au soin des corps ; cela paraît une dérogeance. Mais, en agissant ainsi, l'Église ne fait que reproduire les exemples de son divin Fondateur qui, pendant sa vie publique, a multiplié les guérisons du corps, sachant mieux que tout autre que la miséricorde corporelle est un fait tangible qui frappe les esprits et dispose les cœurs à la réception de la grâce. A la suite de Jésus-Christ, tous les hommes apostoliques ont été des hommes miséricordieux ; tous pour mieux guérir les plaies de l'âme se sont appliqués à guérir les plaies du corps.

Dans cette lignée admirable, Xavier, non seulement ne fait pas exception, mais il y occupe, de plein droit, une place des plus glorieuses.

Contemplons-le à l'œuvre au jour où commence vraiment son apostolat. Lorsque tout marchait à souhait, la flotte qui partait pour les Indes sortait du Tage dans le courant de mars ; elle pouvait être à Goa au mois d'août. Si le départ n'avait lieu qu'en avril, il fallait se résigner à une traversée pénible, à un hivernage dans l'île de Mozambique et à un voyage d'un an et plus. Ce fut le cas de Xavier qui était parti de Lisbonne le 7 avril 1541. Tout de suite, les souffrances physiques commencèrent au milieu de cette multitude de soldats et de passagers. François ne resta pas indifférent : il eut le mal de mer et l'eut pendant deux mois ; il sut réagir. Il se mit au service des malades. Il avait, comme un officier, sa cabine ; il en fit une infirmerie. Toute la traversée, il eut pour couchette un rouleau de cordages sur le pont. Il refusa de prendre place, pour les repas, au carré des officiers, près du gouverneur. On lui réservait la part des mets servis à l'état-major ; elle passa toute aux malades. Il lui suffisait à lui d'un peu de pain et d'eau ! il s'interdit l'usage du vin. Chichement nourri, pauvrement vêtu, misérablement couché, il vivait en tout comme un homme du peuple. Mais gai toujours, d'humeur facile, sachant se relâcher de son austérité pour faire plaisir, causant avec tout le monde. Il soignait les malades, lavait leur linge, leur rendait tous les services les plus rebutants. Sauf le temps qu'il réservait à Dieu, il ne s'appartenait plus.

La flotte était entrée dans les eaux de la Guinée, sous les feux de la zone terrible, lorsqu'elle donna dans ce qu'on appelait alors « Les calmes » qui ne permettaient plus aux vaisseaux d'avancer. La flotte resta quarante jours sans pouvoir sortir des calmes, ce qui occasionna de très nombreuses maladies. François se dépensa sans mesure au soin des infirmes.

En septembre, la flotte aborda à Mozambique où l'on dut hiverner dans l'îlot malsain qu'on appelle « le cimetière des Portugais ». Xavier écrivait plus tard en parlant de cet hivernage : « Il y a eu bien des malades pendant notre séjour. Nous avons eu quatre-vingts morts. Nous sommes restés tout le temps à l'hôpital à soigner les malades. » Il termina sa lettre du 1er janvier 1542 : « Je voudrais vous écrire plus longuement, mon mal ne me le permet pas pour l'instant. Aujourd'hui l'on m'a saigné, c'est la septième fois. Je me sens peu dispos. Dieu soit loué ! »

Au procès de béatification (1556), un témoin désigné sous le titre de Maître Jean contait :

« Le Père fut pris de la fièvre. Je le priai d'interrompre son travail. Il était malade ; mieux valait guérir d'abord, il trouverait bien, par la suite, l'occasion de se dévouer. Le Père me répondit que cette nuit-là, il lui fallait rester jusqu'au jour avec un certain « frère » en grand péril de corps et d'âme ; après cela, il interromprait son travail. Or, ce frère était un matelot en délire depuis quelques jours. Le lendemain matin, visitant les malades à l'hôpital, j'allai voir aussi le Père qui logeait dans une case. Je trouvai ledit matelot couché sur le lit du Père, un lit, s'il m'en souvient bien, fait de cordes, avec une petite couverture déchirée, un oreiller et rien autre. Quant au Père, il était assis près du lit, sur un affût de petite bombarde, rien sous lui. Il causait avec le matelot sorti du délire, et qui, aussitôt déposé sur le lit du Père François, avait immédiatement repris l'usage de la raison, et s'était confessé. On le communia, et il mourut le soir. Ledit Père François était radieux. » (Proc., 1556, n° 26.)

Alors seulement, il consentit à se faire soigner à l'hôpital, mêlé aux autres infirmes.

A peine arrivé à Goa, Xavier alla demander une petite place à l'hospice et il se remit au soin des malades. Le bruit de sa sainteté se répandit bientôt. On vit que la nuit, il couchait sur le plancher, près du lit des infirmes en danger pour être debout au premier signal. La messe dite, il était à la disposition de tous. Aussi, dans cette ville, où la veille on montrait du doigt ceux qui s'approchaient des sacrements, hors au carême, son confessionnal était assiégé : « Il venait, tant de monde, dit-il, que j'eusse été en deux endroits à la fois, j'aurais eu de l'ouvrage. »

L'hôpital ne lui suffisait pas, il lui fallait les prisons : il y en avait au moins trois de son temps à Goa et elles étaient bien pleines. Aux aumônes matérielles, il ajouta l'aumôme du catéchisme. Il prépara les prisonniers à une confession générale.

Ce fut ensuite le tour des lépreux. « Le dimanche, nous dit Xavier, j'allais hors de la ville dire la messe aux infirmes du mal de saint Lazare, je les ai confessés et communiés tant qu'il y en avait dans la maison. Ils sont devenus mes amis et grands amis. »

Il allait de porte en porte, mendiant pour ses lépreux, ses pauvres, ses prisonniers : « Faisons l'aumône, disait-il aux riches, ce sera l'expiation de nos péchés. » (Brou, I, 161.)

Depuis deux ans déjà, François travaillait aux Indes ; à sa voix, grand nombre de païens avaient renoncé aux idoles pour embrasser la foi de Jésus-Christ. L'avenir des chrétientés qu'il venait de fonder était plein d'espoir, lorsqu'un triste événement vint détruire ces espérances. Les Badages, peuplade sauvage et infidèles, firent irruption dans la contrée et portèrent la désolation au milieu des chrétientés.

En cette circonstance douloureuse, l'apôtre fit éclater une sollicitude toute paternelle à l'égard de ses chers néophytes. Les lettres et les billets écrits à cette occasion à François Manilhas, le premier compagnon de François dans l'Inde, révèlent toute la tendresse et la compassion de son cœur. Cette correspondance est datée de 1544 ; en voici quelques extraits :

« Mon très cher Frère en Jésus-Christ... J'arrivai, mardi, à Manapar. Dieu Notre-Seigneur sait ce que j'ai eu à souffrir durant ce voyage ; j'allai au secours des chrétiens qui, pour échapper à la poursuite des Badages, se sont retirés sur les rochers du cap Comorin où ils meurent de faim et de soif. Telle a été la contrariété des vents que, ni par la rame, ni par le halage, nous n'avons pu arriver au cap. Les vents s'apaisent, nous y retournons et je ferai le possible pour aider ces malheureux. C'est pitié, et la plus grande du monde, que de voir en quelles souffrances se trouvent ces pauvres chrétiens.

Il en vient tous les jours beaucoup à Manapar ; ils arrivent dévalisés, pauvres, n'ayant pas de quoi manger ni se vêtir.

» J'ai écrit aux Patagantins de Combature, Punicale et Tuticorin, d'envoyer quelques aumônes pour ces misérables chrétiens, mais de ne rien tirer des pauvres ; j'ai été huit jours en mer, et vous savez fort bien ce que c'est que naviguer en tonne avec les vents violents que nous avons eus.

» Je suis allé, par terre, au Cap visiter ces infortunés chrétiens. C'était la plus grande pitié du monde que de les voir ; ici, des affamés sans aucun aliment ; là, des vieillards incapables de nous suivre ; sans parler des morts, des mères en travail d'enfants et d'autres nombreuses misères.

» Je fis venir à Manapar tous les pauvres, où ils sont maintenant en grand nombre. Priez Dieu d'émouvoir le cœur des riches afin qu'ils aient pitié d'eux. »

Le 3 août, il écrit à nouveau pour manifester ses craintes qu'on ne se précautionne pas assez contre les ennemis.

« J'ai envoyé le Père par toutes les localités afin qu'on y mette à la mer, dès que le temps le permettra, les bateaux et autres embarcations, parce qu'il me semble certain que l'on vous assaillira et que les chrétiens risquent d'être emmenés captifs.

» J'ai déjà écrit au capitaine pour qu'il envoie un petit vaisseau de guerre pour protéger et vos gens et vous-même. Faites qu'il veille bien, tant qu'ils sont sur la terre ferme, car ces Badages viennent de nuit à cheval, et ils nous prennent sans nous laisser le temps de nous embarquer. Veillez vous-même pour ce pauvre peuple, car il a si peu de savoir-faire que, pour épargner quelques sous, on négligera de poser des sentinelles. Que par vos soins, tous lancent bientôt leurs embarcations à la mer ; qu'ils y mettent leurs bagages avec leurs femmes et leurs enfants ; qu'ils récitent les prières mieux que jamais, puisque nous n'avons personne qui nous aime, si ce n'est Dieu.

» Par-dessus tout, que l'on observe de nuit, avec grand soin, qu'il y ait des sentinelles sur divers points de la terre ferme. »

Le capitaine dont il est question dans le billet suivant s'était montré l'adversaire de Xavier ; celui-ci employa à son égard la conduite qu'il s'était tracée dans une résolution célèbre : « Je me venge de mes ennemis en leur faisant du bien. »

« J'apprends de bien tristes nouvelles du capitaine : on lui a brûlé son vaisseau et sa maison ; il est réfugié aux îles. Allez vite, pour l'amour de Dieu, avec toute la gent de mer de Punicale et prenez toute l'eau que l'on pourra embarquer. J'écris aux Patagantins de faire de même... Hâtez-vous, car voyez quelle est la misère et la détresse du capitaine et de tous ces chrétiens; vite, et très vite, pour l'amour de Dieu. » (Mon., I, 330 ; Cros, *Doc.*, 260.)

Xavier n'eut de repos que lorsqu'il eut assuré à tous ces malheureux les secours dont ils avaient besoin.

Venir en aide aux missionnaires et aux chrétiens était une de ses grandes préoccupations. Nous verrons plus loin avec quelle minutie de détails il exige qu'on lui rende compte de la situation financière des maisons; il veut qu'on paie exactement les dettes, mais il exige aussi qu'on fasse rentrer tout l'argent qui est dû. Son grand cœur ne s'arrête pas à l'argent, on le pense bien, mais il vise le profit qu'on en peut tirer pour soulager les missionnaires et les néophytes. C'est ce qui ressort de toutes les recommandations qu'il fait à ce sujet.

« Je vous recommande fort, écrit-il au Père Barzée, de payer les dettes de votre maison. Sur ce que vous recouvrerez des créances, gardez-vous de faire de ces largesses qu'on a faites dernièrement avec je ne sais quelle conscience; faute de ressources au cap Comorin, à Coulas, à Cochin, on a dû laisser bien des œuvres pies et beaucoup d'âmes sont demeurées sans fruit...

» Il est bien nécessaire que l'hiver fini et par le premier vaisseau, vous assistiez le Père Antoine de Eredia. Envoyez-lui quelque provision d'argent pour enclore sa maison et achever ce qui reste à faire. N'allez cependant pas croire que j'oublie les grandes nécessités que souffre votre collège; je ne vous demande rien de plus que ce qui se pourra bonnement faire...

» Vous aiderez aussi dans leurs nécessités les Frères qui vivent hors du collège, car, faute d'être assistés, ils souffrent de dures privations, et de là, préjudice pour un grand nombre d'âmes; on ne peut, en effet, leur envoyer des Pères à l'entretien desquels on ne saurait pourvoir. Ayez grand soin de subvenir à leurs nécessités. » (Cros, II, 273.)

C'est chose merveilleuse que l'apôtre, qui avait le souci de tant d'intérêts généraux concernant les missions, trouvât encore le temps de s'occuper des intérêts des particuliers qui venaient implorer son assistance. A tous ces solliciteurs, et ils étaient nombreux, il faisait bon visage et s'efforçait de donner satisfaction.

Le 25 janvier 1549, il écrit à Simon Rodriguez pour lui recommander un soldat qui rentre en Portugal.

« Le porteur de la présente est un homme que j'ai connu dans ce pays et va maintenant en Portugal faire valoir ses services. Il m'a supplié de lui donner une lettre pour vous, afin que vous le connaissiez mieux. Je pense, moi, qu'il aboutirait plus sûrement et mieux, s'il adressait ses requêtes à Dieu, afin d'obtenir le pardon de ses péchés, qu'en poursuivant auprès du roi la reconnaissance de ses services. Si vous pouvez, là-bas, rendez-lui ce service; conseillez-lui de se faire frayle, au lieu de retourner ici, à son métier de soldat; vous ferez excellemment une œuvre pie, puisque vous empêcherez son âme de se perdre. Cependant, aidez-lui, pour l'amour de Notre-Seigneur, à obtenir quelque récompense de ses services. » (Cros, I, 413.)

Quelle charité dans cette lettre écrite à son ami Diego Pereira pour l'intéresser en faveur d'un pauvre négociant.

« Ramirez vient là-bas remettre tous ses intérêts entre vos mains. Comme il sait la véritable amitié qui nous unit, il lui semble que venant de ma part à votre Merced, elle lui fera la grâce de l'aider à recueillir quelques aumônes pour s'en retourner en son pays où il a laissé père et mère. Il désire grandement les revoir, mais il lui manque de quoi payer la traversée. Je voudrais bien moi-même lui venir en aide, mais je suis tellement pauvre que je ne le puis. Je prie donc votre Merced, pour l'amour de Jésus-Christ Notre-Seigneur et de la Vierge Notre-Dame, sa Mère, de s'en charger. Recevez donc ce pauvre Ramirez, employez-le, prêtez-lui quelque argent. Avec ce fonds, il entreprendra un petit négoce d'où il pourra tirer de quoi se pourvoir de vivres et payer sa traversée. Votre Merced fera acte méritoire au service de Dieu Notre-Seigneur, et à moi, grande faveur et aumônes... » (Cros, I, 378.)

Il profite même de son crédit auprès du roi pour lui recommander de vieux serviteurs dont on ne reconnaît pas les services rendus à la patrie.

« Voici quarante-cinq ans, écrit-il dans sa première lettre, qu'un évêque arménien, appelé Jacques Abbuma, travaille ici pour le service de Dieu et de votre Majesté. Ce vieillard recommandable par sa vertu et sa sainteté est dédaigné de votre Majesté et de presque tous ses représentants aux Indes. Que Dieu l'ait en pitié, car seuls les Pères Franciscains se sont chargés du Prélat ; grâce à eux, rien ne lui manque, mais sans leur secours, depuis longtemps, le saint vieillard aurait cessé de vivre. Que votre Majesté veuille bien lui écrire une lettre pleine d'extrême bienveillance, ordonnant aux gouverneurs et trésoriers royaux, et spécialement au gouverneur de Cochin, de l'entourer de prévenances et d'honneurs quand il les sollicitera. En vous écrivant ces choses, je n'ai pas en vue les seuls intérêts de l'évêque, car les Pères Franciscains, avec leur charité coutumière, l'assistent en toutes ses nécessités, mais je sers vos intérêts, car votre Majesté a beaucoup plus besoin des prières du vénérable Prélat que celui-ci n'a besoin de votre faveur temporelle... Quand votre Majesté écrira aux Pères Franciscains, elle pourra y joindre une lettre à l'évêque arménien dans des termes exprimant sa grande satisfaction. » (Mon., I, 511.)

Il apprend que Monseigneur Jean d'Albuquerque est calomnieusement accusé; il écrit aussitôt à Lisbonne :

« A Malacca, je rencontrai l'évêque, et je m'édifiai grandement à le voir braver tant de fatigues pour visiter ses ouailles. La récompense de si admirables œuvres, il la reçoit telle que le monde a coutume de la donner aux saints, et j'ai été, à cette occasion, profondément touché de la patience du saint homme. Il circule par toute l'Inde je ne sais quel sinistre bruit semé par les fils du siècle, et je ne serais pas surpris qu'ils l'eussent déjà fait arriver aux oreilles de votre Altesse; on l'accuse au sujet de la mort du grand vicaire Michel Vaz. Or, pour la décharge de ma conscience, je dois ici témoignage à l'évêque, j'affirme donc savoir avec certitude (bien que je ne puisse ni dire, ni écrire d'où et comment je le sais) que l'évêque est aussi étranger au fait dont il s'agit que moi-même ; or, en ce moment, je me trouvais aux Moluques! » (Cros, I, 348.)

Une lettre écrite quelques jours avant son arrivée à Sancian met bien en évidence la charité toute chrétienne qui animait son cœur. Le vicaire de Malacca, au lieu de seconder son expédition en Chine, s'était mis du côté du gouverneur et avait ainsi causé au Père Maître François une peine des plus vives; et cependant celui-ci, au lieu de garder rancune de ce procédé inqualifiable, n'hésite pas à lui rendre un service demandé.

Du détroit de Singapour, le 22 juillet 1552, il écrit :

« Le Père vicaire m'a prié d'écrire pour lui au roi, et ainsi je fais, bien qu'on ne m'ait pas laissé ignorer qu'à propos de cette expédition de Chine, il a négligé de favoriser les intérêts du service de Dieu et de la propagation de la Sainte Foi, et cela pour se montrer l'ami de don Alvaro, dans l'espoir qu'il lui reviendrait quelque profit temporel. Il vit bien abusé celui qui, manquant à ses devoirs envers Dieu, de qui tout bien procède, se figure que tout s'arrangera pour lui au moyen des hommes. Je me venge de ceux qui ne sont pas mes amis en leur faisant du bien, car le châtiment de Dieu viendra, et vous verrez, par le fait, comment Dieu châtiera ceux qui n'ont pas aidé à son saint service. C'est la vérité que j'ai déjà grand pitié d'eux par la peur où je suis qu'il ne leur viendra plus grand châtiment qu'ils ne pensent.

» Vous voudrez bien remettre au vicaire, de la main à la main, la lettre où je parle de lui au roi. » (Cros, II, 314.)

Une chose non moins édifiante et non moins attachante, c'est cette délicatesse de charité qui fait que l'apôtre, dans ses lettres, condescend jusqu'à prendre les intérêts des plus humbles, des plus petits.

Il a laissé près du Père Mansilhas un enfant dont il espère faire, un jour, un catéchiste : il se souvient de lui.

« A Mathieu, c'est le nom de son protégé, vous direz d'être bien bon enfant et que moi j'aurai soin de lui, plus que ne feraient ses propres parents. Donnez-lui tout le nécessaire pour l'habillement et tenez-lui compagnie, afin qu'il ne vous laisse pas. Tant que je l'ai eu avec moi, il a été traité fort amicalement; témoignez-lui, de même, grande affection... Dites-lui de bien vous servir. Si vous êtes content de lui, il trouvera père et mère en moi; mais s'il ne vous était pas obéissant, je ne veux ni le voir, ni m'occuper de lui. Donnez-lui tout le nécessaire, et quand j'arriverai, je lui donnerai quelque chose qui lui fera grand plaisir. Dites-lui que je ferai plus pour lui qu'il ne pense. » (Cros, I, 249.)

Or, quand François s'occupait ainsi de ce petit enfant, il avait à régler cette angoissante affaire des Badages et de ces malheureux néophytes qui imploraient son assistance.

Cette même sollicitude pour les intérêts des petits le porte à écrire au Père Gaspard Barzée au moment où il va partir pour la Chine :

« Je vous recommande pour l'amour de Dieu de chercher quelque aumône pour Jean le Japonais, vu qu'il est pauvre. Lorsque je le priai de demeurer pour aller, en 1553, au Japon, avec quelque Père et Frère de la Compagnie, je lui promis de lui chercher à Goa une aumône qu'il emploierait à l'achat de marchandises qu'il sait être appréciées dans son pays. Cela l'aidera à vivre au Japon, bien que non sans travailler. Je vous prie donc de le bien accueillir et de lui chercher une aumône. Je n'insiste pas, sachant que vous vous occuperez de Jean avec beaucoup de soin. »

A cette lettre, François joignait un billet pour Jean :

« J'écris au Père Maître Gaspard de te chercher quelque aumône à Goa, pour l'achat de marchandises, afin que tu puisses retourner en ton pays avec quelque chose...

» Confesse-toi bien souvent, et reçois Notre-Seigneur, afin que Dieu t'aide, Recommande-toi à Dieu, et garde-toi de faire des péchés, parce que si tu offenses Dieu en ce monde, tu seras fort châtié dans l'autre; par conséquent, garde-toi de faire choses pour lesquelles tu irais en enfer.

» Quand tu seras au Japon, tu salueras beaucoup, de ma part, Marc et Paul.

» Dieu te fasse bienheureux et te mène à la gloire au Paradis.

» Tu diras au Père François Pérez, en lui montrant cette mienne lettre, que lorsque tu iras dans l'Inde, il écrive au Père Antoine de Eredia, à Cochin, pour lui recommander, de ma part, de t'y chercher quelque aumône. Il serait bon également que le Père François Pérez pût te donner quelque aumône; montre-lui cette même lettre, et autant qu'il le pourra, il t'aidera.

» Jean, mon fils, tu serviras bien les Pères qui sont au Japon...

» Ton ami de cœur,

» FRANÇOIS. » (Cros, II, 317.)

Une catégorie d'enfants excita toujours particulièrement sa charité compatissante, ce fut celle des enfants orphelins. Il écrit au roi et lui recommande instamment d'avoir pitié de ces enfants. Il prie le Père Rodriguez de prendre à cœur le projet qu'il a soumis au roi, en leur faveur :

« Un autre sujet de ma lettre au roi, c'était de le prier de prendre les intérêts des orphelins portugais que leurs parents morts au service du prince ont laissés sans famille et sans ressources; ils ne reçoivent même pas l'arriéré de la paie et des subsides dus à leurs parents. Il ne serait pas sans utilité d'établir, dans les Indes, quelques collèges où ces orphelins seraient élevés et instruits.

» A Coulan, il est question de fonder un collège où seront élevés de préférence les orphelins chrétiens de Comorin et de Saint-Thomas, car les habitants peu nombreux et mal partagés sous le rapport des biens temporels, ne peuvent entreprendre la fondation d'un séminaire avec leurs propres ressources. J'en ai écrit à Sa Majesté en lui représentant combien cet établissement aurait dans l'avenir d'utilité pour la religion. Vous ferez en sorte d'obtenir de Sa Majesté qu'elle ordonne au vice-roi des Indes de faire élever cette maison aux frais de l'État dans des proportions assez étendues pour qu'elle puisse recevoir un grand nombre d'orphelins portugais et indigènes. » (Pagès, II, 18, 25.)

Plus tard, il écrira au Père Gaspard Barzée :

« Dans le soin des élèves du séminaire qui sont des enfants d'indigènes et des orphelins portugais, vous apporterez tout votre zèle à ce que rien ne leur manque pour le vêtement, pour la nourriture et pour les remèdes. » (*Id.*, 349.)

On peut dire que Xavier donna, jusqu'à sa mort, des preuves de cette charité miséricordieuse. Quand il arriva à Malacca, avant de s'embarquer pour son dernier voyage, une de ses prévisions se trouva réalisée. Quelques jours auparavant, en pleine mer, il avait dit : « Ah ! mes fils ! Malacca est en grande détresse ! » En effet, une épidémie y faisait de grands ravages. François fut accueilli comme un ange. Il se mit aussitôt au service des malades. L'hôpital était encombré ; la maison des Pères devint une infirmerie. Quand elle fut pleine, il aménagea en lazaret des coques de vaisseaux échoués sur la plage, et put encore soigner ainsi une soixantaine de malades. Il les y portait sur ses épaules, mendiant pour eux, les préparant à la mort. L'épidémie se communiquait par le contact, mais Xavier ne prenait aucune précaution... »

Il fit là ce qu'il avait fait à Amboine au milieu d'une terrible épidémie :

« Je l'ai vu, raconte le sénateur François Palea, vivant avec les infirmes qui étaient nombreux. Il y avait beaucoup de morts. Il travaillait continuellement, confessait jour et nuit, enveloppait les morts dans leur linceul et les ensevelissait. Il disait la messe pour eux, et tout le monde admirait son ardeur. » (Brou, I, 383.)

On a dit avec raison de Xavier ce qu'on a dit du divin Maître : « Il a passé en faisant le bien ! ».

Sa Chasteté.

La chasteté est de toutes les vertus de l'apôtre la plus indispensable; sans elle, son ministère serait ruiné par la base et risquerait fort de s'effondrer dans le scandale. Ce ne serait plus alors le Bon Pasteur, ce serait le loup dans la bergerie toujours sous le coup des malédictions divines.

Heureux l'apôtre dont la jeunesse a été préservée : jusque dans sa vieillesse, il recueillera les fruits de cette préservation. Dieu, qui voulait faire de Xavier le modèle des apôtres, lui accordera la grâce de garder inviolable la chasteté, depuis ses jeunes ans jusqu'à sa mort. Toutefois, cette vertu ne fut pas chez lui vertu de tempérament, mais vertu de lutte, de combat et d'efforts.

Au château de Xavier, rien ne détournait l'enfant de la voie droite, tout, au contraire, l'y gardait, l'y encourageait. Voici le portrait que trace le docteur Navarro de son neveu François, alors auprès de ses parents.

« Don Juan et Doña Maria aimaient François plus tendrement parce qu'il était leur benjamin et aussi à cause de son bon naturel et de sa grâce extérieure ; ils l'élevèrent avec une grande sollicitude et, de bonne heure, le confièrent aux soins d'excellents maîtres. L'enfant écouta si bien leurs leçons qu'il sut bientôt tout ce qu'un enfant peut apprendre. Il n'avait pas son pareil tant il était doux, aimable, poli, gai, plaisant même, d'une singulière pénétration d'esprit, curieux d'apprendre, jaloux d'exceller en tout ce qui fait le gentilhomme accompli, de sorte que, cher à tous les siens, il ravissait, dès l'abord, ceux qui ne l'avaient jamais vu : péril redoutable auquel il n'eût point échappé sans le don d'une naturelle réserve, d'une virginale pudeur que tous admiraient en lui, et sans l'action préservatrice d'une spéciale providence à son endroit. De bonne heure, ses frères le sollicitèrent de la voix et de l'exemple à s'exercer avec eux au métier des armes : leurs aïeux, disaient-ils, étaient arrivés à la fortune et à la gloire par ce chemin ; mais François ne pensa jamais à faire comme eux, il préférait à toute autre la gloire des docteurs, à l'exemple de son père. » (Cros, I, 63.)

Il y eut, pour l'adolescent, un moment critique, redoutable, ce fut celui où, quittant la paisible retraite de la maison paternelle, il fut jeté dans la vie tumultueuse de l'Université de Paris. Que de dangers n'eut-il pas à courir alors ! Il avait tous ces avantages extérieurs qui sont, pour un grand nombre, une cause de perdition. Il arrivait à la capitale avec tous les charmes de ses 18 ans, extérieur séduisant, très alerte et habile dans les exercices physiques, un beau nom, et le tout relevé par des qualités intellectuelles et morales de premier ordre qui lui assuraient un ascendant facile sur ses compagnons.

Ce qui rendait la situation du jeune étudiant plus périlleuse encore, c'était l'entraînement de l'exemple : exemples des autres étudiants dont la vie était fort licencieuse ; l'exemple plus irrésistible encore du maître dont la conduite était notoirement des plus mauvaises.

On entrevoit les périls auxquels François vivait exposé et qu'il eut le bonheur d'éviter. Toutefois, pour lui apprendre sans doute la miséricorde envers les pécheurs entraînés au mal par les circonstances plus que par leur propre malice ; pour ajouter à cette leçon celle de l'humilité expérimentale que l'on prend en touchant du doigt sa propre fragilité, Dieu permit qu'il allât jusqu'au bord de l'abîme.

C'est un des rares points sur lesquels nous ayons ses confidences. Un prêtre de l'Inde qui l'hébergea quelque temps déposait après a mort du Père François : « Tout en causant, il me raconta ses débuts dans la vie jusqu'au moment où nous étions. Il me parla de sa patrie, de son pays, de sa mère, de l'âge auquel il vint à Paris, de ce qui lui était arrivé en cette ville. Et à propos de la vie des étudiants, il me dit qu'ils étaient si fort débauchés, eux et leurs maîtres, que souvent ils sortaient la nuit et l'entraînaient avec eux. Le maître en était. »

Arrivé là, il n'y avait plus qu'un degré à franchir ; ce degré ne fut pas franchi. Mais pour que la leçon d'humilité fût complète, ce qui arrêta le jeune homme, à ce qu'il raconte, ce fut ni une pensée surnaturelle, ni même les sentiments de la dignité humaine. Il voyait que ces misérables étaient aussi pourris de corps que d'âme et il eut peur. « Cette peur le retint un an ou deux, continue le témoin. Alors le maître mourut de ses excès ! » (*Sel. Ind. Ep.*, 180 ; Brou, I, 27.)

Il eut encore à se prémunir contre l'exemple de sa parenté toujours si pernicieux pour un jeune homme, Dieu permet que dans les meilleures familles il y ait, parfois, des tares lamentables.

Du Béarn, en ce temps-là, venaient à François des nouvelles aussi tristes qu'humiliantes de ses deux cousins germains, Juan de Olloqui et Juan de Jassu. François ne put ignorer l'inconduite de ses deux cousins, pas plus que celle d'un de ses neveux qui vivait à Paris et qui, s'étant enfui, fut poursuivi par son oncle, l'espace de trente-quatre lieues. (Cros, I, 120.)

Mais alors Dieu venait puissamment en aide à celui qu'il avait choisi pour être un vase d'élection destiné à porter son nom jusqu'aux extrémités de la terre. La première grâce fut l'arrivée du nouveau professeur, Juan Peña, dont la vie édifiante et les bons conseils atténuèrent ou même effacèrent les scandales du maître précédent.

La seconde grâce fut la connaissance et l'amitié de Pierre Lefèvre dont la vie si pure et les avis si sages le dégagèrent d'une vie mauvaise ou périlleuse. François ne l'oubliera jamais, et plus tard, aux heures des plus grands périls, au plus fort des tempêtes, il invoquera d'abord « l'âme bienheureuse de Pierre Lefèvre ».

La troisième et suprême grâce fut la rencontre d'Iñigo de Loyola qui, l'arrachant aux préoccupations de la vanité, le lança dans la voie de la sainteté et de la perfection apostolique.

C'était fini avec les dangers extérieurs, mais ce n'était pas fini avec la lutte, comme le font entendre les lignes suivantes.

« A Rome, saint Ignace avait loué un logis appelé Torre del Melangolo; Simon Rodriguez raconte comment ce logis parut être hanté par de mauvais esprits, et il ajoute : « Ce fut là qu'arriva le fait suivant : Un des Pères, réveillé en sursaut, poussait de grands cris, entremêlés de pieuses aspirations, et, en même temps, il jaillit de ses narines du sang en abondance... Interrogé à ce sujet, il ne répondit pas et ses compagnons pensèrent que le démon avait tenté de l'étrangler. Plus tard, un d'eux l'interrogea, il répondit : « Je rêvais que l'on me provoquait au mal et l'angoisse où je me trouvais, l'effort que je faisais pour échapper me tirèrent du sommeil et occasionnèrent une hémorragie. »

Il s'agit ici de François, comme le prouve cette page écrite, le 10 décembre 1596, par le Père François Vasquez : « Tandis que j'étais recteur à Montilla, le Père Simon Rodriguez passa par cette ville et demeura quelques jours au collège. Or, entre autres choses qu'il nous raconta des premiers temps de la Compagnie, se trouva celle-ci. C'est Simon Rodriguez qui parle.

« Peu de temps après l'arrivée des Pères à Rome, je tombai

malade, et notre Père Ignace ordonna à Maître Xavier d'être mon infirmier. Or, une nuit que Xavier, étendu sur une natte, dormait près de mon lit, attendant l'heure où je devais prendre un remède, je veillais, les yeux arrêtés sur Xavier et l'âme occupée de la méditation de ses admirables vertus. Tout à coup, je le vis s'éveiller, se dresser en gesticulant avec force, comme qui veut repousser un ennemi, et, en même temps, il jaillit beaucoup de sang de sa bouche. « Qu'est-ce donc? » lui demandai-je. Il me répondit : « Ce n'est rien. » Je repris : « Ce n'est rien, vous jetez le sang à pleine bouche! Ce n'est rien cela? » Mais Xavier ne m'en dit pas, pour lors, davantage. Plus tard, quand nous vécûmes ensemble au Portugal, nous y eûmes des entretiens intimes. Or, à cette occasion, je demandai à Xavier : « Qu'aviez-vous la nuit où le sang jaillit si fort de la bouche? » Xavier répondit : « Je vous le dirai, mais tant que je vivrai, n'en parlez pas. Dieu m'a fait la grande grâce de demeurer vierge ; or, cette nuit-là, je rêvais que, voyageant, nous étions arrivés dans une auberge où je ne sais quelle misérable femme venait à moi comme pour m'étreindre. Ce fut alors que je me démenai pour l'écarter ; et la violence de l'effort fit jaillir le sang de ma bouche. » (Cros, I, 148.)

Ainsi, tel était l'amour de Xavier pour la pureté, qu'il n'hésitait pas à en acheter la conservation au prix de son sang! Aussi quelle répulsion profonde, quelle horreur, quelles souffrances intimes dut-il éprouver quand, arrivé dans les Indes, il se vit en présence, et, par le fait de son ministère, en contact immédiat avec des populations dont les mœurs déréglées et licencieuses n'avaient rien d'égal en Europe.

Une grande dignité naturelle, une réserve extrême, une pratique assidue de la prière, une mortification continuelle, et cet attachement pour une vertu gardée inviolable jusque-là, en dehors même de la grâce qui fut surabondante, formaient autour de François comme un rempart infranchissable. Mais il trembla, ses lettres en font foi, pour les collaborateurs qui, venus d'Europe, se trouveraient forcément aux prises avec les mêmes difficultés. Situation du missionnaire quasi inextricable, sans la grâce de Dieu : elle est celle d'un homme qui, au milieu des flots, doit toujours surnager, ou qui, au milieu des flammes d'une fournaise, doit toujours rester sans brûlure!

La sollicitude de François pour les prémunir contre le danger de choir fut circonspecte et incessante. De là ces exhortations fréquentes à ses religieux sur la nécessité de mener une vie sans tache, d'éviter avec un soin scrupuleux tout ce qui pourrait malédifier le peuple, d'être fidèles à leurs exercices de piété ; de là, ces règles de haute prudence dans le rapport avec le prochain, soit en confession, soit en dehors de la confession que nous citerons plus bas; de là, cette insistance auprès des supérieurs pour que leur vigilance sur leurs inférieurs soit constamment en éveil.

De là surtout ses recommandations aux Pères d'Europe de n'envoyer aux Indes, au Japon, en Chine, que des hommes sur lesquels on puisse compter.

Le Père Lancilloti écrivait à saint Ignace, le 26 décembre 1549 : « Ce que votre Révérence ajoute que les Pères aillent deux ensemble, Maître François en prend la charge. Telles sont ici les nécessités des âmes, que chacun voudrait, s'il le pouvait, se mettre en morceaux, et porter ainsi secours aux âmes en divers lieux à la fois. Le meilleur moyen de remédier aux périls de la solitude serait de n'envoyer ici que des hommes capables de nager sans liège sous les aisselles. » (Cros, *Doc.*, 425.)

Tels étaient, en effet, les hommes que Xavier voulait pour les Indes.

Il demandait et redemandait à Ignace et à Simon Rodriguez des Pères qui eussent déjà remporté de grandes victoires sur eux-mêmes, des religieux d'une chasteté éprouvée ; quant à ceux qui ne sont pas fermes en chasteté, ils ne sont pas faits pour ces pays; ils s'y perdraient et perdraient les autres.

« L'épreuve capitale au Japon, c'est un péril évident et continuel de la mort. Le pays n'est pas fait pour des hommes âgés, il y a trop de fatigues... Pas une espèce de péché que ce pays ne mette à la portée de la main... Je crois utile de dire à votre charité que ceux que l'on tire des collèges d'Espagne et de Coïmbre, pour les envoyer dans les Indes, devraient être bien choisis, quand il n'en viendrait que deux par an, mais tels que les Indes les requièrent, c'est-à-dire assez avancés dans la perfection, aptes à prêcher et à confesser. Si vous l'approuviez, j'aimerais qu'ils fussent allés à Rome en pèlerinage, pour s'exercer aux fatigues et aux périls des voyages, afin qu'arrivés ici, ils ne soient pas déconcertés. Que leur vertu surtout soit bien éprouvée, car, ici, les occasions de défaillance sont redoutables, et à Dieu ne plaise qu'au lieu d'avoir à nous réjouir de la venue de nouveaux ouvriers, nous ne soyons pas réduits à la nécessité de les congédier. » (Cros, *Doc.*, 438.)

C'est assurément, en partie, aux exemples, aux leçons, à la vigilance de Xavier que les religieux confiés à sa charge ont pu mériter cet éloge que leur décernèrent l'évêque de Goa et le gouverneur :

« Les Pères de la Compagnie sont d'une pureté de mœurs irréprochable. »

Les préoccupations de Xavier ne se bornaient pas à garantir les missionnaires contre la corruption du siècle, elles avaient aussi pour but de corriger les mœurs du peuple, et de faire succéder la continence à la licence. En chaire, et dans les prédications, il s'élevait avec force contre ces abominables péchés; mais, en particulier, il usait de mille industries charitables pour ramener les délinquants au devoir. De l'aveu de tous ses contemporains, nul ne savait comme lui inspirer la honte de l'inconduite et le désir de s'amender; il réussissait là où tous les autres avaient échoué.

Un des historiens constate qu'une des grandes forces de François pour arriver aux conversions étonnantes qu'il obtenait était, avec son tact et son affabilité, sa pureté incomparable. On le savait au-dessus de toutes les misères des sens. Tout passait venant du saint Père, comme l'appelait le peuple. Il pouvait entrer partout, il était l'ange de la pureté et du pardon (Brou, I, 361.)

« C'est, qu'en effet, au témoignage d'Odvard de Saveral Fonseca, la vie du Père Maître François était si innocente et si sainte qu'aucun des hommes éminents que j'ai connus en Portugal et en Espagne et aux Indes ne peut lui être comparé; il les surpasse tous de beaucoup. Jamais je n'ai découvert en lui une faute vénielle. »

Ce magnifique témoignage est confirmé par l'assertion que l'on trouve consignée dans le procès de canonisation. Celle du prêtre qui, pendant plusieurs années entendit François Xavier en confession : il déclare que jamais il n'a trouvé en cet illustre pénitent matière à péché véniel, qu'il a conservé sa pureté virginale et que cette admirable pureté reluisait en tout son extérieur, si bien que tous ceux qui traitaient avec lui étaient frappés. (Mon., II, 325, 409.)

Le Père de Quadros, qui a connu le saint, regarde l'incorruptibilité dont jouit son corps comme une récompense de son extrême pureté.

« Disons-le, pour l'honneur de Dieu, auteur de tout bien, Maître François a été un homme de singulière et très rare sainteté, et, comme sa vie durant, il s'efforça avec grandes fatigues et continuel mépris de lui-même de procurer la gloire de Dieu, but principal de son zèle, aussi, après sa mort, Dieu a voulu glorifier son serviteur, même sur terre. Des amis, afin d'emporter ses os de Sancian à Malacca, enterrèrent son corps dans la chaux pour en consumer les chairs; mais ce fut vainement, car la chaux ne les altéra même pas. Elle respecta, Dieu le voulant, l'intégrité de ce corps très chaste.

Nous savons, en effet, par divers témoignages et celui même de ses confesseurs que Maître François garda toute sa vie une pureté virginale. Quand, après un si long temps écoulé depuis la sépulture, le corps de Maître François arriva à Goa, on eût dit qu'il venait de mourir...

« Il y aurait tant à dire sur la sainte vie de Maître François que l'on n'en finirait pas ; aussi quelle édification, quelle bonne odeur il a laissée dans ces contrées ! » (Cros, *Doc.*, 448.)

Sa Pauvreté.

L'éducation de Xavier ne l'avait pas préparé à l'amour de cette belle vertu. Au château de Xavier et dans les demeures de sa parenté, il avait connu, sinon le faste, du moins une grande aisance ; il n'y avait entendu exalter que les avantages des honneurs et des richesses. Aussi un des motifs qui, au début, l'éloignait le plus de saint Ignace, c'était la pauvreté dont faisait montre cet étrange disciple de sainte Barbe. Mais quand lui-même, à l'école des exercices, eut compris l'estime que le Fils de Dieu avait de cette vertu si dépréciée du monde, il lui voua un attachement qui se traduisit immédiatement par des actes. Il vit alors combien sage était la conduite d'Ignace, il s'élança à grands pas sur ses traces dans la voie du renoncement et du détachement. Dans toute la sincérité de son âme, il fit le vœu de pauvreté, et ce vœu ne fut pas pour lui une promesse morte et sans effet : de ce jour-là, il vécut en vrai pauvre de Jésus-Christ.

Lors de son voyage de Paris à Rome, durant son séjour dans les villes d'Italie, il fut fidèle à la pratique de demander l'hospitalité dans les hôpitaux, d'y manger, d'y coucher avec les pauvres, après avoir mendié son pain.

Quand saint Ignace, à l'improviste, lui parle de son départ pour les Indes, François n'a nul souci de son équipement ; il raccommode tant bien que mal ses vieux habits, et part, dès le lendemain, sans bagage. A la cour du roi de Portugal, au milieu du faste qui l'environne, il ne se départ pas de la vie humble et pauvre qu'il a embrassée. Il songe à son grand voyage, mais ce qu'il veut en allant aux missions, entre autres choses, c'est donner à tous une leçon de pauvreté.

« Nous nous préoccupons fort, écrit-il à Ignace, de joindre à nous pour les Indes des personnes bien dégagées de toute avarice ; cela même ne nous suffit pas, il nous les faut dégagées de toute apparence d'avarice, afin que nul ne puisse concevoir le soupçon que nous recherchons moins le spirituel que le temporel.

» On nous dit : « Si aux Indes comme ici, vous procédez par des voies à tel point écartées de toute ombre d'avarice, nul doute qu'en peu d'années, lorsqu'on aura vu et reconnu que vous cherchez uniquement le salut des âmes, vous n'ayez converti à la foi de Jésus-Christ deux ou trois royaumes d'idolâtres. » Telles sont les grandes espérances que nous donnent ceux qui ont passé de longues années dans les Indes. (Cros, I, 169.)

Lorsque le temps du départ fut proche, raconte le Père Gonzalvez, Jean III ordonna à don Antonio de Ataide de s'informer auprès de Maître François des choses qui lui seraient nécessaires pendant la traversée, et de les lui procurer. Tout ce que le comte put obtenir fut que le Père acceptât, pour lui et ses compagnons, une soutane de laine grossière afin de se protéger contre le froid du cap de Bonne Espérance, et quelques livres qu'il ne trouverait pas dans les Indes. Il ne voulut aucune provision de bouche. Encore moins accepta-t-il un serviteur que lui offrit don Antonio : « Il le faut pour votre dignité de nonce apostolique, lui disait le comte, vous ne pouvez pas laver votre linge, ni vous occuper du pot-au-feu. » « Seigneur, répondit Xavier, cette jalousie d'une prétendue dignité, ce zèle pour accomplir de prétendus devoirs a mis la chrétienté dans le déplorable état où nous la voyons. Pour moi, j'entends laver mon linge, m'occuper du pot-au-feu et servir encore les autres, à quoi j'espère ne perdre aucune autorité. »

Le comte demeura frappé de ces paroles ; souvent depuis il les rappela et il disait encore : « Chargé d'approvisionner les gens qui sur ces vaisseaux étaient au service du roi, j'eus fort à faire avec la plupart pour les empêcher de demander ou même de prendre plus qu'on ne leur voulait donner, et autant et plus avec le Père Maître François pour obtenir qu'il ne refusât pas absolument tout et consentît à accepter du roi quelque bagatelle. » (Cros, I, 188.)

Quand on suit Xavier dans le travail si besogneux des missions, on reste ému autant qu'édifié en voyant dans quel dénûment des choses même les plus nécessaires ce vaillant ouvrier a passé les dix années de sa vie de missionnaire.

« Tout dans la vie de Maître François édifiait, écrit encore le Père Gonzalvez, mais en particulier son mépris pour la mondanité. Après sa longue traversée d'Europe, la soutane qu'il portait depuis Lisbonne n'était qu'une guenille. L'hôpital où il logeait avait un vestiaire des mieux pourvus. Xavier pouvait, sans indiscrétion, demander l'aumône d'une soutane neuve. On lui en offrit une de

camelot assez grossier; il la trouva trop belle et ne l'accepta pas,
bien qu'on lui dît que les prêtres de la région ne portaient pas
d'étoffe moins bonne. On lui en fit donc tailler une d'une étoffe noire
sans nulle apparence et de très peu de valeur.

» Maître François mendiait aussi une chemise, ses souliers, mais
il fallait que les siens fussent absolument hors d'usage pour qu'il en
acceptât d'autres. Si l'on voulait le prévenir et changer sa chaus-
sure toute rompue : « Attendons, disait-il, celle-là peut encore
aller. » A grand regret, il abandonnait ses vieilles soutanes ; il fallait
parfois user de ruse, les lui enlever, la nuit, et les remplacer par
une neuve. C'est ainsi que fit un de ses amis, François Payva.
Xavier ne s'aperçut pas de la ruse et revêtit une soutane neuve.
Invité le jour même chez Payva avec d'autres amis au courant du
tour qu'on lui avait joué : « Quelle belle soutane vous avez là »,
lui dit Payva pendant le repas. Maître François palpa la soutane et
demeura un bon moment troublé, interdit, comme s'il eût été pris
en flagrant délit de vol. » (Cros, I, 215; Brou, I, 171.)

Le Père de Quadras, dans une lettre écrite à une époque où le
souvenir du saint, tout récent, défrayait les conversations dans cette
ville de Goa, pleine de marchands, de soldats, de matelots qui
l'avaient rencontré sur toutes les plages de l'Orient, parle ainsi :

« Le Père Maître François fut toujours très pauvre et très aimant
de la pauvreté. Au collège, il demandait à manger pour l'amour de
Dieu. Quand il s'embarquait, il avait pour tout bagage ses vêtements, son bréviaire et un autre livre. Sur le vaisseau, les soldats
lui prêtaient, pour l'amour de Dieu, chemises, souliers et autres
choses nécessaires. » (Sel. epist. Ind., 184-193.)

Il gémissait sur cet amour du luxe qui attirait aux Indes tant de
gens d'Europe au grand détriment du bien de leurs âmes. Du haut
de la chaire, dans ses conversations, il ne cessait de prêcher ce
détachement dont il donnait un si bel et si continuel exemple. Dans
ses lettres à ses amis, il insiste sur cet esprit de détachement. A
son ami don Pedro de Silva, gouverneur de Malacca, il écrit très
aimablement :

« Si vous m'accordiez assez de confiance pour être, en ces contrées, votre propre économe, je ferais valoir au centuple votre avoir
par une opération que n'a employée, jusqu'ici, aucun gouverneur
de Malacca; cette opération consisterait à distribuer l'argent en
aumônes aux chrétiens indigents. Ce placement est si sûr qu'il ne
court aucun risque, car il est certain que celui qui donne pour
l'amour de Jésus-Christ recevra le centuple en l'autre vie. Je crains
que vous n'appréciez pas ce gain à sa juste valeur, car c'est là le

grand malheur des gouverneurs de Malacca de ne pas aimer ces grands biens. » (Mon., I, 654.)

Tandis qu'il est au Japon, il apprend que des marchands se proposent de quitter Malacca pour aller en Chine ; il leur écrit aussitôt :

« Yamaguchi, 1er septembre 1551. — Que l'amour et la grâce de Jésus-Christ notre vrai Dieu et Seigneur habitent toujours en vos âmes par sa miséricorde. *Amen.*

» Par quelques lettres d'avis qui viennent de Malacca, j'apprends que vos navires viennent d'arriver... Tout en faisant vos préparatifs, ne manquez pas de soustraire quelques instants à vos occupations afin de ranimer votre conscience : ce travail, en effet, est une opération qui vous rapportera certainement plus que le négoce de la soie de Chine pour considérable que soit le gain que vous y puissiez faire. Préparez ce négoce spirituel, car, s'il plaît à Dieu Notre-Seigneur, je suis déterminé à venir avec vous le plus tôt possible.

» Que le Christ Jésus qui nous tient en ses mains vous conserve en cette vie en sa grâce et en son saint service. » (Mon., I, 665.)

Au Japon, il continua à donner les exemples de renoncement qu'il avait donnés aux Indes. C'est ainsi que le Daïmyo de Yamaguchi lui ayant fait porter une forte somme d'argent : « Nous la lui avons renvoyée, écrit Xavier, disant que nous ne demandions qu'une chose, l'autorisation de prêcher la loi de Dieu, et pour ses sujets la liberté de conscience. » Ce détachement contrastait avec la cupidité des bonzes. Yosituka en fut vivement frappé ; le jour même, il accorda une audience aux missionnaires, et de vive voix donna les permissions demandées.

Quant aux bonzes, de leur propre aveu, un des grands obstacles à leur conversion était leur attachement à l'argent, et une des raisons de leur inimitié à l'égard de Xavier était précisément l'éloge qu'il faisait de la pauvreté, alors qu'ils s'efforçaient, eux, de persuader au peuple que la pauvreté était une souillure et un signe de réprobation. Pour ruiner habilement l'autorité du saint, ils conseillèrent aux néophytes de le tenter par l'appât du gain, mais Xavier déjoua toutes leurs ruses. Cette pratique de la vertu leur en imposait et, malgré eux, ils admiraient ce qu'ils ne pouvaient pratiquer.

Au Japon, comme partout, les lumières de l'Évangile pénétrèrent surtout dans les âmes des pauvres ; ce fut un pauvre qui se convertit le premier à Yamaguchi. Cet homme était aveugle ou quasi aveugle. Il gagnait misérablement sa vie en jouant de la viole et en chantant ; sa physionomie était très ridicule ; pour tous ces motifs, il était grand ami de Maître François qui l'admit comme frère coadjuteur dans la Compagnie. Dieu, qui se sert des plus vils instruments, en fit le premier prédicateur et le propagateur du Saint Évangile dans la ville de Miyako et dans les royaumes circonvoisins avec si abondante et si singulière grâce qu'il a place marquée entre les insignes prédicateurs de la foi en ces contrées. Laurent, c'était son nom, ne se montra pas moins exemplaire dans l'accomplissement de tous les devoirs d'une vie religieuse et sainte. (Cros, II, 147.)

Après l'évangélisation du Japon, Xavier, nullement effrayé par la perspective des souffrances et de la pénurie qui l'y attendait, rêvait de l'évangélisation de la Chine. La mort l'attendait à Sancian. Il y expirait sur la terre nue, sans abri, sans amis, sans médecin, sans remède, sans nourriture, c'est-à-dire dans la plus grande indigence que l'on puisse imaginer. La mort du disciple était l'image fidèle de celle du Maître expirant, privé de tout, sur le bois de la Croix, au Calvaire.

En terminant l'histoire de la parenté de François Xavier, le Père Cros fait un parallèle saisissant qui met bien en relief la pauvreté de Xavier et ses avantages.

En 1562, le capitaine Valentin de Jassu, cousin de l'apôtre, mourait riche et honoré, mais il fallait le tromper pour qu'il mourût content.

Depuis quatre ans, Juan d'Esparça et Marie de Jassu travaillaient à saper par la base l'édifice que Valentin élevait depuis quarante ans, à savoir, fonder un majorat des Jassu de Pampelune, digne pendant du majorat des Jassu de Xavier. Les procès succédaient aux procès, portant le trouble dans les familles. Le capitaine, lassé, épuisé par les agitations et les sollicitudes, s'étendit sur son lit qui devait être son lit de mort. Alors même, il ne cessait de redire : « Pressez, pressez l'affaire; que nous ayons une sentence définitive ! »

Un des témoins des derniers instants raconte : « Trois jours avant sa mort, un matin, vers 8 heures, on crut que le moment suprême était venu, j'arrivai et avec moi le prieur du couvent des Prêcheurs et d'autres. Le malade gémissait; le licencié Atondo et Pedro de Abays soupçonnant la cause de ces gémissements s'approchèrent et lui dirent : « Seigneur Valentin, mettez-vous bien avec Dieu et ne vous inquiétez pas des affaires de ce monde; du reste, tout s'est passé suivant vos désirs ! » A ces mots, le mourant témoigna une vive satisfaction; il tendit la main au licencié et dit : « Grâces soient rendues à Dieu ! »

On le voit, le capitaine Valentin s'était fort agité jusqu'à sa soixante-dix-huitième année, sans atteindre à rien de bien grand.

Une tromperie, une illusion, put seule, au dernier instant, lui épargner, en ce monde, la désolation de le bien constater lui-même.

Heureux François, cousin-germain du capitaine, d'avoir, à l'appel d'Ignace, fait fi de tous les majorats! Sans entourage d'amis, sur le roc de Sancian, il mourut tranquille : il avait, à 45 ans, conquis un majorat éternel. Sans préjudice du majorat de Xavier, du majorat de Sagües, du majorat de Saint-Jean-Pied-de-Port et de tous les majorats qui, jusqu'à la fin des siècles, viendront s'enchaîner à ceux-là, leurs maîtres seront fort jaloux de les faire reconnaître et déclarer majorats de saint François Xavier, et ne le fissent-ils pas, le ciel et la terre le feront pour eux.

Au chevet du capitaine mourant, le licencié de Atondo criait : « Seigneur Valentin, mettez-vous bien avec Dieu et ne vous inquiétez pas des affaires de ce monde. » C'était un écho parfait de la parole d'Iñigo de Loyola à l'étudiant Francisco de Jassu : « Que sert à l'homme de gagner l'univers, s'il vient à perdre son âme! »

A 23 ans, l'étudiant prêta l'oreille; à 25, il comprit; le capitaine entendit, lui aussi, avant d'être vieillard; le départ de François en 1541, la mort de l'apôtre en 1552, criaient plus fort à son oreille que les voix réunies du licencié de Atondo et du notaire Pedro de Abays : « Seigneur Valentin, etc... » A 78 ans, le capitaine n'avait pas encore bien compris. Sans doute, il comprit assez pour aller, après expiation, rejoindre au ciel François; mais rapprochés sur terre par le sang, les deux cousins germains auront au ciel des gloires bien différentes et déjà, sur la terre même, quelle distance entre ces deux Jassu, Valentin et François! » (Cros, II, 453.)

Xavier, en suivant le chemin de la pauvreté évangélique, acquit une gloire que ne put jamais atteindre le capitaine en suivant la voie de la richesse. Combien plus sages sont les bienheureux d'esprit qui embrassent le dénuement par amour pour Jésus-Christ que les ambitieux qui poursuivent la richesse par amour pour le monde.

Son Obéissance.

Formé à l'école de saint Ignace, François regardait l'obéissance comme la vertu fondamentale dans un enfant de la Compagnie, et par ses actes, il montra combien la pratique de cette vertu lui était chère. A Rome, saint Ignace lui demande un grand sacrifice : quitter l'Europe pour aller vivre dans des pays inconnus ; il n'hésite pas un seul instant, ne fait pas une seule observation, sa réponse est celle d'un parfait obéissant : « Me voici ; je pars », et il partait le lendemain.

En Asie, les fruits que produisent ses travaux apostoliques sont merveilleux ; mais il est prêt à tout quitter au premier signe que lui fera saint Ignace, « car, dit-il, tout est possible et facile à l'obéissance ».

Aussi le Père de Quadras pouvait-il écrire de Goa : « L'obéissance de Maître François était très parfaite à l'égard de ses supérieurs dans la Compagnie, et de même il voulait toujours se comporter en homme très obéissant, non seulement avec l'évêque et ses vicaires, mais aussi avec les autres religieux. »

Écrivant à son ami Simon Rodriguez, qui n'avait pas à un égal degré l'esprit d'obéissance, il lui dit : « Envoyez-moi tous les ans de nombreux sujets. Quelque nombre qu'il en vienne, ils pourront tous servir Dieu Notre-Seigneur. Quant à vous, si les forces du corps égalent celles de l'esprit, votre venue serait très désirable. Ceci toutefois soit dit au cas où le Père Ignace vous le conseillerait ou vous le commanderait, car il est notre Père, à lui nous devons obéir, et ne pas bouger de nous-mêmes sans son avis et ses ordres. Mais si vous venez, avec quel bonheur, je me rangerais sous votre obéissance. »

De Malacca, le 16 décembre 1545, il écrit aux Pères de Goa :

« Micer Paul, je vous prie fort, pour l'amour de Jésus-Christ, de bien veiller sur cette maison, et par-dessus tout, je vous recommande d'être obéissant à l'égard de ceux qui ont charge de la gouverner; vous me ferez en cela un très grand plaisir. Si j'étais à Saint-Paul, je ne ferais rien contre la volonté de ceux qui ont charge de cette sainte maison; je me bornerais à leur obéir en tout ce qu'ils me commanderaient. Je n'insiste pas davantage; j'espère que Dieu vous a donné de sentir, dans l'intime de vos âmes, que vous ne sauriez d'aucune manière le servir aussi bien qu'en renonçant, pour l'amour de Dieu, à votre propre volonté. » (Cros, I, 316.)

Dans une seconde lettre, il insiste sur ce même sujet :

« Micer Paul, mon Frère, ce que bien des fois et de vive voix et par lettres, je vous ai demandé pour l'amour de Notre-Seigneur, je veux, une fois encore, vous en prier de toutes mes forces : c'est que vous tâchiez de faire en tout la volonté de ceux qui ont la charge du saint collège de Saint-Paul. Si j'étais à votre place, je ne travaillerais en rien tant qu'à obéir aux directions de cette sainte maison. Croyez-moi, Micer Paul, mon Frère, c'est un moyen très sûr d'aboutir, en toutes choses, que de désirer être commandé et ne pas vouloir contredire à celui qui commande. Faire, au contraire, sa volonté propre, en dépit du commandement, c'est chose très périlleuse. Aboutiriez-vous, en agissant ainsi, croyez-moi, il y aurait là plus d'erreur que de réussite. Vous obéirez donc en tout à Maître Diego de Borba; sa volonté est pour vous la volonté de Dieu, et qu'il veuille ceci ou cela, vous aurez, de part et d'autre, la volonté de Dieu. » (Cros, I, 331.)

Aux jeunes religieux de Goa, Xavier fait entendre ces sages leçons :

« Vous qui êtes au collège de Sainte-Foi, exercez-vous bien à connaître expérimentalement vos faiblesses, manifestez-les à ceux qui peuvent vous guérir, comme sont vos confesseurs et autres personnes spirituelles de la maison, afin que sortis de là, vous sachiez, grâce à votre expérience et à celle de vos Pères spirituels, remédier à vos misères et secourir celles d'autrui. N'en doutez pas, vous aurez à subir bien des genres de tentations, quand vous vivrez seuls ou deux à deux à travers les dangers des pays infidèles ou des tempêtes de la mer; vous n'aurez rien de semblable à affronter tant que vous serez au collège; si vous n'en sortez pas très exercés, très experts à vaincre l'amour-propre et vos affections désordonnées, à connaître les pièges de l'ennemi, jugez, mes Frères, combien vous serez exposés au milieu d'un monde tout plongé dans le mal; et comment vaincrez-vous ce monde sans une grande humilité?

« J'ai aussi une continuelle et très vive crainte que Lucifer n'use, pour vous troubler, d'une de ses nombreuses tromperies. Transfiguré en ange de lumière, il vous représentera les grandes grâces que Dieu Notre-Seigneur vous a faites, depuis votre entrée au collège, éveillant en vous de vaines espérances, il argumentera et vous dira : « Si Dieu Notre-Seigneur, durant le peu de temps que vous avez passé dans cette maison, vous a, à tel point, enrichi de ses grâces, que ne fera-t-il pas pour vous lorsque, hors d'ici, vous travaillerez à sauver les âmes? » Et il vous laissera à conclure que vous perdez le temps.

» A cette tentation, vous pouvez résister de deux manières : la première : considérez attentivement en vous-même que si les grands pécheurs qui sont dans le monde se trouvaient où vous êtes, loin des occasions de pécher, en un milieu fait pour acquérir toute vertu, quels autres hommes ils seraient et peut-être sùjets de confusion pour beaucoup d'entre nous. Je vous dis cela pour vous faire entendre que si vous ne péchez pas gravement, la cause en est dans l'éloignement des occasions d'offenser Dieu et dans la multiplicité des moyens que vous trouvez au collège et des grâces que vous y recevez pour le servir avec joie. Ne pas savoir d'où procède un si grand bien, s'attribuer à soi-même ce fruit du recueillement de la maison et des exercices spirituels qui s'y font, c'est le principe de la négligence de plusieurs à tirer profit des choses qui leur semblent petites; elles sont grandes cependant, et ceux-là sont petits qui les font à la légère.

» La seconde : remettez à vos supérieurs vos jugements, désirs et manière de vivre; ayez en Dieu Notre-Seigneur foi, espérance, confiance que par sa miséricorde, il leur donnera de sentir ce qui convient le mieux à votre bien spirituel. N'importunez jamais votre recteur, n'agissez pas comme certains qui travaillent le supérieur et lui font violence à tel point qu'il en vient enfin à leur commander ce que, à leur grand détriment, ils lui demandent. Leur refuse-t-on, ils disent que leur vie est fort triste, et ils ne voient pas, les malheureux, que leur tristesse naît, s'accroît, va grandissant chaque jour, parce qu'ils veulent faire leur volonté propre, eux qui, par le vœu d'obéissance, y ont renoncé et en ont offert à Dieu Notre-Seigneur le total sacrifice. Ceux-là, plus ils vont, usant ainsi de leur volonté, plus ils vivent tristes et inquiets en leur conscience. Ils sont pourtant nombreux ces inférieurs, à tel point propriétaires et amis de leurs jugements et opinions qu'ils n'ont la volonté conforme aux ordres du supérieur qu'autant que le supérieur leur commande ce qu'ils veulent.

» Gardez-vous, pour l'amour de Dieu Notre-Seigneur, d'être de leur nombre. Dans les offices de la maison que le supérieur vous donne à remplir, travaillez donc de toutes vos forces à bien mettre à profit la grâce qui vous vient de Notre-Seigneur pour vaincre les tentations de l'ennemi; elles auraient pour fin de vous frustrer du bien que vous acquerriez dans cet office, en vous suggérant l'idée qu'en un autre vous acquerriez davantage. Ainsi fait encore l'ennemi auprès de ceux qui étudient. Pour l'amour de Dieu, je vous en supplie, travaillez de toutes vos forces, dans l'exercice d'humbles offices, à confondre le démon, à vaincre les tentations dont il vous assiége à l'encontre de tels offices. Travaillez à cela plus qu'à cet office corporel dont vous vous acquittez pour obéir ; beaucoup, en effet, qui s'en acquittent bien au dehors, en retirent peu de profit à l'intérieur, parce qu'ils ne s'efforcent pas de vaincre les tentations et inquiétudes que l'ennemi leur suggère contre l'office, afin qu'ils n'en retirent pas profit spirituel. Ceux-là vivent en une quasi continuelle tristesse et agitation, et leurs âmes n'avancent pas.

» Que personne donc parmi vous ne s'illusionne et ne rêve de se signaler en de grandes choses, si d'abord il ne se signale dans les petites. Croyez-moi, il y a des fervents, ou pour mieux dire, des tentés de bien des sortes; tels sont, par exemple, ceux qui occupent leur imagination à la recherche des voies et des moyens qui leur permettront de dissimuler, sous un prétexte de piété ou de zèle des âmes, la fuite d'une petite croix. Pour ne point se mortifier en faisant le peu que l'obéissance leur impose, ils désirent atteindre à une croix plus grande et ils ne considèrent pas que celui-là n'aura pas la force de faire beaucoup qui n'a pas celle de faire peu ; aussi, dès l'abord des choses difficiles et grandes, le peu d'abnégation et de vigueur d'esprit qu'ils y apportent se trahit, et la faiblesse même qu'ils y expérimentent leur apprend que leurs ferveurs furent des tentations.

» Il pourrait bien, je le crains, arriver que certains partissent de Coïmbre avec ces ferveurs, et que bientôt, au fort de la tempête, ils en vinssent à désirer de se trouver, non pas dans le vaisseau, mais plutôt dans la sainte maison de Coïmbre: de sorte qu'il y a de certaines ferveurs qui s'éteignent avant d'arriver aux Indes, et tels qui y arrivent encore fervents y voient leurs superficielles ferveurs s'éteindre à la rencontre des grandes tentations semées par ces contrées infidèles. A peine dans l'Inde, ils vivent appelant le Portugal de leurs désirs.

» Il s'en pourrait encore trouver d'autres qui après avoir pieusement goûté les consolations du collège, se fiant trop à leurs ferveurs, sortent, avant l'heure, pour fructifier ailleurs dans les âmes, et, arrivés où ils désiraient aller, se découragent pour n'y pas ressentir leurs ferveurs premières.

» Voyez donc combien sont périlleuses et à quoi se terminent ces ardeurs de surface quand on leur donne prématurément carrière !

» Ce que je vous dis là n'est pas pour vous empêcher d'aspirer à des œuvres ardues, de vous signaler comme grands serviteurs de Dieu, de laisser mémoire de vous à ceux qui viendront après vous ; je vous le dis uniquement pour que dans les petites choses, vous sachiez vous montrer grands, pour que vous appreniez à reconnaître les tentations, et que les mettant à profit, vous discerniez le peu que vous pouvez de vous-même et ne cherchiez d'appui qu'en Dieu seul. Dans cette voie, si vous y persévérez, je ne doute pas que l'humilité et toute vie spirituelle ne s'accroissent en vous, et un jour, où que l'on vous envoie, vous garderez la paix du cœur et ferez beaucoup de fruits ; la raison, en effet, persuade que celui-là sentira vivement les misères de ses frères et leur viendra en aide avec charité, qui d'abord ressentit les siennes et travailla diligemment à les guérir ; seul, un tel homme s'empressera de secourir le prochain dans ses nécessités ; seul, il pourra y dépenser sa vie. Je ne vois pas, en effet, par quelle autre voie arriverait le vif sentiment des misères d'autrui.

» Ainsi encore l'on doit dire que par où nous viendra le sentiment de la passion de Jésus-Christ, par là nous serons instruments pour que d'autres la sentent. » (Cros, II, 22.)

Dans cette remarquable instruction on voit quelles sont les vertus par la pratique desquelles Xavier veut que l'on forme les jeunes religieux qui aspirent à la vie de missionnaire : grande obéissance à l'égard des supérieurs, grande fidélité à accomplir consciencieusement les plus petites choses, connaissance approfondie de sa misère, confiance absolue en la grâce de Dieu.

On sait que saint Ignace, ce grand docteur de l'obéissance religieuse, avait d'abord songé à ne point donner de règles à ses disciples, comptant, avant tout, sur la « loi intérieure d'amour que le Saint Esprit écrit dans le cœur » des hommes de bonne volonté. En ce point, François fut en conformité d'idées avec son Bienheureux Père, car il écrit dans son Mémorial au Père Paul Camérino : « J'ai tant de confiance en tous ceux de la Compagnie qu'ils n'ont pas, ce me semble, besoin de supérieur ; mais pour que le mérite soit plus grand et la vie mieux ordonnée, il est bon que chacun ait son supérieur à qui il obéisse. » (Cros, I, 432.)

Mais une fois le supérieur désigné, il veut que tous lui obéissent.

7

Animé du même esprit que saint Ignace, il estime par-dessus tout, dans le religieux de la Compagnie, la vertu d'obéissance qui rendra toutes ses œuvres plus agréables à Dieu.

Quand on parcourt les lettres de saint François, on remarque qu'il commandait fréquemment au nom de la sainte obéissance. Cette façon d'ordonner, très rare aujourd'hui, s'explique en notre saint. Il se trouvait en présence d'une organisation nouvelle, de difficultés très grandes, avec des pères souvent abandonnés à eux-mêmes à cause des distances; il était supérieur de religieux avec lesquels les communications étaient rares et fort difficiles, il importait qu'il prît toutes les mesures pour assurer l'exécution de ses ordres; un de ces moyens était d'enchaîner leur volonté par une obligation plus stricte.

Il nous donne une autre raison justificative de sa manière d'agir : il croyait qu'un acte fait sous l'impulsion d'un tel commandement avait plus de valeur intrinsèque, dès lors l'obéissance de l'inférieur était plus méritoire.

Maintes fois il fait valoir ce motif; ainsi dans sa lettre du 10 mai aux Pères de Goa, il le signale par deux fois d'une manière formelle. « Les nouveaux venus du Portugal iront au cap Comorin, et, pour accroissement de leurs mérites, je le leur commande au nom de la sainte obéissance », et quelques lignes plus loin : « J'ai en vous, comme membre de la Compagnie, cette confiance que vous ferez ce que, pour l'amour de Notre-Seigneur, je vous demande si instamment. Et, afin d'accroître vos mérites, je vous le commande au nom de l'obéissance. » (Cros, I, 330-329.)

François avait compris que la force de la Compagnie serait dans l'obéissance de ses enfants; qu'un religieux insoumis, quels que fussent ses talents, serait plutôt nuisible qu'utile à la Société, aussi n'hésite-t-il pas de conseiller au Père Barzée l'expulsion de tels sujets.

« Pour que, chez les Pères et Frères, il n'y ait pas négligence à vous obéir, à vous comme à moi, je vous commande, en vertu de la sainte obéissance, d'expulser vite de la Compagnie ceux qui ne vous obéiraient pas ou qui ne voudraient pas être sous votre autorité. Ne tenez pour cela aucun compte du vide qu'ils peuvent faire, ni de ce que vous dira le peuple à propos de ces expulsions de ceux qui n'obéissent pas, car de tels sujets désobéissants, quelque grands talents et bonnes qualités qu'ils aient, sont plus dommageables qu'utiles à la Compagnie, et c'est pour cela que je vous dis de les renvoyer.

» Ceux que j'ai moi-même renvoyés, avant de partir pour la Chine, je vous commande, en vertu de la sainte obéissance, de ne pas les recevoir de nouveau, d'aucune façon. » (Cros, II, 224.)

C'était toujours à contre-cœur que Xavier en venait à ces mesures de rigueur. Après l'expulsion de Manuel de Movaes et de François Gonzalez, il écrit :

« Il m'est dur, à moi, d'avoir des raisons pour les congédier, et ce qui m'est plus sensible encore, c'est la crainte que d'autres n'aient à s'éloigner avec eux. Seul, Dieu Notre-Seigneur sait combien il m'en coûte d'écrire cette lettre. Je m'attendais à trouver ici quelque consolation, après les nombreuses peines que j'achevais de traverser, et voilà qu'au lieu de consolation, je rencontre des sujets de vifs chagrins, comme sont des procès, des démêlés avec les populations, toutes choses qui ne peuvent guère édifier. Quant à l'obéissance, il n'y en a peu ou point, si j'en juge par ce que j'apprends depuis mon retour. Loué soit Dieu de tout. » (Cros, II, 204.)

Ces dernières lignes ne justifient que trop les actes de sévérité auxquels Xavier dut avoir recours. Laisser impunie l'insubordination, c'eût été faire courir à la Compagnie, dans ces régions, les plus grands périls ; François aimait trop cette Compagnie pour ne pas s'efforcer de l'en préserver. Les moyens de rigueur répugnaient à sa nature aimante, à son tempérament enclin à la bonté et à la douceur, mais il avait compris que, dans de telles circonstances, les ménagements eussent été une faiblesse et une faute ; il ne voulait se rendre coupable ni de l'une, ni de l'autre.

Mais alors même qu'il sévissait, il ne se départait pas de son amour pour les délinquants. Il a dû écrire une lettre où il ne ménage pas les remontrances austères ; il termine cette lettre par ces mots si affectueux : « O Cyprien! Si vous saviez avec quel amour je vous écris ces choses, jour et nuit vous vous souviendriez de moi ; peut-être vous pleureriez à vous rappeler mon grand amour pour vous. Si les cœurs des hommes pouvaient se voir, en cette vie, je crois, mon Frère Cyprien, que vous vous verriez distinctement en mon âme. »

Et il conclut par cette formule d'Ignace que Cyprien devait connaître, et qui l'avait fait pleurer, lui, en la lisant au bas d'une lettre de Rome : « Tout vôtre, sans pouvoir jamais vous oublier. » (Brou, II, 291.)

Sa Force d'âme.

Comme au soldat, il faut au missionnaire une grande force de
caractère pour supporter les fatigues des voyages, les privations,
les maladies, les ingratitudes, les persécutions. François Xavier
était doué, sous ce rapport, non seulement d'une force d'âme commune aux missionnaires, mais il avait une intrépidité qui allait
jusqu'à l'audace dans l'entreprise, jusqu'à l'héroïsme dans l'endurance. Les dangers, les perspectives de nombreux et pénibles travaux, loin d'amortir la flamme de son zèle, ne faisaient que l'aviver ;
c'était comme de l'huile jetée sur du feu. Le Père Gonzalvez a pu
écrire : « On voyait toujours le Père Maître François content ;
quelque grandes que fussent les souffrances qu'il endurait, elles
n'étaient pas capables d'altérer sa joie. »

On se rappelle les paroles du saint au moment de partir pour une
mission pénible :

« Le gouverneur m'envoie maintenant en un pays où il y a espérance de faire beaucoup de chrétiens : on appelle ce pays le cap
Comorin ; il est à 200 lieues d'ici. Dieu veuille, à votre prière, oublier
mes péchés et me donner la grâce d'y faire du bien.

» Je pars content : fatigues d'une longue navigation, prendre sur
soi les péchés d'autrui quand on a bien assez du poids des siens
propres, séjourner au milieu des païens, subir les ardeurs d'un soleil
brûlant, et tout cela pour Dieu, voilà sûrement de grandes consolations, matière de joies célestes ; car enfin, la vie bienheureuse pour
les amis de la croix de Jésus-Christ, c'est, ce me semble, une vie
semée de belles croix. Fuir la croix ou ne la point trouver, c'est
pour eux une mort. Qui a, une fois, goûté Jésus-Christ, ne saurait
plus durement mourir que de vivre sans lui ou de s'éloigner de lui
pour suivre ses passions. Non, non, croyez-moi, pas de croix qui se
puisse comparer à celle-là, et, au contraire, quel bonheur égal à
celui de vivre en mourant chaque jour, en rompant nos volontés

pour chercher et trouver, non point nos intérêts, mais ceux de Jésus-Christ. » (Cros, I, 209.)

C'est ce courage qu'il voulait trouver en tous ses collaborateurs. Il écrit à Ignace, le 27 janvier 1545 : « Je veux des hommes aptes aux travaux corporels parce qu'ici les fatigues sont grandes ; sur mer, on souffre de grands calmes, et sur terre, on manque d'eau potable. La nourriture est peu substantielle, on n'a que du riz, du poisson, des poules, pas de vin, rien de ces aliments que vous avez en abondance. Il nous faut donc des ouvriers bien portants qui puissent supporter les fatigues du ministère, courir d'un endroit à un autre, baptisant les enfants qui naissent, et défendant les chrétiens contre les persécutions des infidèles. Dieu leur fera aussi cette grâce de vivre en un péril de mort continuel ; la charité bien ordonnée l'exigera ; il faut pour cela qu'ils soient bien persuadés qu'ils ne sont nés que pour mourir pour leur Rédempteur et Seigneur. » (Mon., I, 363.)

C'est avec cette disposition dans l'âme de tout braver, même la mort, que François entreprit l'évangélisation de Ternate, d'Amboine, de l'île du More, comme nous le verrons dans les chapitres suivants. Contentons-nous de recueillir ses paroles au moment de partir pour le Japon et pour la Chine.

Le 25 janvier 1549, il écrit au Père Simon Rodriguez : « Les vaisseaux de Malacca sont arrivés. Ils nous apportent, nouvelle très certaine, que les ports de la Chine sont tous en hostilité déclarée contre les Portugais ; mais je ne laisserai pas pour cela d'aller au Japon ; il n'est pas, en effet, de meilleur repos, en cette laborieuse vie, que d'être engagé en de grands périls de mort quand on s'y voue pour un seul motif immédiat, savoir, le service et l'amour de Dieu Notre-Seigneur et la propagation de notre sainte foi ; il vaut mieux à l'homme, pour son repos, vivre dans ces travaux que d'en être loin. »

On voit ici quelle est la générosité de Xavier qui met son repos, c'est-à-dire la paix de l'âme, dans ces fatigues de l'apostolat qui troubleraient tant d'autres âmes moins fortement trempées.

Le 1er février, dans un billet au même Père, il ajoute : « Tous mes amis sont stupéfiés de me voir entreprendre un voyage si long et si périlleux, et moi, je me pâme de voir leur peu de foi. Il est vrai, les tempêtes de ces régions sont les plus violentes que l'on ait encore observées ; mais Dieu Notre-Seigneur est maître ; il règne dans ces mers du Japon et de la Chine. Les vents y sont redoutables, les écueils nombreux. Force vaisseaux y périssent, mais ces vents et ces écueils ne peuvent rien qu'au gré de Dieu. Il y a tant de larrons de mer en ces parages, ils sont si cruels, ils torturent de si horribles façons avant de leur donner la mort ceux qui tombent en leur mains, les Portugais surtout, qu'il y a là déjà de quoi trembler ; mais Notre-Seigneur a tout pouvoir sur ces larrons ; ni eux donc, ni le reste ne me font peur. Ce dont j'ai peur, c'est que Dieu Notre-Seigneur ne me châtie pour être négligent à son service, pour m'être rendu inutile, incapable de propager, au milieu des Gentils qui l'ignorent, la connaissance du nom de Jésus-Christ, mais les périls, les labeurs, les épouvantes dont parlent mes amis, je les compte pour rien ; seule la crainte de Dieu me demeure, puisque ce que les créatures ont de puissance redoutable ne s'étend pas au delà de la limite que lui trace le Créateur. » (Cros, I, 413-414.)

Le 22 juin, il écrivait aux Pères de Rome une longue lettre où se montre encore toute la vaillance de son âme apostolique :

« Les marchands portugais m'écrivent qu'il y a grande ouverture dans le pays du Japon pour l'extension de notre sainte foi ; les Japonais sont intelligents, avisés, raisonnables, désireux de s'instruire, de sorte que j'espère, si Dieu, malgré nos péchés, veut se servir de nous, qu'il se fera du bien aux âmes de plusieurs Japonais ou même à tout ce peuple.

» Depuis que j'ai eu des informations sur le Japon, j'ai été longtemps à me déterminer à savoir si j'irais ou non ; mais depuis, il a plu à Notre-Seigneur de me donner, dans l'intime de l'âme, le sentiment qu'il voulait mon voyage au Japon pour son service en ce pays ; et il m'a paru que si je négligeais d'y aller, je serais pire que les infidèles du Japon. L'ennemi se donne bien du mal pour m'empêcher de le faire. Qu'appréhende-t-il de notre voyage au Japon ? Je l'ignore...

» On dit que proche de la résidence du roi, il y a de grandes écoles ; nous allons, pleins de la confiance que la miséricorde de Dieu Notre-Seigneur nous donnera de vaincre tous nos ennemis ; nous n'avons pas peur de nous voir en présence des lettrés du pays. Oh ! que peut-il savoir celui qui ne connaît pas Dieu, ni Jésus-Christ ? D'autre part, que peuvent craindre ceux qui ne désirent que glorifier Dieu, faire connaître Jésus-Christ, et, par là, sauver les âmes ? Nous n'avons donc aucune crainte des infidèles, aucune crainte même de la multitude des démons qui infestent un tel pays ; tempêtes, barbares et démons ne peuvent, en effet, nous faire mal, nous peiner que lorsque Dieu le leur permet, et pas plus qu'il ne permet. Seules une crainte, une peine nous restent ; nous appréhendons d'offenser Dieu Notre-Seigneur, assurés que nous sommes de vaincre nos ennemis, si nous nous gardons d'offenser Dieu. Et cependant comme Dieu Notre-Seigneur donne à tous grâce suffisante pour le servir et se garder de pécher, nous espérons de sa divine Majesté qu'il nous la donnera. Le bien ou le mal est, d'ailleurs, tout entier à bien ou mal user de la grâce de Dieu; nous confiant donc grandement aux mérites de la Sainte Mère l'Église, épouse de Jésus-Christ Notre-Seigneur, et aussi aux mérites particuliers de la Compagnie du nom de Jésus et de tous leurs amis, nous espérons avoir tel secours de ces mérites que nous arriverons à faire bon usage de la grâce de Dieu.

» Grande est notre consolation de penser que Dieu Notre-Seigneur voit nos intentions, nos désirs, la fin que nous nous proposons en allant au Japon, savoir, faire connaître Dieu aux créatures qu'il a formées à son image et ressemblance, le glorifier lui-même en elles, et dilater les frontières de l'Église, étendre le règne de l'Épouse de Jésus-Christ, notre Mère; là étant l'unique fin de ce voyage, nous avons grande confiance que l'issue en sera heureuse.

» L'ennemi y met bien des empêchements; nous le combattons et deux considérations nous aident tous à le vaincre : nous nous disons d'abord que Dieu sait nos intentions, puis nous pensons : toutes les créatures dépendent de la volonté de Dieu; elles ne peuvent rien faire sans la permission de Dieu; les démons eux-mêmes sont à la discrétion de Dieu, et Satan, avant de nuire à Job, en demande à Dieu la permission.

» Nous avons ici besoin de considérer tout cela, car nous y marchons environnés de bien des périls de mort. De toutes les traversées, celle du Japon est la plus dangereuse, à cause des tempêtes, des écueils et des pirates. Pour ne parler que du danger principal des tempêtes, c'est beaucoup que sur trois vaisseaux deux se sauvent.

» Je pense bien des fois que s'ils venaient ici et se voyaient engagés dans les périls de ces voyages, nos grands docteurs de la Compagnie auraient l'esprit travaillé, et rudement, par une préoccupation de doctrine; ils se demanderaient avec anxiété si ce n'est pas tenter Dieu que de se mettre en de si évidents périls, et de naviguer là où tant de navires périssent; mais je me rassure en pensant que l'Esprit Saint habite dans l'âme de nos docteurs, et qu'ils mettent ses lumières fort au-dessus de leurs raisonnements. Sans cela, ils auraient l'esprit en peine, et non pas en légère peine.

» Je tiens quasi toujours devant mes yeux et mon âme ce que bien des fois j'ouïs dire à notre bienheureux Père Ignace, savoir, que ceux qui seraient de notre Compagnie devraient beaucoup travailler à se vaincre, à jeter hors de soi toutes les craintes qui empêchent les hommes d'avoir foi, espérance et confiance en Dieu, et prendre les moyens pour cela ; et quoique il soit vrai que toute foi, espérance et confiance sont dons de Dieu, et que Dieu les donne à qui il lui plaît, cependant le don, communément, est pour ceux qui font effort pour se vaincre eux-mêmes, et qui en prennent les moyens.

» Il y a grande différence entre celui qui se confie en Dieu en se munissant de tout le nécessaire et celui qui se confie en Dieu sans avoir rien de ce nécessaire, bien qu'il le pût avoir, mais qui s'en est dépouillé pour mieux imiter Jésus-Christ ; et, de même, grande est la différence de celui qui, loin de tout péril de mort, croit, espère, se fie en Dieu, à celui qui croit, espère, se fie en Dieu, alors que pour son amour et service, librement, il s'est mis, pouvant les éviter s'il eût voulu, en des périls quasi évidents de mort, et pouvant encore, ou les laisser, ou les prendre à son gré.

» Il me semble que de tels hommes, qui uniquement pour servir Dieu, et sans autre considération ni fin, vivraient en de continuels périls de mort, à ceux-là, la vie serait bientôt à charge ; ils désireraient mourir pour vivre et régner à jamais avec Dieu dans le ciel, car vivre comme ces hommes n'est pas une vie, mais une continuelle mort et ceux-là sentent le dur exil où nous sommes de la gloire pour laquelle Dieu nous a créés.

» Les Japonais, nos frères et compagnons qui avec nous vont au Japon, me disent que les prêtres des Japonais se scandaliseront à notre sujet, s'ils nous voient manger viande et poisson ; nous allons donc, déterminés à vivre en continuelle abstinence, plutôt que de scandaliser personne. » (Cros, I, 463.)

Nous avons vu avec quelle intrépidité François affronta tous les périls dont il vient de faire l'énumération, avec quelle force et quel courage il reprocha aux bonzes leur inconduite, aux riches et aux nobles, leur arrogance ; son compagnon, le Père Fernandez, rapporte à ce propos : « Chaque fois que pour obéir au Père je répétais, du ton voulu, à ces seigneurs japonais les paroles du Père, je tremblais, m'attendant à recevoir, en retour, le coup de sabre qui me détacherait la tête des épaules. Mais le Père François ne cessait de me dire : il n'y a rien tant que vous deviez mortifier en vous que cette crainte de la mort. Par le mépris de la mort, nous nous montrons supérieurs à cette race superbe ; par là leurs bonzes sont diminués à leurs yeux ; à ce mépris de la vie que notre doctrine nous inspire, ils peuvent juger qu'elle est de Dieu. » (Michel, p. 306.)

Non seulement François ne redoutait pas la mort, mais il souhaitait ardemment de pouvoir mourir en confessant le nom de Jésus-Christ.

« Nous avons encore l'obligation de vous instruire, écrit-il à ses Frères, d'une faveur qu'il semble que Dieu nous réserve pour bientôt, afin que par vos saints sacrifices et prières, vous nous aidiez à ne pas la démériter : il s'agit de la victoire à remporter sur les principaux adversaires de notre foi au Japon.

» Un grand nombre de Japonais sont bonzes, et ces bonzes, malgré l'évidence de leurs péchés, sont fort obéis là où ils vivent.

» Telle est la contrariété de leurs opinions et de notre foi, au sujet de Dieu et du salut des nations par la connaissance de leur créateur et rédempteur, qu'ils ne pourront guère manquer de nous contredire et persécuter; mais nous avons grande confiance et espérance que Jésus-Christ nous donnera force, grâce, aide et faveur pour aller en avant... Leurs menaces ne nous empêcheront pas de glorifier Dieu et de travailler au salut des âmes. Ils ne peuvent nous faire d'autre mal que celui que Dieu Notre-Seigneur permettra, et le mal qui nous viendrait d'eux nous serait grâce insigne; nos désirs, en effet, seraient vite comblés, puisque nous irions régner à jamais avec Jésus-Christ, si, par leur moyen, prenait fin cette continuelle mort de notre vie présente. Plaise donc à Notre-Seigneur que les jours nous en soient abrégés pour l'avoir aimé et servi, et pour avoir voulu sauver les âmes. Pour tant qu'ils s'y opposent, nous sommes résolus à manifester et proclamer la vérité; Dieu lui-même nous oblige à préférer le salut des âmes à tous nos intérêts corporels, et nous prétendons, avec son aide et sa grâce, à accomplir en cela son précepte. Lui nous donnera au dedans la force qu'il nous faudra pour faire luire sa lumière entre les ténèbres de tant d'idolâtries. » (Cros, II, 28.)

Ce courage, cette énergie, Xavier devait l'avoir non seulement dans sa lutte contre ces nobles orgueilleux, contre ces bonzes, mais aussi contre les démons. A Saint-Thomas, il avait éprouvé leurs colères en subissant leurs attaques et leurs coups; dans ses courses apostoliques, bien des fois il eut à combattre l'influence infernale s'opposant au succès de ses prédications. Il constata surtout cette influence néfaste dans son dernier voyage, sur ce bateau qui devait le transporter au Japon. Lui-même met en relief cette action malfaisante des mauvais esprits.

« Nous allons donc, écrit-il, à la grâce de Dieu, ayant bon temps et bonne brise; mais ces païens sont inconstants... Deux choses nous étaient pénibles : d'abord, on ne profitait pas du bon vent que Dieu nous donnait. Nous risquions d'être retardés d'un an, forcés d'hiverner en Chine. Et puis, il y avait les sacrifices sans fin que le capitaine et les païens faisaient à l'idole de leur navire. » Cette idole était quelque grotesque poussah représentant un des dieux de la mer. Pour la première fois peut-être, François se trouvait en contact immédiat avec l'idolâtrie chinoise, enfantine et sotte. Il avait pu l'entrevoir à Malacca où les Célestiaux étaient nombreux; maintenant il lui faut la subir de près et tout le long du jour. Les matelots ne cessaient de brûler des bâtonnets parfumés devant leur dieu, d'allumer des petites bougies de cire colorée, d'enflammer à certaines heures et de livrer aux vents des papiers rouges pailletés d'or, en hommage aux mauvais génies.

Le plus souvent, il s'agissait d'augurer l'avenir et de savoir s'il fallait poursuivre la route. Alors Xavier les voyait aller devant leur poussah, battre du front le plancher à plusieurs reprises, prendre dans un cornet de petits bâtons plats d'un demi-pied et portant des caractères énigmatiques, multiplier les révérences, faire tomber au hasard une de ces planchettes; enfin, à défaut de bonze pour les expliquer, consulter une grande pancarte pour savoir la réponse de l'oracle : « Nous ne pouvions les en empêcher, poursuit-il, ils demandaient à l'idole si, oui ou non, nous aborderions au Japon, si le bon vent allait durer, et les sorts donnaient tantôt une bonne réponse, tantôt une mauvaise...

» Arrivés à une lieue de Malacca, nous touchâmes à une île où l'on se fournit de timons et autres pièces de bois en vue des grandes tempêtes fréquentes en ces parages. Leurs munitions faites, ils recommencèrent leurs sacrifices, fêtèrent leur idole, l'adorèrent, l'adorèrent encore, jetèrent les sorts et demandèrent s'ils auraient bon vent. Le sort répondit que oui et qu'il ne fallait pas tarder davantage; on leva donc les ancres et l'on mit à la voile; tous étaient contents. Eux se confiaient en leur idole qu'ils avaient attachée à la proue avec des chandelles allumées et des bois d'aloès parfumés; nous, confiants en Dieu, créateur du ciel et de la terre, et en Jésus-Christ son Fils, pour l'amour et le service duquel nous allions en ces pays propager la sainte foi. »

Au sortir de Singapour, la jonque entra dans la mer de Chine. Nouvelles hésitations. Le *Cadrâo* irait bien au Japon, mais reviendrait-il à Malacca ? Les sorts furent jetés de nouveau; ils répondirent que le navire ne reverrait pas le port d'où il était parti. La jonque n'ira donc pas au Japon, elle hivernera en Chine : « Voyez, s'écrie Xavier, quels ennuis en une traversée où il dépendait du démon et de ses serviteurs de savoir si nous irions au Japon, puisque ceux qui gouvernaient le vaisseau ne faisaient rien que ce que le démon, par ses sorts, leur disait de faire.

» Les voyageurs arrivèrent tout contre la Cochinchine. Là, il nous advint deux désastres en un jour. C'était en la vigile de la Madeleine (21 juillet), un peu moins d'un mois après le départ. La mer était grosse, très agitée; nous étions à l'ancre. Or, par mégarde, on avait laissé ouverte la pompe du vaisseau. Manuel, le Chinois, notre compagnon, passant tout près, un violent coup de roulis le fit trébucher et il tomba dans le trou. Nous le crûmes mort; la pompe était pleine d'eau. Dieu, Notre-Seigneur, voulut qu'il n'en mourut pas. Il était pourtant resté longtemps la tête et plus de la moitié du corps dans l'eau. Mais il souffrit plusieurs jours d'un coup qu'il s'était donné à la tête.

« Nous le tirâmes donc à grand'peine, et il resta quelque temps évanoui. Dieu voulut bien le guérir. Nous achevions de le panser, la tempête continuait, le navire roulait toujours. Une fille du capitaine fut jetée à la mer. Telle était la tourmente que nous ne pûmes la sauver. Elle se noya proche du vaisseau, sous les yeux de son père. Ils pleurèrent et se lamentèrent tout ce jour-là et la nuit d'après. C'était pitié de voir cette douleur dans l'âme de ces païens, et le danger que nous courions tous sur le navire. Ayant passé le jour et la nuit sans repos, ils firent à leur idole force sacrifices et cérémonies, tuant beaucoup d'oiseaux et lui offrant à boire et à manger. Ils jetèrent les sorts, demandant pourquoi la fille était morte. Le sort répondit qu'elle n'aurait pas été noyée si Manuel était mort dans la pompe où il était tombé! Et voilà à quoi tenaient nos vies, à des sorts diaboliques, à un caprice des serviteurs et ministres de Satan. Que serait-il arrivé de nous si Dieu avait laissé toute liberté aux démons? »

On le voit, la lutte commencée dans les Indes avec les puissances infernales se poursuivait sur la jonque. Nulle part, comme en Chine peut-être, le démon ne fait sentir son humiliant esclavage. C'est par excellence, plus que l'Inde encore, le pays des hideuses religions populaires, des mythologies absurdes, du polythéisme aux images grotesques. Cette Chine païenne, laide et ridicule, elle se trouvait, comme en abrégé, sur le navire qui, lentement, emportait Xavier vers le Japon, et la pensée du démon, véritable tyran de ces immenses régions, hantait son âme. Le démon n'était pas pour lui un être lointain, mais l'ennemi proche et personnel, à moitié enchaîné dans les pays chrétiens; ici agissant en maître sur l'âme de ces pauvres aveugles. Il le sentait tout près, il reconnaissait son action dans les contretemps qui, chaque jour, venaient ralentir sa marche. Il le haïssait pour le mal qu'il faisait aux hommes, et, avant tout, pour la gloire qu'il enlevait à Dieu. En face de ces ido-

lâtries sans fin, dont il lui fallait être l'impuissant témoin, il éprou-
vait une de ces douleurs que, seuls, les saints connaissent, dont la
source est l'amour de Dieu, et dont l'occasion est le péché. Il avait
donc, dès le début, supplié Dieu de ne pas permettre, de la part des
créatures faites à son image, ces aberrations idolâtriques; ou bien,
s'il jugeait à propos de laisser le démon confisquer une adoration
qui n'est due qu'au Dieu véritable, que, du moins, l'esprit infernal
en fût immédiatement puni par un accroissement dans ses peines.

Et Xavier pensait avoir été exaucé : il le sentait à voir s'exas-
pérer la rage de l'ennemi.

Ce n'était pas la première fois qu'il entrait en lutte immédiate
avec les puissances des ténèbres : le saint nous le laisse assez
entendre lorsqu'il écrit ces paroles significatives : « Bien souvent,
le démon m'a dit et répété que le jour des représailles viendrait. »
On pouvait croire qu'il était venu, et Xavier était persuadé que le
double accident dont il vient de parler était une vengeance de
l'enfer. Il pressentait que là ne s'arrêterait pas la fureur de l'ennemi, mais toutes ces prévisions ne furent pas susceptibles d'effrayer
le missionnaire, qui marcha courageusement au-devant de tous les
dangers, de tous les périls, bravant ainsi la haine et la force de son
ennemi qui était surtout l'ennemi de son Dieu. Vrai chevalier du
Christ Jésus, il combattit sans peur et sans reproche tous ceux qui
s'opposaient à l'établissement du règne de son souverain Maître et
Seigneur. (Mon., p. 575; Brou, I, 129.)

Sa Confiance en Dieu.

Dans la lutte contre les éléments, contre les hommes, contre les démons, François apportait une grande vaillance naturelle, quelque chose de cette valeur guerrière que ses frères, en Europe, avaient mise au service de leur Suzerain ; mais prêtre de Jésus-Christ, il ne faisait aucun fonds sur ces dispositions naturelles, il mettait toute sa confiance, toute son espérance en Celui qui disait à ses prophètes : « Voici que j'ai rendu votre face aussi dure que leur face, et votre front dur comme leur front. J'ai rendu votre front comme le diamant plus dur que le roc ; ne tremblez pas devant eux, car je serai avec vous. » Il ira toujours de l'avant, bravant tous les périls, ne s'appuyant que sur le bras de Dieu.

Dès 1546, il écrit à ses amis d'Europe :

« Par delà Malacca, à 60 lieues, est l'île du More où se firent, il y a des années, beaucoup de chrétiens ; mais la mort des prêtres qui les avaient baptisés les laissa dans l'abandon et l'ignorance. Le pays du More est plein de dangers, le peuple est très perfide. Il mêle des poisons aux aliments et breuvages qu'il donne ; de là vient qu'on ne s'empresse guère d'aller y secourir les chrétiens. Il est cependant nécessaire que les âmes de l'île du More soient instruites et que quelqu'un les baptise pour leur salut. J'ai, de mon côté, l'obligation de perdre la vie du corps pour assurer à mon prochain la vie de l'âme. Je me suis donc résolu d'aller à l'île du More, pour y secourir les chrétiens *in spiritualibus*, et d'affronter tout péril de mort, me confiant en Dieu Notre-Seigneur, et mettant en lui toute mon espérance. Je veux, dans la mesure de mes petites et misérables forces, faire en moi l'épreuve de cette parole de Jésus-Christ, notre Rédempteur et Seigneur : quiconque voudra sauver son âme, la perdra, et quiconque perdra son âme à cause de moi, la sauvera. »

« Ce latin est facile à entendre, et la sentence de Notre-Seigneur dans cette généralité de sa forme, n'a rien d'obscur ; mais dès que l'homme en vient à se l'appliquer, dès qu'il traite de se déterminer à perdre la vie pour Dieu, afin de la mieux trouver, et à se jeter, pour cela, en des hasards où probablement, en effet, il laissera sa vie, ce qu'il faut alors déterminer se fait alors si noir, que le latin, tout clair qu'il est, devient obscur. En vérité, je pense qu'en pareil cas, et à mesure que le cas se reproduit, celui-là seul, quelque docte qu'il soit, parvient à l'entendre, à qui Dieu Notre-Seigneur, par son infinie miséricorde, veut bien l'expliquer. C'est ici que l'on voit la condition de notre chair, et quelle en est la faiblesse, l'infirmité.

» Beaucoup de mes dévoués amis ont tâché de me détourner du projet d'aller en de si dangereuses terres ; n'y pouvant réussir, ils sont venus m'offrir bien des contrepoisons. Je leur ai bien su gré de leur amour et bienveillance, mais je me suis gardé d'accepter ce qu'ils m'offraient ainsi avec tant d'affection et de larmes. Je n'ai pas voulu me charger de craintes n'en ayant pas. J'ai voulu surtout, ayant mis ma confiance en Dieu, ne rien perdre d'elle, en recourant à d'autres appuis. J'ai prié mes amis de me recommander continuellement à Dieu ; de tous les contrepoisons, c'est le meilleur qu'on puisse trouver.

» Déjà, de Comorin à Malacca et à Maluco, je me suis vu en bien des périls, soit sur mer dans les tempêtes, soit là et ailleurs, au milieu des gens ennemis. Une fois, entre autres, notre vaisseau de 400 tonnes, avec un vent violent en poupe, laboura le sol l'espace de plus d'une lieue. Il n'eût fallu que la rencontre d'un seul écueil, et le vaisseau était en pièces ; il demeurait ensablé, s'il se fût trouvé moins d'eau d'un côté que de l'autre. Il y eut alors bien des pleurs. Dieu voulut, en ces dangers, nous montrer et nous donner à entendre le peu que nous sommes, quand nous comptons sur nos forces, ou nous appuyons sur les créatures. Lorsque, au contraire, dépris de cette vaine confiance et de ces espérances trompeuses, nous allons au Créateur de toutes choses pour mettre en lui notre espoir, pour nous confier en Celui à qui il est si facile de nous fortifier contre des périls affrontés et subis pour son amour, l'heure de ces périls venue, on voit comment tout le créé obéit au Créateur ; la perspective de la mort n'empêche pas que l'âme n'ait impression vive de joie très supérieure aux impressions de la crainte ; et, le péril, les angoisses qui nécessairement l'accompagnent, une fois disparus, l'homme ne saurait ni écrire, ni exposer de vive voix tout ce qui se passa en lui durant l'heure de l'épreuve. Ce qui reste, c'est que le souvenir du passé, gravé dans la mémoire, ne permet plus de se lasser au service d'un si bon Maître. On compte que ce Maître, dont les miséricordes n'ont point de fin, donnera, demain comme aujourd'hui, les forces qu'il faudra pour le servir. » (Cros, I, 335.)

Nous avons entendu Xavier déclarer que bien souvent le démon lui avait dit et répété que le jour des représailles viendrait.

L'ennemi souleva, en effet, contre lui bien des persécutions ; mais ce n'étaient que des persécutions extérieures. Satan voulait aller plus loin, jusqu'à l'âme, s'il était possible. Ce furent des heures d'angoisses ; dans ces heures, l'apôtre n'eut d'autre secours que sa confiance en Dieu.

« A la vue de si manifestes et si grands outrages que tant d'idolâtries faisaient à Dieu Notre-Seigneur, et dans l'impuissance où j'étais de les empêcher, je demandai bien des fois à Dieu Notre-Seigneur, avant la tempête, qu'il nous accordât la signalée faveur de ne pas permettre que des créatures faites à son image et ressemblance s'égarassent à tel point, ou, s'il le permettait, d'ajouter aux peines que les démons souffrent de pires tourments et peines chaque fois que ces maudits inspirateurs de sorcelleries et d'idolâtries exciteraient le pilote à jeter des sorts, lui persuaderaient de le faire, d'y croire, et se feraient adorer de lui comme des dieux.

» Le jour de ces désastres et toute la nuit d'après, il plut à Dieu Notre-Seigneur de me donner, par une grâce insigne, le sentiment expérimental de bien des choses, au sujet des horribles et effroyables craintes que l'ennemi met dans les âmes quand Dieu le lui permet, et qu'il trouve occasion de le faire ; et aussi, au sujet des remèdes que l'homme doit opposer aux tentations de l'ennemi en de semblables épreuves. Le détail en serait long ; je ne l'écris pas, bien qu'il ne dût pas être inutile ; ces remèdes, en somme, les voici : à l'heure d'une telle épreuve, l'homme se doit défaire de toute confiance en lui-même, se confier grandement en Dieu, mettre en Dieu toutes ses forces, toutes ses espérances ; puis comptant sur un si puissant protecteur et défenseur, se préserver de donner aucun signe de couardise, mais, au contraire, avec l'assurance d'être vainqueur, aller à l'ennemi avec tous les dehors d'un grand courage.

» Il me vint plusieurs fois à l'esprit que si, comme je l'en priais, Dieu Notre-Seigneur infligea au démon accroissement de ses peines, il voulut, ce jour et cette nuit, s'en venger, car, bien des fois, il renouvela cette même menace, disant que le temps venait où il se vengerait.

» Ce qu'il y a de plus à craindre en ces occasions, ce n'est pas tant la malice de l'ennemi que la défiance à l'égard de Dieu, car le démon ne peut nous faire plus de mal que Dieu ne le lui permet. Les âmes qui, par pusillanimité, perdent la confiance en Dieu, et ne se fortifient pas en s'appuyant sur Lui, le démon (Dieu le permettant) les désole et les vexe ; et ils sont nombreux ceux qui, entrés d'abord au service de Dieu, vivent ensuite sans consolation, pour n'être pas allés en avant et n'avoir pas persévéré à porter la croix de Jésus-Christ ; c'est le fruit du grand mal de la pusillanimité.

» Une autre misère fort périlleuse et dommageable accompagne la pusillanimité : ne comptant que sur lui-même, le pusillanime, qui est si petite chose, ne se dispose qu'à bien peu, et quand il se voit en nécessité d'user de forces plus grandes que celles qu'il a, quand il lui est nécessaire de se confier totalement en Dieu, le cœur, en ces choses grandes, lui manque pour bien user de la grâce d'espérer en Lui, que Notre-Seigneur met à sa disposition.

» Quant à ceux qui font quelque cas d'eux-mêmes, qui comptent sur eux-mêmes pour plus qu'ils ne peuvent, et qui méprisent les choses petites, ceux-là, pour ne pas s'être exercés et n'avoir pas grandi, en se vainquant eux-mêmes dans ces choses, se surprennent, dans les grands périls et labeurs, plus faibles que les pusillanimes, parce que ne menant pas à terme ce qu'ils commencèrent, ils perdent cœur même pour les petites choses, comme ils l'ont perdu pour les grandes, et sentent depuis en eux-mêmes une telle répugnance, une telle vergogne de s'y exercer, qu'ils courent grand péril de se perdre ou de vivre tristement, attribuant leurs défaillances, au lieu de s'en accuser eux-mêmes, à la croix de Jésus-Christ, laquelle, disent-ils, est dure à porter jusqu'au bout.

» O mes Frères, qu'en sera-t-il de nous à l'heure de la mort si, durant la vie, nous ne nous préparons pas et disposons pas à savoir espérer et nous confier en Dieu ; car, à cette heure, nous nous verrons en des tentations, labeurs et périls, et de l'âme et du corps, plus grands que ceux où nous pûmes jamais nous voir. Ceux-là donc qui vivent désireux de servir Dieu doivent, dans les petites choses, travailler, s'humilier beaucoup, s'y défaire d'eux-mêmes, s'y appuyer fort et de tous côtés, sur Dieu, afin que, à l'heure des grands périls et labeurs, soit de la vie, soit de la mort, ils sachent espérer en la souveraine bonté et miséricorde de leur Créateur : cela ils apprirent à le faire lorsque, se défiant d'eux-mêmes par l'effet d'une vraie humilité, et se donnant cœur par une pleine confiance en Dieu, ils vainquirent leurs répugnances naturelles et les tentations de l'ennemi, quelque petites qu'elles fussent. Nul n'est faible, quand il use bien de la grâce que Notre-Seigneur lui donne ; et quelque grands obstacles que l'ennemi médite d'opposer à notre avancement dans la vertu et perfection, le grand péril n'est pas que nous soyons, en effet, soumis aux épreuves dont l'ennemi nous menace, mais que dans ces grandes épreuves, nous lui apparaissions en défiance à l'égard de Dieu.

» A cette peur qu'ils ont du démon dans les tentations, à ces frayeurs qu'il leur inspire par les épouvantails dont il leur présente l'image afin de les détourner du service de Dieu, si les hommes substituaient la crainte du Maître dont ils déserteraient le service; s'ils se persuadaient bien qu'il leur adviendra, pour avoir négligé de servir Dieu, plus de maux que le démon ne saurait leur en faire, quelle heureuse vie ils mèneraient, comme ils avanceraient dans la vertu, comme ils verraient toujours mieux, par expérience, que, d'eux-mêmes, ils peuvent peu de chose, mais qu'ils peuvent beaucoup en s'appuyant totalement sur Dieu, comme le démon serait confus, comme il demeurerait sans force, se voyant vaincu par ceux de qui, en un temps, il fut vainqueur. » (Cros, II, 27.)

Le missionnaire doit s'attendre à toujours vivre sous les menaces prochaines de la mort; et, à certaines heures, l'action du démon, renforçant celle de la nature, la pauvre chair sera saisie de frayeur. Nous venons d'entendre Xavier s'écrier : « O mes Frères, qu'en sera-t-il de nous à l'heure de la mort, si, durant la vie, nous ne nous préparons pas à savoir espérer, à nous confier en Dieu? En cette heure-là, les tentations grandiront : il y aura des peines et des périls de corps et d'esprit, tels que nous n'en avions pas encore sentis. »

François insisterait-il autant sur cette inévitable épreuve de la vie apostolique, si lui-même n'en avait eu l'expérience? Aussi bien, la leçon était bonne à donner. Si le missionnaire aujourd'hui a cent fois l'occasion d'offrir à Dieu le sacrifice de sa vie, que dire de ceux du XVIe siècle? Périls des corsaires protestants au partir de l'Europe, corsaires malais, chinois, arabes dans les mers d'Asie. Pas de stations météorologiques pour annoncer d'avance les typhons, pas de puissants paquebots pour traverser à peu près indemnes les cyclones. Puis, les ports fermés, les menaces de prison et de mort pour les audacieux qui oseraient mettre le pied sur le sol interdit; pas de relations diplomatiques avec les nations lointaines, pas de flottes de guerre pour les mettre à la raison. Pas de bonnes cartes non plus, et, par suite, de longues traversées faites au petit bonheur! On voit si Xavier avait tort de demander aux futurs apôtres une provision inépuisable de confiance en Dieu. (Brou, II, 131.)

Quant à lui, toujours magnanime parce que toujours confiant en la bonté de Dieu et en son secours, après avoir triomphé de tous les obstacles accumulés par l'ennemi dans ses voyages aux Indes, aux Moluques, au Japon, il s'élance à la conquête de la Chine.

« Je vais m'embarquer pour la Chine, écrit-il au roi Jean III, avec un Père de la Compagnie et avec don Diego Pereira, votre ambassadeur. De notre part, il offrira des présents d'une grande richesse, mais il est un présent absolument incomparable que jamais ni roi ni seigneur n'ont envoyé et que Votre Majesté va offrir au roi de Chine, c'est la foi et la loi de Jésus-Christ. Si le roi connaissait la valeur de ce présent, il l'estimerait certainement plus que son royaume de Chine, pour grand et puissant que soit cet empire. Nous espérons que Dieu aura pitié de ce royaume et que, par sa miséricorde, il fera que ces créatures, qui sont bien siennes, l'adorent, Lui, leur Créateur, et croient en Jésus-Christ, leur Rédempteur.

» Votre ambassadeur va chercher à établir une paix solide entre Votre Majesté et le roi de Chine. Quant à nous, enfants de la Compagnie et serviteurs de Votre Majesté, nous y allons déclarer la guerre aux démons et à ceux qui l'adorent. Nous signifierons, de la part de Dieu Notre-Seigneur, au roi d'abord et à tous ses sujets qu'ils n'aient plus à adorer ni les démons ni les créatures, mais le seul Créateur, et Jésus notre Sauveur et Seigneur qui les a rachetés et sauvés au prix de son sang très précieux.

» Il peut paraître téméraire d'aller ainsi annoncer à une nation étrangère et à un roi si puissant des vérités qu'il est même dangereux parfois de proclamer devant les rois et les princes chrétiens. Une seule chose nous donne assez de force et de courage pour entreprendre cette œuvre ardue, c'est que le but et la fin de toutes nos intentions, c'est Dieu; Lui-même nous a mis au cœur cette confiance inébranlable en son pouvoir qui surpasse infiniment le pouvoir du roi de Chine et de tous les rois du monde. Puisque tout dépend de sa main divine, nulle créature ne peut agir en dehors de sa volonté ou de sa permission; dès lors, on ne doit rien craindre, si ce n'est d'offenser un tel Dieu et Seigneur et les châtiments qu'il réserve à ceux qui le méprisent. Aussi faut-il, ce nous semble, plus de courage et d'audace pour rappeler sa loi à ceux qui voient clairement en leur conscience leurs fautes et leurs péchés, que pour aller dire la vérité à des nations étrangères et à leurs puissants monarques.

» Nous partons confiants en la miséricorde de Dieu Notre-Seigneur qui, sachant combien nous, pauvres pécheurs, sommes indignes d'être ses instruments, a voulu cependant nous donner cette audace qui n'éprouve aucune crainte à affronter les dangers pour manifester son saint nom, et puisque ce courage et cette audace sont un don de sa munificence, il faut que Dieu rencontre en nous obéissance à sa sainte volonté. » (Mon., I, 7, 42.)

Le 22 octobre 1552, il écrivait à François Pérez :

« Outre les dangers que l'on nous signale pour nous détourner de notre voyage en Chine, il en est d'autres nombreux et plus grands que les gens du pays ne soupçonnent pas et qu'il serait trop long d'énumérer. Je ne laisserai pas cependant d'en signaler quelques-uns.

» Le premier est que nous ne perdions notre espérance et confiance en la miséricorde de Dieu. Nous allons, pour son amour et service, publier la loi de Jésus-Christ, son fils, notre Rédempteur et Seigneur. Lui le sait bien, puisque ces désirs nous viennent de sa sainte miséricorde. Nous défier, maintenant, de cette miséricorde et de la puissance de Dieu, à cause des périls où nous pourrions nous trouver pour son service ; cesser de compter sur cette miséricorde et puissance, le voilà, le péril le plus grand. Dieu n'a qu'à vouloir et nous serons préservés de tous les maux de cette vie, des maux qui nous peuvent venir de ses ennemis, car, sans sa permission, ni le démon, ni ses ministres ne sauraient nous nuire en rien. Puis n'y a-t-il pas un encouragement pour nous dans cette parole du Seigneur. Qui aime sa vie en ce monde « ... et celui qui la perdra pour Dieu la trouvera ! » Et dans cette autre parole analogue de Jésus-Christ : Celui qui met la main à la charrue et regarde derrière soi, n'est pas propre au royaume de Dieu.

» Nous donc, considérant ces périls de l'âme qui sont beaucoup plus grands que ceux du corps, nous jugeons que le plus sûr pour nous est de subir tous les dangers corporels, au lieu de nous engager devant Dieu, dans les périls spirituels ; et nous sommes déterminés à nous rendre en Chine par un chemin quelconque. Le succès de notre voyage, je l'espère de Dieu Notre-Seigneur ; il se fera pour l'accroissement de notre sainte foi, pour tant que nos ennemis et leurs ministres nous persécutent, car si Dieu est pour nous, qui sera contre nous ? » (Cros, II, 323.)

C'est avec les mêmes dispositions qu'il avait entrepris son voyage au Japon.

« Si nous vivons pleins de la confiance que Dieu nous aidera, écrit-il, la raison en est que nous nous défions totalement de nos propres forces et mettons notre espérance entière en l'assistance de Jésus-Christ Notre-Seigneur, de la Très Sainte Vierge Marie, sa Mère, et des neuf chœurs des anges. Entre eux, nous choisissons pour spécial protecteur l'archange saint Michel, leur prince, défenseur de l'Église militante. Nous comptons beaucoup sur lui, et tous les jours nous nous recommandons à lui comme au patron de ce grand royaume. Nous invoquons en même temps tous les anges gardiens des Japonais, ministres de Dieu auprès d'eux pour leur conversion, et nous n'omettons pas de solliciter le secours des saints qui ne sauraient, du ciel, voir tant d'âmes périr sans prier pour le salut de ces vivantes images de Dieu. Nous mêlons, il est vrai, à tout cela bien des fautes et des négligences; nous ne savons pas nous recommander à la cour céleste comme nous devrions le faire, mais nous avons la grande confiance qu'à ces grands déficits suppléent les bienheureux de la Compagnie qui sont là-haut, ne cessant de représenter à la Très Sainte Trinité nos pauvres désirs.

» Avec de tels auxiliaires, grâce à la bonté de Dieu Notre-Seigneur, nous avons des espérances de victoire supérieures à tous les obstacles que l'ennemi pourra dresser devant nous pour nous faire reculer. Ces obstacles, toutefois, sont grands et nombreux, et nul doute qu'ils ne nous fissent plus d'impression, si nous comptions le moins du monde, pour les vaincre, sur notre pouvoir ou notre savoir. Ces grands sujets de craindre, ces obstacles à vaincre, Dieu Notre-Seigneur permet que l'ennemi nous les mette devant les yeux, afin que, ne pouvant trouver en nos forces un sujet de confiance, nous n'en cherchions qu'en Lui seul et en ceux dans qui sa bonté s'épanche.

» Dieu nous montre encore sa clémence infinie et le souvenir qu'il a de nous, en nous donnant tous les jours à sentir dans l'intime de l'âme le peu que nous pouvons; il permet que nous ayons à subir de petites épreuves, que nous nous trouvions en de petits dangers. Cette expérience nous empêche d'oublier que notre force n'est pas en nous, mais en Lui. Une petite tentation, une petite persécution, sont plus difficiles à soutenir, à surmonter, dès que l'on s'appuie sur soi-même, que ne le sont de nombreux et grands périls ou labeurs quand, se défiant totalement de soi-même, on se fie grandement à Dieu. » (Cros, II, 29.)

On voit que François, à la fin de sa carrière apostolique, ne se départait pas de ces sentiments d'humilité et de confiance en Dieu qui l'animaient au début quand il écrivait à son parent, le docteur Navarro : « Je connais ma misère; par un don de la clémence divine et grâce à la connaissance, ou, si vous voulez, à l'ombre de connaissance que j'ai de moi-même, je vois que je suis impropre à tout; aussi me suis-je appliqué à mettre toute mon espérance et toute ma confiance en Dieu. » (Cros, I, 305.)

Et plus tard il écrivait à ses Frères :

« Ce nous est une consolation, et pas des moindres, de savoir le seigneur gouverneur et tous les gentilshommes de la flotte bien persuadés que nos désirs sont très différents de ceux du monde et tendent à plaire, non aux hommes, mais à Dieu seul. N'oubliez pas de grâce, nous vous en supplions tous, de nous recommander spécialement à Dieu dans vos oraisons et saints sacrifices, puisque vous connaissez et savez que nous sommes métal de si mauvais aloi.

» Là est une source de notre plus sensible consolation et ce qui nous fait espérer toujours davantage que Dieu Notre-Seigneur nous viendra en aide. Nous le voyons, des choses requises par notre emploi de prédicateur de la foi de Jésus-Christ, aucune qui ne nous manque ; mais comme nous ne poursuivons en nos œuvres que le seul service de Dieu Notre-Seigneur, nous avons toujours en Lui plus de confiance, espérant que pour son service et sa gloire, il nous donnera abondamment, l'heure venue, tout ce qui nous sera nécessaire. » (Cros, I, 403.)

Dieu ne refuse jamais sa grâce à ceux qui, humbles et défiants d'eux-mêmes, mettent toute leur confiance en son divin secours. Cette grâce fut surabondante en Xavier puisqu'elle alla jusqu'au don des miracles. Aux procès de canonisation, les miracles sont consignés en si grand nombre qu'ils ont valu à l'apôtre des Indes le surnom de grand thaumaturge des temps modernes.

Ce qui donnait une base inébranlable à la confiance de Xavier, c'était sa détermination absolue de ne jamais vouloir et faire que la sainte volonté de Dieu ; avant d'entreprendre ses courses apostoliques, avant d'aller évangéliser une contrée, il passait plusieurs jours en prière, sollicitant humblement de Dieu la grâce de lui manifester ce qui était plus conforme à son bon plaisir ; en attendant, il se tenait dans la plus parfaite indifférence. Mais, dès que Dieu lui avait manifesté sa volonté, Xavier prenait ses résolutions : comme un chevalier qui a reçu un ordre de son souverain, il se levait, allait au but marqué, tête baissée au milieu des dangers, des périls, des labeurs ; on peut dire que le mot d'ordre pour lui, comme pour les croisés allant aux combats, allant à la mort, était : *Dieu le veut !*

Il est aisé de saisir et de constater cette disposition en un très grand nombre de ses lettres :

« Pour l'amour et le service de Dieu Notre-Seigneur, écrit-il à son Père Ignace, que votre sainte charité et toute la Compagnie me recommandent continuellement à Dieu. Je désire fort être recommandé à tous les Pères, et spécialement aux profès, et cela par l'entremise de votre sainte charité. Ce sera mon dernier mot ; votre sainte charité, toute la Compagnie unie à l'Église militante, tous les bienheureux qui furent de la Compagnie, et avec eux toute l'Église triomphante, je prie Dieu de me les donner, et je les prends moi-même pour intercesseurs, afin que, en considération de leurs prières et mérites, Notre-Seigneur me donne de bien connaître en cette vie sa très sainte volonté et grâce pour accomplir bien et parfaitement sa volonté connue. » (Cros. *Doc.*, 432.)

« Je m'arrête, priant Dieu de vouloir bien, par son infinie miséricorde, nous réunir, un jour, dans le ciel, et nous donner, durant la vie présente, la grâce et la force de nous conformer en toutes choses à sa divine volonté. » (Cros, I. 210.)

« Je prie les saintes âmes des enfants baptisés par mes mains de nous obtenir de Dieu Notre-Seigneur, pour tout le temps que nous aurons à passer en cet exil, la grâce de connaître et sentir en nos âmes sa très sainte volonté, et de l'accomplir parfaitement. » (Cros, I, 263.)

Il termine sa lettre du 27 janvier 1545 en ces termes :

« Je finis, priant Dieu Notre-Seigneur de nous donner la connaissance intime de sa très sainte volonté et, une fois connue, beaucoup de force et de grâce pour la faire, en cette vie, par amour. » (Cros, I, 295.)

Le même soir, il écrit au Père Simon Rodriguez :

« Notre-Seigneur nous soit toujours en aide; qu'il nous donne la grâce de connaître sa très sainte volonté et les forces pour l'accomplir et exécuter ce que, à l'heure de notre mort, nous serions heureux d'avoir fait. » (Cros, I, 300.)

Le 7 avril 1545, il écrit au Père Mansilhas :

« Mon très cher Père et Frère, Dieu sait combien plus j'aimerais à vous voir et vous dire de vive voix, au lieu de le faire par lettre, comment vous devez servir Dieu sur cette côte, dans la grande vigilance des chrétiens. Je parle ainsi parce que j'ignore encore, à présent, ce que Dieu voudra faire de moi. Plaise à Dieu Notre-Seigneur nous donner, en temps opportun, de connaître sa très sainte volonté, et d'être prêts à l'exécuter toutes les fois qu'il lui plaira de nous la manifester, et de nous la faire sentir dans l'intime de l'âme, et de bien entendre aussi que pour être heureux en ce monde, nous devons nous y tenir étrangers, tout disposés à vivre indifférents, ici ou là, selon que le demandera le plus grand service de Dieu Notre-Seigneur. » (Cros, I, 303.)

Le 8 mai, il écrit au Père Paul de Camerino :

« ... J'ai été obligé de venir à Saint-Thomas, et je me suis donné, dans cette sainte maison, l'office de prier Notre-Seigneur de donner à mon âme intime connaissance de sa volonté, avec ferme propos de l'accomplir, et ferme espérance qu'il me donnera de faire ce qu'il m'a donné de vouloir. Il a plu à Dieu de se souvenir de moi, selon sa miséricorde accoutumée. » (Cros, I, 306.)

Au Père de Mancias :

« Que Dieu Notre-Seigneur nous accorde de connaître sa très sainte volonté. Quant à nous, nous sommes toujours prêts à l'accomplir toutes les fois qu'elle se manifestera. Pour être heureux, nous devons nous considérer comme des pèlerins disposés à aller partout où nous pouvons mieux servir Dieu Notre-Seigneur. » (Mon., I, 379.)

Au Père Diego de Borba et au Père Paul de Camerino, il redit en le développant un peu ce qu'il a insinué précédemment au sujet de son séjour à Saint-Thomas :

« Je suis resté quelques jours à Négapatam, les vents ne m'ont pas permis de doubler le cap Comorin, et j'ai dû aller jusqu'à Saint-Thomas. Dans le sanctuaire de cet apôtre, je n'ai d'autre souci et occupation que de demander à Dieu Notre-Seigneur de faire connaître à mon âme sa très sainte volonté, avec le ferme propos de l'accomplir. J'ai une ferme confiance que Celui qui m'a donné de vouloir, me donnera d'achever l'œuvre entreprise...

» J'espère que, dans mon voyage, Dieu m'accordera sa protéction. Il m'a fait sentir si clairement que sa volonté était que j'entreprenne ce voyage au milieu de tant de consolations spirituelles et satisfactions intimes, que si j'avais le malheur de désobéir, je mè croirais en révolte, et Dieu ne me ferait miséricorde, ni en cette vie ni en l'autre. Si je ne trouve pas de vaisseau portugais, je n'hésiterai pas à me confier à un navire sarrazin ou païen faisant voile pour Malacca. »

Dans une lettre écrite de Malacca, 20 juin 1549, on trouve cette phrase si touchante :

« Si nous sommes sans défense, non seulement au milieu de ces peuples barbares, mais des armées conjurées de l'enfer, Dieu, s'il le veut, peut, d'un signe de sa volonté, nous préserver de toute atteinte et nous donner la victoire, et s'il lui plaît qu'il en soit différemment, rien, dans sa volonté, ne nous est amer. » (Pagès, II, 86.)

D'après ces extraits, on voit nettement les ressorts intérieurs qui faisaient agir Xavier et en ont fait un champion imperturbable et indomptable de la religion, il voulait avant tout et par-dessus tout exécuter la sainte volonté de Dieu; dès lors, il avait foi dans le secours de Dieu. Soutenus par ce secours, son zèle et son intrépidité ne connaissaient point de limites, ne redoutaient aucun obstacle.

Sa Reconnaissance.

❧

La reconnaissance est un lourd fardeau pour les âmes vulgaires et égoïstes ; pour les âmes nobles et généreuses, elle est un devoir doux et léger. Saint Ignace recommande fréquemment et instamment à ses religieux la pratique de cette vertu, car c'est une vertu, et elle ne s'épanouit pleinement que dans l'âme des saints ; aussi la retrouvons-nous dans le cœur d'Ignace et dans le cœur de Xavier.

La reconnaissance de François montait d'abord vers Dieu et elle était d'autant plus vive qu'il avait une connaissance plus nette de sa bassesse et de la grandeur de Dieu. La pensée que ce Dieu s'abaissait jusqu'à prendre soin de lui, jusqu'à multiplier à profusion ses grâces, ses bienfaits, ses attentions, le jetait dans une sorte de stupeur et faisait incessamment jaillir de ses lèvres un *Deo gratias* bien senti. Persuadé qu'il ne pouvait rien de lui-même, en tous ses succès, en toute entreprise menée à bonne fin, en tous périls évités et détournés, il voyait l'assistance de Dieu, et lui en témoignait sa gratitude.

Ainsi, durant son voyage en Italie, il reconnaît la protection de Notre-Seigneur : « Ils ont été nombreux et ininterrompus, écrit-il, dès son arrivée à Lisbonne, 13 juillet 1540, les bienfaits de Jésus-Christ Notre-Seigneur, à notre égard, durant notre voyage de Rome en Portugal. Qu'après une si longue route à travers tant de fatigues, le seigneur ambassadeur et toute sa famille, du plus grand au plus petit, soient arrivés en pleine santé, il y a là sujet de donner à Jésus-Christ Notre-Seigneur bien des louanges et des actions de grâces, car sa main, outre la commune assistance, intervenait spécialement pour nous sauver de tous périls. » (Cros, I, 163.)

Il remercie encore Notre-Seigneur des bonnes dispositions du roi à l'égard de la Compagnie : « C'est chose dont on ne peut que s'émerveiller et rendre de vives actions de grâces à Notre-Seigneur que de voir à quel point le roi est zélé pour la gloire de Dieu et affectionné à toutes choses bonnes et saintes. » (Cros, I, 168.)

On retrouve ces mêmes sentiments dans ses lettres écrites du Japon : « La considération d'une faveur insigne qui nous est faite ajoutée à tant d'autres que nous accorde Notre-Seigneur nous remplit de confusion. Aidez-nous, mes Pères et Frères, pour l'amour de Notre-Seigneur, à le remercier de si grands bienfaits, de peur que nous ne soyons convaincus d'être ingrats. Dieu, en effet, quand ceux qui désiraient le servir tombent en ce péché, quand ils méconnaissent le prix des grâces reçues et ne s'en aident point, arrête le cours des grâces meilleures encore qui leur seraient venues. » (Cros, II, 26.)

Ce péché d'ingratitude envers Dieu, François le redoutait et pour lui et pour ses amis. On l'entendait souvent dire à ses inférieurs : « Oh ! mes Pères et mes Frères, que Dieu est bon à notre égard ; remercions-le bien. » Il disait ces mots avec un accent si pénétré qu'il touchait tous les auditeurs.

Mais ce n'est pas seulement envers Dieu que François voulait se montrer reconnaissant, il voulait que sa gratitude allât à tous ceux qui lui rendaient quelque service. C'est précisément ce sentiment de gratitude qui l'attacha si profondément à Ignace dans lequel il aima toujours à voir un bienfaiteur insigne, et avec raison.

En arrivant à l'Université de Paris, il courut deux dangers : le premier, de perdre ses mœurs ; le second, bien plus redoutable parce que plus irrémédiable, celui de perdre la foi. A Sainte-Barbe, en effet, il se trouvait au centre d'une lutte ardente entre l'ancien et le nouvel esprit. *Qui græcizabant, lutheranizabant,* disait Bobadilla, condisciple de Xavier.

Celui qui le préserva de ces deux dangers qui en avaient fait sombrer tant d'autres, ce fut Ignace. Du jour où François comprit mieux l'influence salutaire qu'Ignace avait exercée sur lui, il lui voua une reconnaissance sans borne, dont il ne cessa de lui donner des témoignages depuis les premiers jours jusqu'aux derniers.

C'est ainsi qu'encore étudiant, il venge Ignace des calomnies dont on l'avait chargé auprès de ses parents. Ignace devant aller en Espagne, Xavier lui confie une lettre qu'Ignace doit lui-même remettre à son frère aîné. En effet, dans la parenté de François, on s'était ému, car les accusations portaient sur la foi. Or, en cette matière, on était chatouilleux chez les Jassu et les Azpicuelta. Il écrit donc à son frère bien-aimé : « Seigneur, je vous écrivis dernièrement par bien des voies et pour plus d'une raison. La principale qui m'incite tant à vous écrire, c'est la grande obligation que je vous ai. Outre que je suis, en effet, votre cadet, j'ai reçu de vous beaucoup de bons offices, je ne veux pas que vous me jugiez méconnaissant et ingrat après de si excessifs bienfaits.

» J'ai rencontré le Révérend Père Fray Vear qui me fit part de certaines plaintes qui vous seraient venues à mon sujet... Dieu sait ce que j'ai souffert, surtout quand j'ai vu à ces malveillantes accusations le nom de maître Iñigo. Or, sachez-le, seigneur, que j'aie connu maître Iñigo, ç'a été pour moi une grâce insigne de Notre-Seigneur. Je vous le déclare et j'y engage ma parole, je ne saurais, de ma vie, m'acquitter envers lui, tant je lui ai d'obligations. Que de fois, en mes nécessités, il m'a aidé de sa bourse ; mais je lui dois plus encore. C'est grâce à lui que je me suis éloigné de compagnies perverses. Encore inexpérimenté, je n'en discernais pas le danger ; mais à l'heure présente, les sentiments hérétiques de ces hommes ne sont plus un mystère à Paris, et je voudrais pour tout au monde ne les avoir jamais fréquentés.

» Ce service fût-il le seul, je ne sais quand j'en pourrai payer la dette au seigneur maître Iñigo. C'est lui, je le répète, qui m'a empêché de me lier ou de communiquer avec des hommes dont les dehors paraissaient bons et qui avaient cependant, comme on l'a vu, le cœur rempli d'hérésies. Lui étant donc redevable d'un tel bien, je vous prie de lui faire l'accueil que vous me feriez à moi-même.

» S'il était ce qu'on vous a dit, pensez-vous qu'il fût venu sous votre toit se remettre entre vos mains ? A ce signe, sans autres preuves, vous pouvez certes reconnaître avec évidence la fausseté de tout ce qu'on vous a rapporté du seigneur maître Iñigo.

» Et maintenant, je vous en prie de tout mon cœur, mettez à profit l'occasion qui vous est donnée de connaître le seigneur Iñigo et de converser avec lui. Tout ce qu'il vous dira, croyez-le. Il est à tel point homme de bonne vie, homme de Dieu, que de ses entretiens, de ses conseils, vous vous trouverez très bien, je vous l'affirme. Encore une fois, de grâce, je vous en prie, faites-le... » (Mon., I, 201 ; Cros, I, 138 ; Brou, I, 146.)

Que durent être les impressions d'Ignace en revoyant Pampelune où la grâce l'avait terrassé, en revoyant dans le capitaine Juan, frère de Xavier, un des ennemis contre lequel il défendit la citadelle ! Quoi qu'il en soit, les préventions contre Ignace tombèrent et celui-ci rassura pleinement la parenté sur la conduite de François. Ce nouveau service François ne l'oublia non plus jamais.

Après Ignace, le roi Jean III est, de tous ceux que connaît François, celui auquel il désire le plus manifester sa gratitude. Du fond des Indes, il revient souvent sur ce sujet et ordonne à ses inférieurs de ne jamais oublier dans leurs prières un roi auquel ils doivent tous tant de bienfaits ; il leur redit ce que déjà il écrivait en 1541 :

« Le roi est si affectionné à notre Compagnie, il désire tellement comme un de nous la voir grandir, et cela pour le seul amour et honneur de Dieu Notre-Seigneur, qu'il nous oblige par là à lui être, à cause de Dieu, ses perpétuels serviteurs. Vraiment, en présence d'une si bonne et si ardente volonté, accompagnée d'œuvres aussi parfaites, il nous semble que nous serions bien coupables aux yeux de Dieu Notre-Seigneur, si nous ne connaissions pas l'obligation que nous avons à ceux qui se signalent ainsi au service de sa divine Majesté, Oui, nous croirions tomber dans le péché d'ingratitude, si, tous les jours de notre vie, nous ne nous souvenions de Son Altesse dans nos indignes oraisons et sacrifices, si grandes sont nos obligations à son égard. » (Cros, I, 182.)

La reconnaissance va à tous ceux qui se sont intéressés à lui ou à la Compagnie.

« Le seigneur ambassadeur me traite si bien que le récit détaillé de toutes ses bontés serait infini et j'en souffrirais vraiment trop, si je ne pensais pas, si je n'étais quasi certain que je paierai ma dette aux Indes, et non pas à un moindre prix qu'à celui de ma vie...

» Les messes dites par nous pour le cardinal Giudiccioni, depuis notre départ, s'élèvent à 250 francs. Plaise à Dieu Notre-Seigneur qu'aux Indes nous nous acquittions du reste. Pour moi, je pense à une chose, c'est qu'étant donnée la grande consolation que j'ai eue à dire la messe pour ce seigneur révérendissime, il gardera tous les jours que j'aurai à vivre une part dans mes intentions...

» Mes respects à Madona Faustina Aneolina... Dites-lui que j'ai célébré une messe pour son Vincencio, et que demain j'en célébrerai une pour elle. Dites-lui qu'elle peut compter que jamais je ne perdrai souvenir d'elle, même aux Indes. De ma part, mon très cher Frère, rappelez-lui la promesse qu'elle me fit de se confesser et de communier, et qu'elle m'informe si elle l'a fait et combien de fois, et, si elle désire être agréable à Vincencio, son fils, dites-lui de ma part qu'elle pardonne à ceux qui le tuèrent, puisque, pour eux, Vincencio prie beaucoup au ciel. » (Cros, I, 159 ; Mon., I, 85.)

Aux Indes, une autre noble dame s'intéressa vivement à l'établissement des maisons de la Compagnie. Pour lui en témoigner sa reconnaissance, Xavier s'employa à caser sa fille honorablement, il fait un devoir au Père Camerino et au Père Gomez de s'occuper de cette affaire, afin de bien montrer à tous que la Compagnie est reconnaissante envers ses bienfaiteurs.

Le 16 juillet 1552, sur le point de s'embarquer pour la Chine, il écrit au Père Gaspard Barzée quelques mots, et son âme y épanche la reconnaissance dont elle est pleine pour un digne fils de Vasco de Gama, Pedro de Sylva.

« ... Maître Gaspard, sachez que vous ne pourrez jamais payer au seigneur don Pedro de Sylva tout ce que je lui dois, car, au temps où il était capitaine de la forteresse de Malacca, il me favorisa si fort aux choses du service de Dieu que jamais, depuis ma venue dans l'Inde, je ne vis homme qui me favorisa autant... Maintenant, par amitié, il m'a prêté 300 cruzados, afin de payer une dette de pareille somme que je contractai au Japon pour la construction de l'église de la ville d'Yamanguchi où sont les Pères de la Compagnie.

» Le plus tôt possible, payez ces 300 cruzados... Payez-les très vite et n'attendez pas qu'il vous envoie les demander, j'en serais vivement peiné. »

Les dernières lettres de Xavier sont des lettres de reconnaissance. Nous avons cité celles où François remercie son ami Diego de sa grande bienveillance et lui dit sa peine d'avoir été la cause involontaire des grandes pertes que lui a occasionnées son projet de voyage en Chine : il le console, lui exprime sa gratitude et lui fait entendre que Dieu saura le récompenser de sa grande charité.

Ce ne fut pas seulement à l'égard des grands que Xavier se montra reconnaissant : dès que quelqu'un lui rendait un service, fût-ce le plus humble et le plus petit de ses chrétiens, ou même des infidèles, il témoignait de sa reconnaissance et s'efforçait de rendre don pour don, service pour service. Cette délicatesse dans le souvenir et la reconnaissance, comme nous l'avons fait remarquer, fut une des choses qui lui concilièrent le plus la sympathie dont il jouissait auprès de tous.

Quand on étudie de près saint François Xavier, on voit qu'il y avait en lui le gentilhomme doublé d'un saint : la sainteté perfectionne la nature.

Son Amour de la Croix.

❧

Les Portugais, Jean III en tête, en allant conquérir de nouvelles terres entendaient y planter la Croix : c'est ce que voulait signifier Vasco de Gama, lorsque dans les blanches voiles de ses caravelles, il faisait peindre de grandes croix rouges. Il répondait ainsi à un désir du ciel manifesté par un prodige à Albuquerque dont lui-même nous a laissé un acte authentique : toute l'armée en fut témoin aussi bien que son chef. L'armée du héros était en campagne sur les rivages de la mer rouge, lorsque, à l'Occident, ils aperçurent, dans le ciel, une croix vermeille d'un magnifique éclat, longue et large d'une brasse. (Brou, I, 128.)

Xavier était digne des Albuquerque et des Vasco de Gama par la magnanimité de ses sentiments, mais son entreprise était plus noble parce qu'elle était plus dégagée de tout alliage humain. Il venait faire briller aux yeux de ces peuples ensevelis dans les ténèbres de l'idolâtrie les splendeurs de la Croix, faire descendre sur toutes ces nations les bienfaits de la Rédemption. Telle était la conquête toute pacifique et toute bienfaisante que méditait ce nouveau conquérant.

Quand, à la fin de février 1542, le *Coulam* mit à la voile, la flottille qui l'accompagnait longea la côte et on parvint à Mélinde. Sur le petit promontoire qui abritait la ville musulmane, une croix de pierre se dressait ; c'était un de ces padraos, colonnes de pierre, au blason national, surmontées d'une croix, que les Portugais élevaient, sur tous les rivages, en signe de prise de possession. Celui-là, le padrao de Saint-Raphaël, avait été dressé par Vasco de Gama. Ce fut le premier objet qui frappa les yeux du missionnaire et son cœur en tressaillit : « En vérité, dit-il, Notre-Seigneur sait quelle consolation nous avons reçue, en constatant combien est grande la vertu de la Croix, la voyant ainsi seule, triomphant au milieu de tout le mahométisme ! »

9

On comprend mieux encore la joie du missionnaire quand on se rappelle que, dès son enfance, il avait été nourri de cet amour de la Croix. C'est au sein de sa famille, en effet, qu'il puisa cet amour.

. « Il y a trois cents ans, écrit en 1620 le Père Juan Peña, dans l'ancien castillo de Xavier, on découvrit dans un creux du mur le Christ miraculeux, vénéré maintenant dans la chapelle domestique. C'est le premier trésor dont il plut à Dieu d'enrichir les Xavier. On pense que ce crucifix remonte aux premières épreuves du christianisme en Espagne. » On sait par la relation de plusieurs personnes vraiment dignes de foi que ce Christ se couvrit de sueurs tous les vendredis de l'année 1552, qui fut celle de la mort de François Xavier.

Le prodige fut remarqué, pour la première fois, un vendredi, à 9 heures du soir, et il se reproduisit les autres vendredis à la même heure. (Cros, *Doc.*, 357.)

La joie spirituelle qu'avait éprouvée Xavier à Mélinde, il l'éprouva encore à Socotora qui, jadis, avait été évangélisé par des Pères franciscains. La population ne gardait du christianisme que quelques rites et quelques vagues souvenirs. Ainsi, sous la direction de leurs caciz, les Socotoriens se réunissaient dans une case, au son d'une crécelle. Le caciz présidait ayant sur sa poitrine une grande croix.

Pendant qu'il débitait ses prières, une épaisse fumée de parfums remplissait la case ; on encensait la Croix dressée sur l'autel, on la portait en procession au milieu de lumières. Tous les habitants en portaient une suspendue au cou. (Brou, I, 121.)

Ce culte de la Croix, Xavier eut à cœur de l'implanter dans l'âme de tous les nouveaux convertis. Au commencement de tous les exercices consacrés à l'enseignement des néophytes, il faisait lui-même avec un profond respect le signe de la croix, et le faisait faire deux fois à ses néophytes exigeant qu'ils apportassent à cet exercice la plus grande attention. Puis il leur expliquait minutieusement le sens du signe qu'ils venaient de tracer sur eux, leur faisant admirer les deux grands mystères que la religion proposait à leur foi, la Très Sainte Trinité, la Rédemption.

Au dire de saint François, les Japonais surtout se montraient avides de ces explications et les lui faisaient souvent répéter.

Ils conçurent un grand respect pour ce signe. Ce qui augmenta leur confiance, ce fut la vue des nombreux miracles que le missionnaire opérait par ce signe. Bernard le Japonais dit, en effet : « J'ai vu de mes yeux le Père François délivrer bien des malades de leurs infirmités. Il faisait sur eux le signe de la croix en les aspergeant d'eau bénite, et ils étaient subitement guéris. » (Ribad., l. II, c. 7.)

Voici un de ces miracles raconté par son serviteur :

« Étant au Japon, au service du saint Père, un dimanche, comme le Père Maître François achevait de prêcher, il lui arriva un marchand japonais qui demandait remède pour sa vue perdue depuis plusieurs années. Après avoir récité sur lui l'évangile, le Père, moi présent, fit le signe de la croix sur les yeux de l'aveugle et le renvoya à sa maison. Or, le lendemain, l'aveugle revint, la vue des deux yeux plus claire qu'il ne l'avait jamais eue, et avec les yeux du corps s'ouvrirent si bien les yeux de l'âme qu'il amena au saint Père sa femme, ses trois fils et d'autres membres de sa famille pour recevoir avec lui le baptême. » (Cros, I, 163.)

Les prodiges opérés par François au moyen du signe de la croix étaient fréquents dans ses courses apostoliques.

Le Père Thomas de Gamboa, jésuite, originaire de Méliapor, racontait : « Des personnes dignes de foi et parmi elles une noble dame de la cité, m'ont raconté que lorsqu'elle était enfant, elle tomba malade : les médecins l'avaient condamnée. Déja elle rendait l'âme, quand Xavier passa par là. La mère et les domestiques l'appelèrent. Il entra et s'approchant de l'agonisante, il fit sur elle le signe de la croix et la guérit. » (Proc., 1616, n° 86.)

Un autre témoin assermenté dépose le fait suivant : « Me trouvant aux îles de Ulate, proche d'Amboine, j'appris des habitants du pays que le Père Maître François se trouvant là, leur roi fut assiégé dans sa ville par un autre roi voisin, et si étroitement qu'il n'y avait pas moyen de s'approvisionner d'eau. Maître François fit dire au roi de Ulate que s'il arborait une croix, l'eau lui viendrait du ciel. La croix fut arborée, et aussitôt, en un pays où la pluie ne se pouvait alors attendre, il plut abondamment. Le peuple, à ce prodige, embrassa la foi chrétienne et y demeure très attaché malgré la persécution des Mores. »

Un religieux de saint Dominique, Frère Joseph, raconte : « Entre autres miracles du Père Maître François que j'ai appris de mon père, celui-ci m'a souvent dit que dans un voyage sur mer, l'eau douce étant venue à manquer, Maître François fit remplir d'eau de mer un tonneau sur lequel il fit le signe de la croix : « Après quoi, disait mon père, nous en bûmes tous et la trouvâmes douce et en demeurâmes satisfaits. » (Cros, II, 496.)

Le Paraver Louis Fernandez a déposé au procès de canonisation, en 1616, que tandis que son père était catéchiste de l'église de l'Assomption à Vaïper, le Père François vint prêcher dans ces parages; voulant repartir, il monta sur une barque pour traverser un cours d'eau, lequel était alors profond, débordé, et se précipitait vers la mer avec furie; on était au printemps. Mon père voulut accompagner le missionnaire et monta avec lui. Xavier lui ordonna de descendre et de rester à terre, puis il regarda ailleurs, songeant aux choses de Dieu; la barque fila droit devant elle. Arrivée au milieu du courant, déjà elle entrait dans la mer, quand François regardant en arrière vit mon père qui ne lui avait pas obéi et qui était dans la barque : « Pourquoi n'êtes-vous pas descendu », lui dit-il, « j'ai craint la rapidité du fleuve », répondit mon père. « Ne craignez rien », reprit Xavier. Il fit alors sur lui un signe de croix et lui enjoignit de descendre et d'aller à terre. Mon père, confiant en la sainteté du missionnaire, sauta dans l'eau, et tout à coup, sans savoir comment, il se trouva transporté au rivage. »

Dès le début de son ministère dans un pays, François travaillait à inculquer aux nouveaux convertis le culte de la croix : la grâce secondait ses efforts.

Dans la persécution qui éclata dans les Moluques, le plus ferme soutien des néophytes fut un insulaire du nom de Manuel. Le pire ennemi de Manuel était son beau-frère qui avait cherché par deux fois à lui donner la mort. Un jour, payés par lui, deux scélérats portugais avaient déjà dirigé vers sa tête le canon de leurs armes. Manuel leur demanda un instant, et, enlaçant des deux bras une croix qui se trouvait là plantée, il dit : « Le Père Maître François nous a enseigné qu'un chrétien doit mourir sur la croix; faites feu maintenant. » La scélératesse des assassins fut vaincue, et par respect pour la majesté de la croix et le nom de son serviteur, ils abaissèrent leurs arquebuses. (Brou, I, 405.)

Après 1562, les Javanais, ennemis du nom chrétien, avaient reparu dans l'île d'Amboine. Beaucoup de chrétiens moururent dans les supplices. Les barbares en voulaient spécialement à la croix. Les fidèles d'un village avaient enfoui la leur avec tous leurs trésors : les Javanais l'exigeaient, tempêtaient pour l'avoir. Les chrétiens résistèrent : grand nombre d'entre eux furent torturés, brûlés vifs, déchiquetés membre à membre, mais la croix fut sauvée.

Dans une de ses lettres, François fait allusion à ses apparitions de croix qui furent le principe de bien des conversions et que raconte André de Sousa :

« Étant à Ceylan, je conjurai le fils du roi de Ceylan de se faire chrétien... J'allais partir avec lui pour le faire baptiser, quand son père l'apprit : il le fit tuer par trahison et ordonna qu'on brûlât son corps. Dieu, à cette occasion, fit bien des miracles : la terre trembla, on vit dans le ciel une croix de la grandeur d'un mât, et là où on brûla le corps, la terre s'entr'ouvrit en forme de croix. Quand le roi l'apprit, il fit combler les ouvertures, mais la croix se forma de nouveau chaque fois qu'on la fit disparaître, ce qui occasionna la conversion de bien des gens. » (Cros, I, 284.)

Les statuaires aiment à représenter François, tandis qu'il évangélise le peuple, le crucifix à la main. Ils ont raison, car c'était une coutume de l'apôtre de mettre bien en évidence, sous les yeux de son auditoire, ce signe auguste de notre Rédemption. Ce crucifix, soit entre ses mains, soit même entre des mains étrangères, opérait des prodiges.

Un jour, à Manapar, on le pria d'aller au secours d'un indigène riche, possédé du démon. Le Père faisait le catéchisme, mais l'on comptait bien que, vu la qualité du malade, il laisserait là son instruction. Mais non, il passa simplement son crucifix à quelques enfants, leur dit ce qu'ils avaient à faire et les envoya à sa place. C'était montrer à l'ennemi du genre humain le peu de cas qu'il faisait de lui. Les enfants prièrent, forcèrent le malade à baiser le crucifix du Père, et il fut délivré. (Brou, I, 221.)

Dans les dépositions assermentées faites en vue de la canonisation, on trouve celle du canonnier Fausto Rodriguez, ainsi conçue :

« Le saint allait un jour à Ceram. La traversée n'était pas sans danger : l'espèce de mer intérieure qui sépare les deux îles est semée de récifs, de bancs de sable. Nous naviguions avec le Père François sur une caracova quand soudain une tempête s'éleva. Les matelots, les indigènes, pourtant habitués à ces mers, perdirent contenance et déclarèrent qu'on était en grand danger. Alors le Père François tira de sa poitrine un crucifix long d'un doigt. Il se pencha sur le bord pour lui faire toucher la vague. Mais je ne sais comment le crucifix lui glissa de la main et tomba. Il en fut fort affligé.

» Le lendemain, nous abordions à l'île de Varanula, au territoire de Tamano, but de notre voyage. Depuis le moment où le crucifix s'était perdu, vingt-quatre heures s'étaient écoulées et la tempête durait toujours. Descendus sur le rivage, le Père François et moi cheminions ensemble, longeant la côte dans la direction de Tamano. Nous avions fait environ cinq cents pas quand tous les deux nous vîmes sortir de la mer un crabe tenant le crucifix entre ses pinces.

» Je le vis aller droit au Père François et s'arrêter près de lui. Le Père tomba à genoux. Le crabe attendit qu'on lui prît le crucifix, puis il retourna se plonger dans les flots. Le Père baisa la croix, la pressa sur sa poitrine et resta ainsi en prière une demi-heure. Ensuite nous continuâmes notre route. »

Ce crucifix miraculeux fait aujourd'hui partie du trésor des reliques conservées en la chapelle du Palais-Royal de Madrid. C'est là qu'on peut encore aujourd'hui le vénérer. (Mon., II, 781.)

Sa Prudence.

❧

Il faut au missionnaire du zèle, mais cela ne suffit pas : il faut que ce zèle soit réglé par la prudence. Le zèle imprudent n'avance pas les intérêts de Dieu et de l'Église, il les enraie, au contraire, et leur fait obstacle. Xavier l'avait constaté et l'imprudence de quelques missionnaires fut un sujet qui, plus d'une fois, le contrista douloureusement : il s'en plaint avec amertume dans ses lettres. Quant à lui, au dire de ses contemporains, il unissait à un égal degré ces deux vertus et jamais son zèle, pour grand qu'il fût, ne l'exposa à faire une démarche dont on eût à regretter les conséquences. Toutes ses paroles, tous ses actes étaient marqués au coin d'une prudence incomparable qui lui assurait un ascendant irrésistible sur tous ceux avec qui il traitait.

Le Père Lucena a donc écrit avec vérité : « Le zèle du saint accompagnait la prudence en marchant après elle, et ne la précédait pas de manière à la rendre aveugle. » François aurait voulu trouver cette même prudence en tous ses inférieurs; il les entretenait souvent de cette vertu, mais afin d'être mieux compris, il leur laissa par écrit des conseils que tous les prêtres peuvent encore lire avec utilité. Nous aimons à les rappeler parce que ces conseils n'étant que l'expression de la façon d'agir de l'apôtre, ils en donnent une connaissance plus complète.

Le Père Mansilhas était inexpérimenté; Xavier lui prodigua ses avis : « Ne vous lassez pas de travailler auprès de votre peuple; prêchez continuellement, en tous lieux; baptisez très diligemment les enfants qui viennent au monde et faites que partout les prières soient enseignées. Ne vous fixez nulle part; allez sans relâche d'une localité à l'autre. Visitez tous ces chrétiens comme je le faisais quand j'étais là. Distribuez par toutes ces terres, dans l'ordre que vous jugerez le meilleur, les prêtres malabares et vous veillerez à ce qu'ils édifient le peuple par l'humilité, la chasteté de leur vie et leur diligence au service de Dieu. Ayez l'œil sur leur conduite afin qu'ils ne se damnent pas; châtiez-les au besoin, car c'est un grand péché de ne châtier point celui qui le mérite et plus encore ceux de qui la mauvaise vie est, pour une foule d'autres, sujet de scandale » (Cros, I, 304.)

Le Père Manuel de Moralès nous a conservé quelques-unes des instructions que le saint leur laissa en s'éloignant de Goa.

« Se préoccuper surtout du baptême des enfants nouveau-nés et administrer soi-même le plus possible ce sacrement.

» Après l'administration du baptême, rien de plus important que l'instruction des enfants. Que chaque village ait un maître gagé.

» Aux réunions, que les Pères prêchent sur les grandes vérités en des termes accommodés à l'ignorance et à la simplicité des auditeurs. Si, pour l'accomplissement d'un vœu, quelque argent est offert, le Père se gardera bien d'en rien employer à son usage. Tout sera distribué aux pauvres.

» Ne pas se mêler de procès; renvoyer les plaideurs aux juges locaux.

» Les entretiens que vous aurez avec les Portugais seront des choses de Dieu. Parlez-leur de la mort, du jugement, des peines de l'enfer et du purgatoire. Exhortez-les à se confesser et communier et à vivre dans l'observation des dix commandements. Si vous leur parlez de ces choses, ils ne vous embarrasseront pas dans celles de votre office : ou ils vous laisseront, ou ils reviendront pour un entretien spirituel.

» Faites tout votre possible pour que ce peuple vous aime, parce que vous ferez beaucoup plus de bien s'il vous aime.

» Aux enfants qui viennent aux prières, témoignez beaucoup d'amitié et gardez-vous de les maltraiter; s'ils méritent châtiment, patientez.

» Je vous recommande encore, et beaucoup, de travailler à vous faire aimer là où vous irez et là où vous résiderez; faites, par vos bons procédés, par vos bonnes paroles, que nous soyons tous aimés et non haïs, parce que de cette façon il se fera plus de bien. » (Cros, I, 375.)

Une tentation assez fréquente chez les missionnaires, c'est de ne pas croire au bien qu'ils font là où ils sont et de croire au bien qu'ils feraient là où ils ne sont pas. Xavier combat cette illusion dans sa lettre du 22 octobre 1548 au Père François Enriquez.

« Ne vous attristez pas si vous ne récoltez pas tout le fruit que vous désirez. Quel bien n'opérez-vous pas dans le soin que vous mettez à baptiser tant d'enfants qui naissent, car, hélas ! il faut grandement craindre qu'à part les enfants de 14 ans et au-dessous qui vécurent en état de grâce, le nombre des habitants des Indes, tant blancs que noirs, qui vont au ciel soit fort restreint. Oui, votre travail à Travancore est plus fructueux que vous ne pensez; considérez seulement combien d'âmes qui ne seraient jamais parvenues au ciel si vous n'aviez été là. L'ennemi de la nature humaine qui vous hait énormément souhaite de vous voir hors de ce royaume afin que nul d'entre les habitants n'aille au paradis. C'est l'habitude du démon de faire entrevoir et désirer de plus grands travaux à ceux qui se dépensent au service de Jésus-Christ. Il veut, par cette perverse pensée, les inquiéter et fatiguer leurs âmes et leur faire quitter une terre où ils se dépensent au service de Dieu. Je crains que l'ennemi, dans le but de vous jeter hors d'ici, ne suscite toutes les difficultés qui vous environnent.

» N'oubliez pas que depuis les six mois que vous habitez cette côte, vous y avez sauvé plus d'âmes que vous n'en avez rachetées avant votre arrivée, et cela en fort peu de temps. Ne soyez donc pas surpris que l'ennemi multiplie les ennuis afin d'obtenir votre départ. » (Mon., I, 466.)

En avril 1552, prévoyant une longue absence, François confie au Père Gaspard Barzée d'utiles conseils avec charge de les communiquer aux autres Pères.

« Avec toutes les femmes, de quelque état et condition qu'elles soient, vous traiterez en public comme, par exemple, à l'église; jamais en allant dans leurs maisons, excepté une nécessité extrême quand elles sont malades, pour les confesser.

» Lorsque, dans un cas d'extrême nécessité, vous irez en leurs maisons, ce sera avec leurs maris, ou avec ceux qui ont charge de la maison, ou avec des voisins.

» Ces visites, vous les ferez le moins que vous pourrez, parce qu'il s'y aventure beaucoup et il s'y gagne peu pour le service de Dieu.

» Pour être généralement inconstantes et persévérer peu, les femmes prennent beaucoup de temps. Avec elles, donc, vous vous comporterez de cette façon. Si elles sont mariées, occupez-vous beaucoup auprès de leurs maris. Dépensez plus de temps à faire du bien aux maris qu'à leurs femmes, car de là procède plus de fruit ; les hommes, en effet, sont plus constants, et c'est d'eux que dépend le gouvernement de la maison et, outre ce fruit meilleur, on évite bien des scandales.

» Quand il y aura discorde entre la femme et le mari, qu'ils seront en procès de séparation, si vous avez à vous occuper du rapprochement, traitez toujours avec le mari plus qu'avec la femme.

» Travaillez pour que le mari fasse une confession générale, et, avant de l'absoudre, obtenez qu'il se dispose mieux encore à vivre au service de Dieu en faisant quelques méditations de la première semaine que vous lui donnerez.

» Ne vous fiez pas du tout aux dévotions des femmes qui disent qu'elles serviraient Dieu davantage en se séparant de leurs maris, car ce sont des dévotions qui durent peu et se réalisent rarement sans scandales.

» En public, gardez-vous bien de donner tort au mari bien qu'il l'eût. En secret, conseillez-lui de faire une confession générale, et en confession, vous le reprendrez avec beaucoup de retenue. Prenez garde qu'il ne juge que vous êtes plus pour sa femme que pour lui, quand même les torts seraient de son côté; louez-le s'il s'accuse, ne le condamnez que par sa propre sentence, et encore avec beaucoup d'amour, de charité, de bénignité, car avec ces hommes de l'Inde, beaucoup se conclut par suppliques, rien par force. Une fois encore, entendez-le bien, je vous redis qu'en public vous ne donniez jamais tort au mari, quand même il l'aurait, car les femmes sont tellement indomptables qu'elles cherchent occasion de déprécier leurs maris, alléguant, auprès des personnes religieuses, que leurs maris ont tort, et non pas elles.

» Quand même les femmes n'auraient pas tort, ne les excusez pas comme elles s'excusent, mais plutôt montrez-leur l'obligation qu'elles ont de supporter leurs maris, et comme elles méritent quelque châtiment pour leur manquer, bien des fois, de respect; exhortez-les à prendre patience avec leurs peines présentes, à s'humilier, à endurer, à obéir à leurs maris.

» Ne croyez pas tout ce que vous disent ni le mari ni la femme, écoutez-les l'un et l'autre avant de donner tort à aucun, et ne vous montrez pas plus favorable à l'un qu'à l'autre, car, en ces affaires, toujours les deux ont tort, bien que l'un plus que l'autre, et mettez grande circonspection à recevoir les excuses des coupables.

« Quand vous ne pourrez pas les réconcilier, envoyez-les au seigneur évêque ou au vicaire général, et ne vous compromettez avec eux d'aucune manière.

» Veillez à ne procéder que très prudemment avec ce mauvais monde. Regardez bien les choses dans l'avenir parce que le diable ne dort jamais. Sachez-le, c'est certainement une grande imprudence que de ne pas craindre les inconvénients dans l'avenir, il suit quelquefois bien des maux de nos œuvres.

» Prenez garde de ne jamais reprendre personne avec colère, parce que de telles répréhensions jamais il ne suit aucun fruit auprès des gens du monde : pour être eux très imparfaits, ils attribuent la vivacité des paroles toute à l'imperfection, rien au zèle. » (Cros, II, 290.)

Les inconvénients et les abus peuvent se glisser dans les meilleures choses, même dans l'administration des sacrements. Aussi Xavier, si expérimenté dans l'exercice du sacrement de pénitence, a soin de prémunir ses Frères contre le jeu de certains pénitents dont la contrition n'est que superficielle, ou même qui ne se servent de la confession que comme d'un moyen pour avancer leurs intérêts temporels.

« Soyez bien circonspect dans vos relations avec les gens du dehors, car tous ne viennent pas à vous avec les mêmes fins ; les uns sont amenés par le désir d'un profit spirituel et les autres d'un profit temporel. Beaucoup ne viennent se confesser que pour découvrir moins les misères spirituelles que les misères temporelles ; gardez-vous bien de ceux-là et détrompez-les vite : qu'ils sachent que vous ne pouvez les aider ni d'aumônes, ni de faveurs humaines. Ne perdez pas votre temps avec eux, car de telles gens n'ont aucun sentiment des misères de l'âme.

» Ces règles, observez-les aussi bien avec les hommes qu'avec les femmes, car des personnes ainsi préoccupées n'ont rien à gagner auprès de vous pour leur âme, et elles sont l'instrument du démon pour vous engager dans le monde, et empêcher le fruit spirituel de se produire ailleurs. Ceci, de grâce, faites-le pleinement, parce que je sais combien c'est nécessaire.

» Ne vous mettez pas le moins du monde en peine que ceux qui viennent à vous avec des intentions peu louables murmurent contre vous, et n'autorisez pas les mondains à penser que vous craignez leurs jugements ; ce serait participer beaucoup de l'esprit du monde et faire plus cas des mondains que de Dieu et de la perfection chrétienne. » (Cros, II, 267.)

« Notez bien ceci : quand vous entendez les confessions, n'ayez aucune sévérité, n'inspirez aucune crainte aux pénitents jusqu'à ce qu'ils aient achevé de dire leurs péchés ; parlez-leur, au contraire, de la grande miséricorde de Dieu ; faites léger ce qui en soi est très grave, et cela jusqu'à ce que tous les péchés soient dits ; faites-y bien attention chaque fois que vous confesserez, parce que vous rencontrerez des personnes qui, pour ressentir la confusion d'être tombées en certains péchés vilains, n'ont jamais osé les découvrir au confesseur. De tels pénitents, encouragez-les grandement ; dites-leur que vous en savez d'autres plus grands que ceux qu'ils ont commis ; faites léger ce qu'ils accusent, et encore, croyez-moi, avec de telles personnes, pour leur aider à avouer des fautes que la honte et le démon empêchent de confesser, il servira que vous leur disiez quelqu'une des misères de votre triste vie passée : tout cela l'expérience vous l'apprendra. » (Mon., I, 862 ; Cros, I, 431.)

Xavier prêchait la prudence, mais cette prudence sacerdotale qui consiste avant tout à n'être que l'homme de Dieu. Donc, « que toute votre conversation soit des choses divines. Traitez avec vos meilleurs amis comme si l'heure devait venir où ils se retourneront contre vous ; ainsi tout les édifiera, vos paroles et vos actes ; et si jamais ils cessent de vous aimer, ce leur sera une source de reproches intérieurs et de confusion. »

Pas de ces intimités qui compromettent la liberté apostolique et risquent de lier un jour les mains du prêtre ou de lui fermer la bouche. « Vous rencontrerez des gens vivant dans le péché, et qui, cependant, rechercheront votre amitié et votre conversation. Leur intention n'est pas d'en profiter pour le bien de leur âme, mais ils veulent se couvrir de votre autorité et vous empêcher de les admonester. Ne les repoussez pas, mais veillez sur vous, et s'ils vous demandent quelque chose et que vous la leur accordiez, que ce soit à la condition qu'en récompense, ils vous laissent toute liberté de les sermonner pour le salut de leur âme.

» S'ils vous invitent à dîner chez eux, payez-les en les invitant à se confesser. Et s'ils ne veulent de votre aide pour les choses spirituelles, qu'ils comprennent bien que vous ne voulez pas d'une amitié qui ne servirait pas à leur être utile en ce dont ils ont tant besoin. »

Ne pas recevoir les présents des fidèles : « Croyez-moi, celui-là prend votre liberté de qui nous recevons un bienfait. Il nous en coûte, quand ensuite nous avons à l'admonester, nous n'avons plus de langue pour parler contre lui ; et à supposer que nous parlions, nous n'avons plus d'autorité. Cela s'entend des choses importantes et de valeur, non pas de menus présents, comme fruits et choses semblables. Encore, celles-là, envoyez-les aux malades de l'hôpital, aux prisonniers ou autres gens dans le besoin. Ainsi l'on verra que vous avez autant de souci pour la mortification, en n'usant pas de ces comestibles, puisque vous les donnez aux pauvres, que pour la courtoisie, en ne les refusant pas, ce qui pourrait aliéner les riches. »

Pas d'immixtion dans les affaires temporelles : « Bien des gens viendront vous importuner pour que vous parliez en leur faveur au capitaine. Faites-y attention. Le mieux est de vous excuser en disant que vous ne vous occupez que de choses spirituelles, et que si le capitaine ne tient compte ni de Dieu ni de sa conscience, encore bien moins tiendra-t-il compte de vous. » (Mon., 872, .)

On sait combien une apparence de zèle suscite parfois de susceptibilités entre les diverses familles religieuses, une prudence même ordinaire préviendrait et écarterait des procédés peu séants à des personnes qui font profession de vertu. Xavier, dont le zèle était cependant si entreprenant, sut toujours agir avec une telle délicatesse et une telle prudence que, non seulement il ne froissa jamais aucun des ordres qui étaient établis dans les villes qu'il évangélisait, mais toujours il conquit l'admiration et l'affection de tous. Du reste, lui-même ne se contentait pas de se tenir dans les limites d'une réserve froide et irréprochable, il usait à l'égard de tous les religieux d'une humilité et d'une condescendance que lui facilitaient son esprit surnaturel et l'affection sincère qu'il leur portait.

Dès qu'il arrivait dans une ville où vivaient des religieux, il s'empressait de leur faire visite et s'informait du bien qu'ils opéraient, se mettait à leur disposition, prêchait dans leur église s'il y était invité, et ne cessait pendant son séjour de leur donner des témoignages de respect et de sympathie. Dans ses lettres, il parle d'eux avec éloge et les recommande à la bienveillance du gouverneur, de l'évêque, du roi. Il aurait pu écrire des Pères Dominicains, des Pères de la Miséricorde, ce qu'il disait des Pères Franciscains : « Tous les Franciscains sont nos amis ! »

Il recommandait à ses Frères de l'imiter en ces rapports avec les ordres religieux et de maintenir la concorde si nécessaire pour opérer le bien et édifier le peuple.

« Antonio Gomez, je vous recommande fort la charité, l'amitié, l'amour avec tous les bienheureux Frères de l'ordre de saint François et de saint Dominique; à tous, vous serez fort dévot. Gardez-vous d'avoir avec eux rien qui malédifie. J'espère que vous accomplirez toujours ce devoir et garderez, par cela, en vos âmes beaucoup d'humilité. De temps en temps, vous les visiterez afin qu'ils reconnaissent que vous les aimez et que le peuple, si ami des discordes, voie la charité que chez vous il y a à l'égard de tous.

Je vous recommande par-dessus toutes choses de vous faire aimer de tous, à quoi servira que l'on observe que chacun de vous est très humble et qu'il règne entre vous une grande charité. Cela je vous le recommande de toutes mes forces. » (Cros, I, 449.)

Aux Pères de Goa, il laisse cette instruction.

« Avec les Révérends Pères et Frères de saint François et de saint Dominique, vous serez, ceux de ce collège, toujours amis; et gardez-vous de discussions, surtout en chaire; ne vous permettez ni parole ni acte d'où le peuple pût tirer sujet de se scandaliser, de se malédifier. Qu'ils parlent, eux, selon l'inspiration de leurs charités ; vous autres mettez votre devoir à vous taire et à prévenir tout scandale du peuple... Eux et vous ne prétendez qu'une même chose : glorifier Dieu et faire du fruit dans les âmes ; agissez donc de telle sorte qu'à votre occasion ni Dieu ne soit offensé, ni les âmes scandalisées. Visitez ces Pères, de temps en temps, et n'omettez rien pour accroître entre vous la charité. » (Cros, II, 265.)

Dans sa lettre au Père Gaspard Barzée, mai 1552, il revient sur ce sujet et va au-devant des difficultés qu'on pourrait lui opposer.

« Avec les Pères et les Frères, humiliez-vous, abaissez-vous toujours ; laissez passer la colère et la passion ; et ceci je l'entends, non pas seulement quand vous êtes coupable, mais plutôt quand vous n'avez aucun tort et qu'eux sont en faute. Si la raison n'est pas entendue, si elle n'obtient rien, taisez-vous et ne veuillez pas vengeance plus forte. Ayez compassion d'eux quand ils ne font pas ce qu'ils doivent, parce que, tôt ou tard, de Dieu leur viendra le châtiment, et beaucoup plus grand qu'eux et vous ne pensez ; ayez donc pitié d'eux, et priez Dieu pour eux. Ne cherchez pas d'autres vengeances, ni d'ouïe, ni de paroles, ni d'œuvres, car tout cela est périlleux et dommageable, comme procédant de la chair et du sang. Sachez-le avec certitude et n'en doutez pas, Dieu fait beaucoup de grâces et faveurs à ceux qui, persécutés pour son amour, demeurent dans l'ordre à l'égard des persécuteurs. Dieu, si vous supportez patiemment leurs contradictions, aura soin spécial de confondre ceux qui vous persécutent et mettent empêchement à vos pieux ministères, et cela Dieu laissera de le faire, si vous, par ressentiment, œuvres ou paroles, cherchez à vous venger.

» Si par cas (ce que Dieu ne veuille !) il survenait quelques discordes entre vous et des Frères, gardez-vous d'avoir avec eux, ni devant le gouverneur, ni devant des séculiers, aucun entretien où se trahirait la désaffection, car les séculiers en seraient scandalisés... En tout démêlé, recourez au seigneur évêque et tenez-vous-en à son avis et à ses ordres ; suppliez-le seulement de vouloir, par grâce, mettre la paix où l'ennemi sèmerait la discorde.

» Et pour finir, je vous recommande par-dessus tout, vous-même à vous-même, et je vous prie de vous souvenir que vous êtes de la Compagnie de Jésus ; alors vous ferez ce que vous devez faire. » (Ajuda, 25/1, 97 ; Cros, II, 294.)

Ce désir de la paix et de la bonne édification le portait à exiger des Pères une grande déférence à l'égard de toutes les autorités constituées. Cette soumission, il la demandait surtout à l'égard des autorités ecclésiastiques.

« Vous serez toujours très obéissant et grandement au Père Vicaire. En arrivant, vous irez lui baiser la main, et cela les genoux en terre. Vous aurez de lui licence pour prêcher, confesser, enseigner et faire les autres œuvres spirituelles. Pour aucun motif, vous ne romprez avec lui; travaillez fort à être son ami, comme aussi à lui donner les exercices, du moins ceux de la première semaine. » (Cros, I, 432.)

« Vous écrirez de ma part à tous les Pères d'avoir grande obéissance. Il me pèse beaucoup de savoir qu'il y a des discussions entre eux et les vicaires ou les prêtres du pays. Quand ils m'écriront, qu'ils me parlent de la bonne entente qui règne entre vous et ces prêtres. Et pour que mon ordre à cet égard soit plus diligemment exécuté, vous leur direz, dans vos lettres, qu'avant de partir pour la Chine, je vous ai laissé, dans ce collège, le commandement de chasser de la Compagnie ceux qui vont disputant avec les vicaires ou leur causant des ennuis. » (Cros, II, 263.)

François, qui exigeait cette obéissance à l'égard des vicaires épiscopaux, l'exigeait plus grande encore à l'égard de l'évêque : « Songez que je vous recommande et vous commande d'être fort obéissant au seigneur évêque, et vous et tous les autres Pères ; ne lui faites, pour rien, aucune peine; donnez-lui, au contraire, tout le soulagement, toute la satisfaction que vous pouvez, puisque tant il nous aime, et que si grande est l'obligation que nous avons de le servir et de l'aimer. » (Cros, II, 263.)

Avant de partir pour le Japon, François, de Malacca, avait écrit à l'évêque de Goa, mettant en pratique les conseils qu'il donnait aux autres. Fray Jean d'Albuquerque lui-même nous l'apprend dans une de ses lettres. Cette lettre ne permet pas de douter que le saint, durant les dix années de son apostolat dans l'Inde, n'ait entretenu une correspondance suivie avec le pieux prélat. Elle révèle, de plus, la richesse de cœur de cet homme de Dieu et l'affection que Xavier avait su se concilier ainsi qu'à la Compagnie.

« J'ai lu les trois lettres qui me sont arrivées, écrit-il, car il y a tant d'amour et telle union de bonnes œuvres entre moi et les Pères de la Compagnie de Jésus, qu'eux voient mes lettres, et moi les leurs. Ainsi, quand le Père Maître François partit de Malacca pour le Japon, il m'écrivit deux très longues lettres où il me rend minutieusement compte de tout ce qui s'y fait de bien et de mal jusqu'au jour de son embarquement, me priant de faire de même et de l'informer, par le menu, de toutes les choses de la Compagnie.

» J'écris ceci à votre charité, afin qu'elle sache la confiance d'amour et de charité que j'ai en la Compagnie de Jésus, et elle en moi. » (Cros, II, 477.)

Son Gouvernement.

❧

Les dons surnaturels ont fait de Xavier un grand saint, mais sans voiler le moins du monde, en les accentuant au contraire, ceux qu'il avait reçus de sa famille.

Gentilhomme rattaché par sa mère à une antique maison royale, il garda toujours une certaine fierté. Il y a là une force de l'âme qu'il savait admirer chez les autres et qu'il n'avait aucune raison d'anéantir en lui. Humble, il l'était à fond, et d'une humilité qui ne se renfermait pas dans le sanctuaire de l'âme, mais quand il sentait que sa personne n'était pas seule en jeu, qu'il sentait derrière lui l'honneur de son Maître, il relevait la tête et le noble Navarrais se retrouvait dans le saint.

Il possédait, dans tout le sens du mot, l'instinct de l'autorité. Il avait l'art de commander, il le faisait d'un ton péremptoire qui n'admettait ni les gloses ni les vaines excuses. Il savait parler non seulement ferme, mais dur; puis, soudain, le ton changeait, et la lettre qui s'étendait en reproches se terminait en caresses et même en supplications. Avec ses inférieurs comme avec le roi, sa franchise avait quelque chose d'impétueux; elle disait tout net et tout droit ce qu'elle avait à dire. Elle aimait mieux se taire que dire quelque chose à moitié. Mais elle était comme doublée d'une tendresse sans borne. Jean III dut frémir parfois en lisant les rudes avertissements qu'on lui envoyait des Indes, mais cette rudesse même était frémissante d'amour.

Basque, il avait de ses compatriotes l'esprit d'initiative. François ne fut pas un isolé dans sa famille. Le Père Jean de Aspicuelta fonda la mission du Brésil. Le Père Jérôme de Espeleta évangélisa le Mogol, le Père Martin de Azpicuelta organisa des réductions au Mexique; d'autres auraient voulu partir comme lui pour l'apostolat lointain, jusqu'au docteur de Navarre, son oncle, qui, à l'âge de 48 ans, s'offrait à le suivre dans les Indes.

Xavier était prompt dans les décisions. Les projets nouveaux, dès qu'ils lui apparaissaient féconds, s'emparaient vivement de son esprit. Il ne leur donnait pas d'emblée son adhésion, il réfléchissait, il priait surtout et longuement, il attendait la lumière d'en haut. Mais dès qu'il avait senti qu'à l'attrait personnel correspondait l'appel de Dieu, il n'était pas de volonté humaine qui pût l'arrêter.

Cet élan d'enthousiasme réfléchi et surnaturel qui le jetait dans l'action, il le conservait en pleine lutte. Ce n'est pas qu'il n'ait connu les faiblesses de l'homme. Un jour, on dirait qu'il va, par découragement, se sauver en Éthiopie. Les obstacles qui viennent de l'égoïsme des chrétiens le déconcertent, et c'est lui qui le dit, il s'enfuit au Japon pour les éviter. Mais, que le travail le saisisse, il s'absorbe dans sa tâche et ne la laisse que terminée. Il ne craint que Dieu au monde, pourtant il nous a laissé clairement entrevoir qu'à certaines heures de plus grand péril, il a eu peur et la chair a frémi. Inévitables surprises de la nature. La grâce reprend vite le dessus, et c'est là où il a le plus pâti qu'il déclare avoir été le plus heureux. Si heureux de souffrir quelquefois qu'on le voit courir, sauter, jongler avec une pomme comme un enfant.

Avec cela, tout un ensemble de qualités morales et intellectuelles qui font de l'homme d'action l'homme de gouvernement d'une grande souplesse d'âme et d'esprit. (Brou, II, 358.)

Grâces à Dieu, nous avons des documents précieux et instructifs qui nous montrent comment François entendait le gouvernement dans la Compagnie de Jésus.

C'est d'abord la lettre qu'il écrit à saint Ignace, le 14 janvier 1549, et où il lui dit :

« Celui que vous enverriez, mon Père, pour avoir charge, au collège Sainte-Foi de Goa, des écoliers du pays et de ceux de la Compagnie, il faut qu'il ait deux qualités, sans parler des autres requises chez tout homme ayant charge de régir et de commander — la première, beaucoup d'obéissance, afin qu'il se fasse aimer, et des supérieurs ecclésiastiques, et des séculiers qui gouvernent, de sorte qu'ils ne voient en lui aucun orgueil, mais, au contraire, beaucoup d'humilité. Je dis cela, mon Père, parce que dans ce pays et l'autorité ecclésiastique et l'autorité séculière veulent être très obéies. Quand elles observent chez nous cette obéissance, elles font tout ce que nous demandons et elles nous aiment. Si elles observent le contraire, grande est leur malédification.

La deuxième, qu'en traitant avec les gens, il se montre non pas raide, mais affable et doux, usant de tous les procédés possibles pour se faire aimer de ceux en particulier à qui il doit commander, qu'il s'agisse des Indiens ou des ouvriers de la Compagnie présents ou futurs; qu'on ne sente pas en lui tendance à se faire obéir par rigueur ou crainte servile, car s'il veut ainsi être craint, beaucoup sortiront de la Compagnie et peu y entreront, qu'il s'agisse d'Indiens ou d'autres qui ne le sont pas. »

Puis un billet du 23 juin 1549 au Père Simon Rodriguez :

« Vous rendriez grand service à Dieu Notre-Seigneur si vous envoyiez une personne qui eût déjà exercé l'office de supérieur au collège de Coïmbre, ou qui fût capable de l'exercer — une personne dont la conscience ne se troublât pas à l'excès dans une telle charge, bien que, comme vous le savez, l'office de commander soit très dangereux pour ceux qui le remplissent sans être parfaits et de grande perfection — une personne qui sût, avec beaucoup de sens et de prudence, veiller sur les Frères qui sont dans l'Inde, traiter comme il convient avec les Frères de la Compagnie, les soutenir, compatir à leurs peines. Cette personne à envoyer, il est nécessaire que vous l'ayez éprouvée dans les charges. » (Cros, I, 467.)

C'est ensuite le Mémorial que François laisse au Père Paul de Camerino pour l'aider à bien remplir son office de recteur au collège de Goa, enfin et surtout les sages instructions données au Père Gaspard Barzée pour l'exercice de sa charge de provincial dans l'Inde; il se peint lui-même en ces conseils. Déjà, dans les chapitres précédents, nous en avons cité un certain nombre. En voici quelques autres :

« 1° Par-dessus tout, veillez sur vous-même; humiliez-vous intérieurement autant qu'il est en vous; dirigez-vous par les règles de l'humilité que je vous ai données et mettez-les à profit.

» 2° Avec les Pères, tant ceux qui sont au collège que ceux qui sont au dehors, vous agirez avec grande retenue et non avec rigueur, à moins qu'eux n'abusassent de votre modestie et humanité, car alors, pour leur bien seulement et non pas par autre voie d'autorité, vous userez de votre charge en infligeant quelque punition pour la correction des coupables et l'exemple des Frères.

» 3° Votre sollicitude, votre vigilance principale auront pour objet le spirituel et le temporel des Frères et des Pères du collège, ainsi que des écoliers et des orphelins du pays; avant de songer aux affaires des étrangers, occupez-vous de celles des gens de la maison. Après eux seulement, ceux du dehors.

» C'est là ce que je vous commande et recommande fortement, et de la part de Dieu et de la part de notre Père Ignace et de la mienne, parce que je sais combien cela importe. Sachez-le bien, comme il est dans une erreur totale l'homme qui, pour plaire aux hommes, cultive ses dehors et néglige au dedans les intérêts de Dieu et de sa conscience, ainsi errent encore et marchent hors de toute voie ceux qui, ayant charge d'une maison, ont l'œil aux affaires du dehors et ne s'occupent que négligemment de celles dont ils sont chargés.

» Tous les jours donc, vous vous ressouviendrez de cet article.

» 4° Et comme vous ne pouvez, par vous-même, atteindre à tout, vous donnerez à des personnes bien choisies pour cela, charge de faire certaines choses ou d'y veiller, et vous, avec grand soin, vous veillerez sur elles, vous leur demanderez compte de ce qu'elles font; vous examinerez si ce qu'on leur a recommandé s'exécute; vous corrigerez leurs fautes; en un mot, ici, vous exercerez l'office de surintendant, mais n'y soyez pas négligent; dans une surintendance active, tout le bien est enclos; de la négligence à l'exercer, tout le mal procède : c'est pour cela que je vous recommande beaucoup de surintendance.

» 5° Après avoir rempli ces obligations plus personnelles, et sans jamais perdre de vue les intérêts de la Maison, vous aurez soin des intérêts publics, et, visant au bien le plus général, vous vous préoccuperez d'abord des prédications; ce point réglé, vous songerez aux confessions, puis au ministère des réconciliations et autres œuvres pies.

» 6° Prenez efficacement les moyens d'avoir des nouvelles des Frères et du fruit qu'ils font et des nécessités qu'ils souffrent. Ayez pour règle de leur écrire souvent et eux, par suite, feront de même. Pour ceci, savoir est d'écrire souvent aux Frères et d'avoir d'eux fréquentes réponses; mettez-y une telle application que la chose se fasse.

» 7° Quant à l'éducation des enfants du pays et des orphelins, ayez bien l'œil à leurs nécessités spirituelles et puis à leurs nécessités temporelles. Ayez bien soin de les faire se confesser; qu'on les instruise, qu'ils soient vêtus, chaussés, nourris, soignés dans leurs maladies. Veillez beaucoup sur ces enfants.

» 8° Entre les moyens d'aider le prochain, ceux-là sont meilleurs qui sont plus universels, comme prêcher, confesser, enseigner la doctrine chrétienne. Dans ces œuvres de zèle, considérez bien avec qui vous traitez. A la direction des personnes plus en souci des besoins du corps que de ceux de l'âme, employez peu de temps; expédiez vite. »

Le recrutement des sujets pour la Compagnie est une question importante en Europe; elle avait une importance bien plus grande aux Indes, surtout à cette époque. Aussi François insiste-t-il sur ce sujet :

« 1° Si vous receviez quelqu'un pour être de la Compagnie, ou que vous jugiez qu'il pût lui convenir pour y servir Dieu, les épreuves et mortifications auxquelles vous le soumettrez, une fois les exercices achevés, seront : le service des malades de l'hôpital, le service des prisonniers et celui des pauvres de la Miséricorde. Qu'il ne fasse rien d'étrange, rien qui donne au public sujet de risée ou de moquerie ; tout au plus pourra-t-il mendier, pour l'amour de Dieu, à l'intention des pauvres de l'hôpital et des prisonniers. Ces mortifications ou épreuves, vous les adapterez aux qualités diverses des sujets et au degré de leur vertu, de peur qu'au lieu de leur être utile, vous ne les exposiez à périr ou à se décourager jusqu'à ne savoir se mortifier en rien. N'omettez pas qu'ils vous découvrent leurs tentations, car c'est là un grand remède pour ceux qui, n'étant pas encore parfaits, tendent cependant à la perfection. Si vous vous montrez sévère, rigoureux, ils ne vous manifesteront rien.

» 2° Gardez-vous de jamais recevoir des personnes de peu d'habileté, jugement ou raison ; des personnes de peu de vigueur et de ressources, ou celles que vous amènerait le besoin plutôt que la vocation.

» 3° Au sujet des vœux à faire, vous procéderez ainsi : Ne permettez pas qu'aucun vœu soit fait, que l'on ne vous en ait d'abord prévenu.

» 4° Partout où se trouvent des Frères de la Compagnie, écrivez que personne ne reçoive de sujets sans vous en avoir d'abord prévenu et vous avoir écrit les qualités qu'ils ont pour être de la Compagnie. Selon votre réponse d'être admis, on pourra leur donner espérance d'être admis.

» 5° Gardez-vous de jamais recevoir, pour être de la Compagnie, des sujets de peu d'années ni autres que le Père Ignace défend d'admettre, comme ceux qui viennent du lignage des Juifs, et veillez à ne pas recevoir des personnes qui n'auraient pas beaucoup de qualités et vraie aptitude pour les fins de la Compagnie, et cela surtout, quand les sujets n'ont pas étudié. Je vous conjure d'agir ainsi. N'en recevez que peu et seulement le nécessaire pour les offices des collèges et quelques autres, très bien doués, pour remplacer ceux qui tomberaient malades ou pour les envoyer en de nouveaux endroits. Par-dessus tout, je vous recommande d'en recevoir peu et que ce peu soient bons et intelligents.

» 6° Gardez-vous bien, puisque notre Père Ignace le défend si fort, de jamais faire ordonner aucun de ces sujets s'il n'a l'instruction suffisante et une vertu mise à l'épreuve pendant plusieurs années ; ne comptez pas, pour vous dispenser de ce devoir, sur des apparences de vertu extraordinaire, le vrai fond de chacun finit par se montrer. Et à ce propos, ayez l'œil sur l'intérieur des gens, plus que sur le dehors qu'ils étalent; ne faites pas grand cas de leurs gémissements et de leurs soupirs, tout cela c'est le dehors; recherchez s'ils ont une véritable abnégation d'eux-mêmes. Pour les juger, ne considérez pas tant leurs larmes que les victoires qu'ils remportent sur leurs affections désordonnées, et faites plus de cas de la mortification intérieure que de celle du corps; allant par cette voie, vous n'errerez point.

» 7° Ne vous piquez pas de recevoir beaucoup de monde dans la Compagnie; peu d'admis, mais bons. De ceux-là, en effet, la Compagnie a besoin et nous expérimentons que peu, quand ils sont bons, valent et font plus qu'un grand nombre qui ne le sont pas.

» 8° Ne recevez jamais dans la Compagnie de sujets pauvres de dons naturels, sans énergie, de qui on ne peut attendre beaucoup, parce que la Compagnie n'a pas besoin de tels sujets, mais de personnes bien dévouées et de cœur à entreprendre des choses grandes. Ceux que vous recevez, je vous le redis, exercez-les toujours à la véritable abnégation et mortification intérieure de leurs passions, plus qu'en des étrangetés extérieures; et si, pour aider à la mortification intérieure, on juge à propos de les mortifier au dehors, que ce soit en des choses qui édifient, comme servir à l'hôpital, mendier pour les pauvres et autres actes semblables et non pas en des choses dont ceux qui les voient rient et se moquent et qui donnent vanité, vaine gloire à ceux qui les font. »

Une question assez épineuse dans l'administration d'une maison religieuse est celle de la gestion des biens temporels. Xavier aborde aussi ce point délicat et il entre dans des détails qui ne laissent rien à l'imprévu.

« Tous les papiers qui concernent les rentes faites à cette maison par les édits de Son Altesse et confirmation des gouverneurs, vous les réunirez et les garderez en votre pouvoir.

» Avec le procureur de la maison et avec Cosme Anes, qui sont bien au courant de toutes ces affaires, vous traiterez de ce qui touche les intérêts de la maison.

» Tout l'argent sera en votre pouvoir et se distribuera par vos mains. Vous pourvoirez aux besoins de tous ceux de la maison. Vous aiderez aussi dans leurs nécessités les Frères qui vivent hors du collège, car, faute d'être assistés, ils souffrent de dures privations, et de là, préjudice pour un grand nombre d'âmes.

» Par-dessus tout, je vous recommande que les dettes de la maison se paient, car c'est charger sa conscience que de retenir le bien d'autrui quand on le peut rendre, et scandaliser grandement le peuple que de ne point payer ses dettes. Je vous recommande donc une fois encore d'avoir grand soin de payer vos dettes.

» Laissez les bâtisses, parce qu'il y en a assez de faites, jusqu'à ce que les dettes soient payées; après quoi vous pourrez achever de bâtir. Ayez beaucoup plus de soin des édifices spirituels que des matériels; occupez-vous beaucoup de l'avancement spirituel des Frères et des enfants du pays. Il est cependant telles constructions matérielles que l'on ne peut remettre à plus tard; ainsi, il faut terminer les murs de clôture du jardin et d'autres parties de la maison, afin de prévenir les scandales.

» Je crains que plusieurs ne vous importunent pour obtenir aumône sur les rentes de la maison ou exemption de paiement de rentes dues; ils allégueront diverses raisons; d'autres, en grand nombre, au confessionnal ou hors du confessionnal, viendront vous conter moins les misères de leurs âmes que leurs nécessités temporelles. Pour vous tirer de ces embarras, je vous commande, en vertu de l'obéissance, de dire à tous ceux qui viendront à vous avec de telles requêtes, que vous avez à payer de grandes dettes. Les privations que souffrent nos Pères au dehors, l'obligation où vous êtes de les assister, ajoutez les secours à donner à l'hôpital et ailleurs, et enfin que moi, en vertu de l'obéissance, je vous ai défendu d'employer à d'autres choses les rentes du collège, vu qu'elles n'y suffisent pas.

» Il y a beaucoup de Portugais mariés qui demandent de prendre à fief des terres du collège; ce mode de tirer revenu des terres pouvant un jour porter préjudice à la maison, ne faites rien de semblable sans l'avis du procureur et de ses autres amis, afin qu'aucun de ces biens ne se perde.

» Voyez avec beaucoup de diligence, vous aidant d'informations, quelles sommes sont dues à la maison; faites dresser par le procureur compte exact de ce que peuvent devoir encore les anciens fermiers et celui d'à présent, et de ce qui est dû par le roi, et en un registre spécial, notez exactement toutes les créances de la maison.

» Quand l'expérience vous montrera que telles et telles choses sont profitables à la maison, faites-les diligemment.

» Soyez prudent dans le choix de ceux à qui vous confierez les affaires, parce qu'un fidèle administrateur n'est pas facile à trouver; tâchez que ce soit un fils spirituel, ou de vous ou de quelqu'un des Pères de la maison, et qu'il se confesse et communie souvent, ou du moins tous les mois.

» Quant à la maison à louer, tâchez d'avoir pour locataire un homme honorable de cette ville, quelque marchand riche ou du moins fort aisé, et non pas des pauvres, afin d'éviter les procès.

» Payez deux blanchisseurs qui, dans la maison même, aient charge de laver le linge, et cela sans retard, si vous pensez qu'il y a économie à faire ainsi, au lieu de donner le linge à laver à des blanchisseurs du dehors.

» Et de même, ayez un Frère jardinier, car il paraît qu'à faire les choses commes elles se font, par un jardinier gagé et les nègres qu'il emploie, la dépense est grande. Ayez un Frère jardinier et achetez deux esclaves, ils suffiront à tout. Ayez bien soin de ménager les revenus de la maison, et pour cela prenez conseil de personnes entendues, pieuses et amies des intérêts du collège.

» Le recouvrement des rentes ne se fera ni par vous, ni par aucun de la Compagnie, j'entends pour peu qu'il y eût de scandale. Vous trouverez pour cela un ou plusieurs pieux laïques, nos amis, ce seront comme les syndics de la maison. Il sera bon de choisir pour collecteurs des personnes qui se confessent et communient souvent; procurez même qu'elles fassent les exercices de la première semaine et rien ne restera à désirer si, de plus, ce sont personnes riches et d'un bon cœur. De telles gens, en effet, procédant à la levée des rentes, ne vexeront pas les contribuables pauvres, comme d'autres pourraient le faire. Un collecteur, pauvre lui-même, ne donnerait peut-être pas de délais; il emprisonnerait ou mêlerait d'autres vexations à la levée des rentes.

» Vous m'écrirez sur tout cela avec bien des détails.

» Ceux qui vont hors de la maison, comme l'acheteur et les autres, exercez sur eux une grande vigilance. Voyez comment ils vivent, et encore s'ils sont fidèles dans le compte des recettes et des dépenses. Ayez bien l'œil à tout cela, car il faut être bien parfait pour exercer de tels offices avec toute la fidélité requise. »

Ainsi cet apôtre que son zèle poussait incessamment à parcourir tant de contrées pour y porter les lumières de l'évangile, veillait encore avec un soin particulier sur toutes les maisons confiées à sa charge de provincial, au point de s'occuper d'elles jusque dans les plus petits détails. Avant d'entreprendre ses courses, il pourvoyait les différents postes de missionnaires, allait voir ces missionnaires, une fois l'installation faite, les entourait de sa sollicitude fraternelle et s'employait à ce que rien ne leur manquât du nécessaire, au point de vue spirituel et temporel. De tous, il exigeait fréquentes lettres qui lui apprissent par le menu tout ce qui était du service de Dieu; à tous il répondait, donnant à chacun des avis pratiques qui dénotent en notre saint une pondération de jugement, une sagesse, une prudence absolument remarquables.

Comme François pratiquait ce qu'il conseillait et dictait aux autres, on ne doit pas s'étonner si, aux yeux de ses Pères, comme aux yeux des étrangers, il passait pour supérieur idéal ; son arrivée était pour tous une joie et un soulagement ; son départ, une tristesse, un accablement.

Le trésorier du roi Cosme Anes, dans une lettre à son souverain (15 novembre 1544), met en relief l'action qu'exerçait l'autorité de Xavier tant au dedans qu'au dehors : « Parce que Maître Xavier n'est pas ici, il se passe sur la flotte bien des désordres. Les gouverneurs n'ont qu'une chose en tête, faire sentir leur autorité. L'évêque est bon, modeste, trop modeste, pas assez énergique pour le pays. Le vicaire général, Maître Fernandez, passe son temps en chaire à encenser le gouverneur : il s'en trouve bien, paraît-il, il arrive ainsi à faire aboutir ses requêtes dans les affaires des chrétiens. Eux aussi, les Pères auraient besoin d'un supérieur. Ils sont irréprochables, leur vie est toute de vertu, mais ils n'ont pas d'expérience. Ils agissent à contretemps, ils auraient besoin d'un supérieur capable. Ce qu'il nous faut, c'est Maître François. » (Cros, I, 345.)

Il est une chose remarquable et qui frappe tous ceux qui étudient de près cette question de gouvernement, c'est la singulière conformité de vues générales de Xavier avec celles que, à la même époque, mais à l'autre bout du monde, Ignace consignait dans ses constitutions : même prééminence donnée à la vertu d'obéissance, même amour des œuvres humbles, même sévérité dans le choix des sujets, même facilité à congédier quiconque ne paraît pas convenir à la Compagnie. D'un saint à l'autre, il y avait une sorte d'harmonie préétablie, et les historiens qui l'ont signalée n'ont pas eu tort d'y voir l'action de Dieu. » (Brou, II, 303.)

« Un protestant lui-même, H. Bœmer, ne peut s'empêcher de constater et d'admirer l'esprit de gouvernement en notre saint : « Il était étonnamment prompt à se sentir à l'aise dans le milieu le plus étrange et à se familiariser, non seulement avec les langues, mais aussi avec les mœurs et les conditions d'existence de l'Extrême-Orient. Il sut très vite se mouvoir avec autant d'aisance parmi les Hindous, les Malais, les Japonais et les Chinois, que parmi les Espagnols et les Portugais. A cette fraîcheur, cette vivacité, cette énergie de la sensibilité et de la volonté, se joignait chez lui un sens pratique peu commun. Les instructions données à ses collaborateurs surprennent par leur largeur, leur bon sens et leur prudence, et ses tentatives pour constituer les communautés de convertis, par exemple, témoignent d'un talent d'organisateur tel qu'on n'en connaît peu de comparable, même dans l'histoire des missions si riches pourtant en talents de cet ordre.

» Toutes ces qualités faisaient qu'on l'admirait, qu'on l'aimait malgré soi, qu'on s'éprenait de lui, qu'on était édifié par sa seule présence. » (Bœmer, *Les Jésuites*; Mon., 141.)

Son Zèle. L'Apôtre.

Le nom de François Xavier éveille comme l'idée de la personnification du zèle. Les quelques pages qui vont suivre nous montreront suffisamment quelle flamme ardente dévorait cette âme apostolique.

En partant pour les Indes, Xavier, instruit sur la déplorable situation religieuse qu'il allait rencontrer, comprit qu'il devait d'abord se préoccuper de ramener les Européens à la pratique de la religion ; leur exemple deviendrait une prédication efficace auprès des infidèles. Il eut recours pour cela aux moyens qui sont à la disposition de tout prêtre de bonne volonté.

PREMIER MOYEN : *La prédication.*

Les contemporains ne nous ont rien gardé des sermons de l'apôtre, mais ils nous ont laissé les conseils donnés par ce grand maître sur ce grave sujet, conseils, pour la plupart, encore pleins d'actualité :

1° Cherchez beaucoup l'humilité au sujet des prédications, attribuant d'abord et très parfaitement tout le bien à Dieu ;

2° Vous aurez devant les yeux le peuple, considérant comme Dieu donne au peuple dévotion pour ouïr la parole, et comment, par égard pour cette dévotion du peuple, il vous donne la grâce de bien prêcher, et au peuple la grâce de bien écouter ;

3° Travaillez à beaucoup aimer le peuple, considérant l'obligation que vous lui devez, puisque, par son entremise, Dieu vous donne la grâce de bien prêcher ;

4° Considérez aussi comment ce bien vous vient par les prières et les mérites de ceux de la Compagnie, lesquels, avec beaucoup de charité, d'amour et d'humilité, demandent à Dieu grâces et dons pour ceux de la Compagnie, et cela pour la plus grande gloire de Dieu et le salut des âmes ;

5° Songez continuellement comme vous devez vous humilier toujours, car ce que vous prêchez n'est pas du tout vôtre, mais don libéral de Dieu ; usez de cette grâce avec crainte et amour, comme sachant que vous en rendrez à Dieu Notre-Seigneur un compte rigoureux. Gardez-vous de vous rien attribuer, si ce n'est beaucoup de fautes, de péchés, de vanité, de négligences, d'ingratitudes à l'égard de Dieu, et à l'égard du peuple, et à l'égard de ceux de la Compagnie, en considération desquels Dieu vous donne cette grâce ;

6° Demandez à Dieu, avec grande force, qu'il vous donne de sentir, dans l'intime de l'âme, les empêchements venant de vous, à cause desquels il laisse de vous faire de plus grándes faveurs et de se servir de vous en grandes choses ;

7° Humiliez-vous beaucoup devant Dieu qui voit le cœur des hommes ; gardez-vous fort et grandement de donner scandale au peuple, ni dans la prédication, ni dans les entretiens, ni dans d'autres œuvres... Si vous persévérez dans ce saint exercice d'humilité, vous irez grandissant par la seule miséricorde de Dieu et vous amasserez force biens spirituels : le meilleur sera la connaissance intime de vos péchés... Si vous faites le contraire, j'ai peur que vous ne vous perdiez, comme vous en avez vu beaucoup d'autres se perdre, faute d'humilité ; prenez garde que vous ne soyez un jour de ceux-là ;

8° Ne perdez pas de vue, un moment, qu'il y a, dans l'enfer, beaucoup de prédicateurs qui eurent, plus que vous, grâce de bien prêcher ; qui, par leurs prédications, firent plus de fruit que vous n'en faites ; ils furent même instrument de conversion d'un grand nombre ; ce qui épouvante davantage, à cause d'eux, par leur moyen, un grand nombre sont allés au ciel, et eux, les misérables, dans l'enfer ! Ils s'attribuèrent ce qui est de Dieu ; ils voulurent plaire au monde, et leur vanité, leur orgueil allèrent toujours croissant.

A chacun donc de veiller sur soi, et vraiment, si nous y regardons de près, nous n'avons rien de quoi nous puissions tirer vanité, à moins que nous le tirions de nos péchés, qui seuls sont nos œuvres ; car les œuvres bonnes, Dieu les fait par nous, afin de manifester sa bonté à d'autres, et pour nous donner en même temps sujet de nous confondre, en considérant quels vils instruments il y emploie ;

9° Gardez-vous de mépriser les Frères de la Compagnie, jugeant en vous-même que vous faites plus qu'eux et que même eux ne font rien. Tenez, au contraire, pour certain qu'à cause des Frères qui le servent en d'humbles et bas offices, et en considération de leurs mérites, Dieu vous accorde plus de grâces et vous donne celle de bien remplir votre ministère, de sorte que vous leur devez plus qu'ils ne vous doivent. Ayez cette persuasion intime ; elle vous sera d'un grand secours pour ne jamais mépriser les Frères, pour les aimer, au contraire, et vous humilier toujours. (Ajuda, 21/1, 89 ; Cros, II, 279.)

Pour ceux des Pères qui étaient dans les forteresses, il ajoute :

1° Que vos prédications soient aussi continues que possible, parce que c'est là un de ces ministères essentiels d'où résulte le plus de fruit, et pour le service de Dieu et pour le salut des âmes. Prenez garde de ne jamais faire de prédications sur des questions douteuses, des thèses controversées entre docteurs, ne parlez que de choses fort claires et de doctrine morale ; attaquez les vices ; plaignez-vous des offenses qu'on fait à Dieu ; gémissez de la condamnation des pécheurs aux peines éternelles ; parlez de la mort subite qui emporte les hommes alors qu'ils y pensent le moins et très au dépourvu. A propos de tel ou tel point, introduisez comme des colloques pathétiques entre le pécheur et Dieu ou faites entendre les menaces de Dieu contre le pécheur ; travaillez de toutes vos forces à remuer les passions dans l'âme de l'auditeur, à lui inspirer la contrition, la douleur, à lui tirer des larmes ; enfin exhortez-le à se confesser et à recevoir le Saint Sacrement ; ainsi faisant vous précherez avec fruit ;

2° Je vous recommande particulièrement de ne jamais reprendre dans vos prédications quelqu'un qui, dans le pays, aurait autorité : de telles répréhensions, faites-les-leur en particulier, dans leur maison ou au confessionnal ;

3° Vous vous occuperez de la conversion des infidèles quand vous en aurez le temps. Souvenez-vous par-dessus tout *de ne jamais laisser un bien universel pour un bien particulier* : ne laissez jamais la chaire pour le confessionnal ;

4° Dans vos prédications ou entretiens pour ramener à Dieu des séculiers que l'injustice ou la corruption des mœurs retiennent enchaînés, il faut d'abord éveiller en eux le sentiment de la crainte, et commencer par le sentiment de la crainte des châtiments temporels qui atteignent la fortune et le corps, parce qu'après une longue habitude du péché, leur foi est si diminuée que l'appréhension de ces maux est la seule qui les touche ;

5° Dans vos prédications, vous alléguerez le moins possible des autorités. Parlez des choses intimes qui se passent dans l'âme des pécheurs, tandis qu'ils vivent mal ; parlez de la fin qui les attend et des tromperies de l'ennemi, dites des choses que le peuple entende, et non pas des choses où il ne comprend rien. Si vous voulez faire beaucoup de bien, liez amitié avec les pécheurs et amenez-les à s'ouvrir à vous ; là sont les livres vivants que vous devez étudier et pour bien prêcher et pour la consolation de votre âme ;

6° En chaire, parlez religieusement et pour tous. Tenez à détromper les âmes des illusions où elles vivent. Contre ceux qui ne veulent pas s'amender, parlez de la justice de Dieu ; parlez de sa miséricorde à ceux qui veulent quitter le péché. Vous devez donc être rigoureux dans vos sorties contre les pécheurs endurcis ; mais pour ne pas les jeter dans le désespoir, vous parlerez aussi de la miséricorde. (Cros, II ; 245, I, 432.)

Dans ces conseils on a comme le faire de saint François, car il pratiquait éminemment ce qu'il conseillait aux autres.

Xavier était prodigue de la parole de Dieu, très souvent il prêchait jusqu'à quatre et cinq fois par jour ; le peuple ne se lassait pas de l'entendre. Dans une lettre au Père Martin de Sainte-Croix, au Bienheureux Lefèvre, 22 octobre 1545, on trouve quelques lignes qui en disent long sur l'enthousiasme qu'excitait parmi le peuple la prédication de l'apôtre. « En rase campagne, écrit-il, deux, trois, quatre, six mille âmes le suivent, et c'est du haut d'un arbre qu'il évangélise cette multitude. » (Cros, I, 235.)

N'est ce pas la reproduction de ce que nous lisons dans le saint Évangile, quand le peuple suivait le Maître jusque dans le désert ? Le Maître avait communiqué à son disciple quelque chose de cette éloquence qui captive les masses, et ce don de toucher les cœurs.

Deuxième moyen : *La conversation.*

Quel que soit le zèle du prêtre à répandre la parole divine du haut de la chaire, pour de multiples raisons, bien des âmes se soustrairont à son influence ; il lui reste un moyen d'atteindre ces âmes, c'est la conversation ou les entretiens particuliers.

De l'aveu de tous les contemporains, Xavier excellait dans ce genre de ministère, et nulle classe de la société échappait à l'ascendant merveilleux qu'il exerçait autour de lui par ses paroles, par ses manières, par cet ensemble de qualités délicates requises pour réussir en cette sorte d'apostolat.

A Bologne, il s'attache le chanoine Jérôme Casalini ; durant le voyage, il se fait un ami de l'ambassadeur Pedro de Mascarenhas ; à Lisbonne, il se concilie les bonnes grâces de Jean III et de tous les courtisans ; aux Indes, gouverneurs, administrateurs, prêtres, religieux, soldats, marchands, ouvriers, tous subissent le charme de sa personne et de ses entretiens.

Souvent, au premier aspect, des âmes étaient subjuguées et conquises. C'est ainsi que sans le savoir, il gagna à la Compagnie un prêtre espagnol, que son humeur inquiète et voyageuse entraînait sur toutes les plages. Il arriva ainsi à Amboine : « Là, écrit-il à saint Ignace, je rencontrai le Père Maître François. Sa première vue m'impressionna tellement que, sur-le-champ, je pris la résolution de m'attacher à lui. » Xavier le reçut dans la Compagnie; son nom est inscrit aux premières pages de l'histoire du Japon après celui de François. (Sel. Ind. Ep., p. 82; Brou, I, 390.)

L'apôtre s'est peint lui-même dans les conseils qu'il donne à ses Frères :

« Avec tous, dans les entretiens, ayez bon et gai visage; rien de fâché, rien de triste, car si l'on vous voit fâché et triste, beaucoup, par crainte, laisseront de mettre à profit votre ministère. Si vous reprenez, que ce soit en particulier, avec amour et bonne grâce, sans que celui à qui vous parlez puisse avoir l'idée qu'il vous déplaît. » (Cros, I, 434.)

« Il liait bonne amitié avec tout le monde, dit le Père Valignano; ses conversations étaient joyeuses; il allait trouver les gens au jeu, montrant qu'il y prenait intérêt. Lorsque, par déférence pour lui, ils voulaient cesser, il les conviait aimablement à continuer, leur disant que soldats ils ne devaient pas vivre comme des moines. Dès lors que Dieu n'était pas offensé, mieux valait s'amuser et jouer que blasphémer et commettre d'autres fautes.

» Dans les visites à domicile, il se montrait content de tous, si familier avec eux qu'il se faisait soldat avec les soldats, marchand avec les marchands; à tous, il montrait le même amour. » (Val., p. 68.)

C'était la mise en pratique du conseil que saint Ignace donnait familièrement à ses Frères : « Dans vos rapports avec les personnes du dehors, entrez par leur porte, faites-les sortir par la vôtre. » Nul ne s'éloignait, après un entretien avec Xavier, sans se sentir meilleur ou, du moins, moins mauvais.

Cet amour du peuple pour son apôtre donnait lieu parfois à des scènes attendrissantes, quand celui-ci s'embarquait pour de nouvelles terres.

« J'aurais voulu, écrit-il à propos d'un de ces départs, éviter les pleurs et les lamentations de mes amis, hommes et femmes. Je m'embarquai donc au milieu de la nuit. Vaine précaution, je ne pus échapper aux adieux.

» Une foule immense était sur le port, et quand il fallut se quitter, un grand gémissement s'éleva. Tous eussent voulu recevoir le baiser de l'Apôtre. Lui les embrassait, les consolait, les encourageait. Les esclaves et les enfants pleuraient tout haut. » (Val., p. 78-80.)

Pareille scène se reproduisit au départ du Japon.

Depuis neuf mois, on était sans nouvelle, à Malacca, du *Santo Padre*, que l'on croyait mort au Japon quand, le 2 avril, un vaisseau apporta la nouvelle de son prochain retour. Il y eut une explosion de joie : « Aussitôt, raconte le Père Pérez, le seigneur capitaine me fit appeler, je disais ma messe à la Miséricorde. La messe terminée, je me rendis à la grande église. Don Pedro da Sylva était là, quasi fou de joie. « Il serait bon, me dit-il, de faire une procession d'actions de grâces. » J'en parlai au Père Vicaire, don Vincent Viegas, qui approuva pleinement. Il n'était pas moins joyeux que le capitaine ; bientôt tout le peuple en procession se rendit à Notre-Dame-du-Mont, où le Père Vicaire chanta la messe d'actions de grâces pour Dieu Notre-Seigneur et la Vierge Marie, sa Mère. » (Cros., II, 70 ; Brou, II, 162.)

Heureux le prêtre qui, sans déroger à aucune obligation de son ministère, sait ainsi se concilier l'estime et l'affection de tous ceux qu'il évangélise ! Il y a là grand profit pour la gloire de Dieu et le salut des âmes.

Troisième moyen : *La confession.*

Pour le prêtre, la confession est l'aboutissant de la prédication et de la conversation : « Notre but, écrivait Xavier à ses Frères, doit être d'amener les pécheurs à la confession et à la communion. » Pour ce genre de ministère, il avait reçu une grâce spéciale, et c'est au confessionnal peut-être qu'il a fait le bien le plus solide dans les âmes. Aussi il ne calculait pas avec le temps qu'il lui fallait y passer : les jours et une partie des nuits ne suffisaient pas pour donner satisfaction aux pénitents qui recouraient à lui. « Telle est leur multitude, écrivait-il, que même si j'étais en divers lieux à la fois, je ne pourrais suffire à la besogne ; malgré mon assiduité, beaucoup qui ne peuvent m'atteindre se retirent mécontents. »

Quand Xavier était là, les autres confesseurs devaient se résigner à voir le vide se faire autour d'eux ; on voulait recevoir l'absolution du *Santo Padre*. Mais aussi quelle bonté, quelle douceur, quelle condescendance, quelle patience dans ce bon Pasteur occupé à ramener la brebis au bercail et à panser ses plaies !

Un trait entre mille nous donnera jour sur la façon d'agir si apostolique de Xavier. Nous citons le récit naïf du Père du Jarric.

« Le pilote du navire sur lequel il s'embarqua en quittant Cochin était un homme fort débordé de mœurs, et là même avait les principales occasions de son malheur. Le Père s'apercevait de la vie de cet homme, tâchait de l'accoster, et allait souvent au timon du navire où il se tenait pour deviser avec luy des choses de son art, laissant toujours aller quelque parole qui lui touchait au cœur sans toutes fois en faire semblant, et se gardant bien de venir aux matières qui le pouvaient ennuyer. Le pilote voyant la grande douceur et débonnaireté du Père commence à se découvrir à luy et luy dit qu'il était un grand pécheur et voudrait bien se réconcilier avec Dieu par le moyen d'une bonne confession s'il lui plaisait l'entendre si tost qu'ils seraient arrivés au port. Le Père lui répond qu'il en est bien content, cependant l'entretient dans de bons et saints propos.

» Or, comme ils eurent abordé, le pilote semblait ne se souvenir plus de ce qu'il avait promis, remettant sa confession de jour à autre et fuyant tant qu'il pouvait la présence du Père. Mais un jour, comme il se promenait le long du bord de la mer, ils se sont rencontrés tous deux par cas fortuit, ou plus tost par Providence divine. Le pilote voyant qu'il ne se pouvait plus cacher ni fuyr le Père qui déjà l'avait apperçu, luy dit comme par jeu : « Eh bien, mon Père, quand me voulez-vous ouïr en confession ? » Le Père, avec une face riante, lui répond en ces termes : « Jésus, mon bon amy, quand je veux vous ouïr ? Tout maintenant, si vous voulez, et icy même, s'il vous semble, nous promenant tous deux sur cette rive. » Et soudain qu'il ait dit cela, se met à faire le signe de la Croix pour commencer la confession : le pilote, faisant de nécessité vertu, poursuit, disant le *Confiteor,* bien qu'au commencement il se trouva tout troublé et comme un homme prins au pied levé qui ne sçait bonnement ce qu'il fait : toutefois, ayant avancé quelques pas, il revint à soy, et tout changé en son âme print courage, de façon que ce qu'il avait commencé par contrainte, il le continue avec bonne volonté et dévotion.

» Le Père connaissant cela, le mène en une petite chapelle qui estait là bien près du village... Estans là tous les deux seuls, le Père, qui d'autrefois l'avait ouy plaindre que les genoux lui faisaient mal, lui agence une natte qu'il trouve là et le fait asseoir dessus, ne prétendant pour lors autre chose, sinon qu'il eut douleur et contrition de ses péchés : de là à peu, il conceust si grande qu'il ne pouvait poürsuivre sa confession pour l'abondance de larmes et de sanglots qu'il tirait du plus profond de son cœur. S'estant donc jetté à deux genoux sur terre, il battait rudement sa poitrine et demandait pardon à Dieu de tant de péchés qu'il avait commis.

» Mais désirant faire une confession générale de toute sa vie, il pria le Père de lui donner quelques jours de terme pour s'y préparer, durant lesquels il fit plusieurs actes de pénitence et satisfaction, et entre autres osta d'auprès de soy les occasions qui le faisaient trébucher, et de là, en avant, s'adonna de telle sorte à la vertu et nommément à la fréquentation des sacrements de la confession et communion, qu'arrivant à la fin de ses jours, bien muny d'iceux et du divin secours, il partit de ce monde bien consolé pour avoir mené une vie exemplaire après ce changement, lequel il attribuait après Dieu à la douceur de laquelle le Père Xavier avait usé en son endroit, s'accommodant à son infirmité. » (Brou, I, 335.)

QUATRIÈME MOYEN : *La correspondance.*

Il est un autre genre d'apostolat, moins apparent, mais non moins fécond qu'exerça François Xavier, peut-être à son insu, ce fut celui de la correspondance.

Il nous donne à entendre comment il faisait ses lettres ; assez souvent « une foule d'amis, écrit-il, viennent à chaque instant m'interrompre et je rédige cette lettre, bousculé, sans pouvoir mettre les choses en ordre, à bâtons rompus ». (Mon., I, 696.)

Sa correspondance, fait remarquer le Père Brou, montre une âme préoccupée de toute autre chose que du beau langage. Les amateurs de composition savante ne trouveront là que des phrases souvent embrouillées, à peines correctes, écrites au courant de la plume par un homme dont tous les moments sont dus au prochain. Mais tout cela est vivant, haletant. Il ne cherche qu'une chose, soulager son cœur, dire à ses Frères combien il les aime, les appeler au secours, leur communiquer un peu du feu divin qui le dévore et vivre en communauté d'idées et de mérite avec ceux qui combattent sous d'autres plages. En Europe, on attendra ces lettres avec impatience, car, sans parler des détails intéressants sur les lointains pays, elles arrivent toujours chaudes de l'amour de Dieu et du prochain, toujours tendres et expressives.

Aussi, quel bien elles opéraient partout où elles étaient lues. Le Père Simon Rodriguez écrit au Père Lefebvre, le 22 octobre 1545 : « Nous venons de recevoir des lettres de Maître François : nous en sommes tous remués, et pour transplanter dans l'Inde le collège de Coïmbre, il ne faudrait pas grand effort... Voici une copie de la dernière de ces lettres. Je vous prie d'en expédier une à Rome, une autre à Valence et la troisième à mon frère, à Tolède ; tous s'en édifieront grandement... Le roi a fait annoncer par les églises la nouvelle de la conversion des infidèles dans l'Inde. Le roi me demande douze sujets pour les envoyer dans l'Inde, cette année. » (Ep. mist., I, 230.)

Comme l'insinue le Père Simon, il se fit aussitôt des copies des lettres du Père François pour les maisons de la Compagnie, pour les amis, pour les bienfaiteurs. On les lisait à la cour de Portugal. Jean III voulait faire partager son édification à ses voisins, les princes espagnols. La grande lettre de Maître François fut lue du haut des chaires : « Les auditeurs, nous dit-on, voyant chez le missionnaire tant d'ardeur apostolique, rougissaient de leur vie tiède et coupable. Le Père Araoz écrivait à Rome que Xavier ne faisait pas moins de bien en Espagne et en Portugal par sa lettre qu'aux Indes par sa prédication. Le duc de Gandie, François de Borgia, communiquait au Père Jacques Miron son admiration pour tant de merveilles. Grâce à ces lettres, la Compagnie était connue, appréciée dans la péninsule, et le bienheureux Lefèvre, témoin de ce mouvement, disait à saint Ignace : « On nous connaît maintenant dans toute l'Espagne. Là où personne n'avait entendu parler de nous, ou bien où l'on ne nous jugeait que d'après des calomnies venues de Rome, aujourd'hui, grâce à Dieu, il n'y a pas d'endroit, palais ou prison, cour ou hôpital, il n'y a pas de personne, riche ou pauvre, noble ou non, savante ou ignorante, femme ou enfant, qui ne sache qui nous sommes, ce qu'est notre manière de vivre et l'objet de notre Institut. » (Bœro-Vita P. Fabr., 178; Orlandini, L. V, nᵒˢ 6, 65.)

Les auteurs citent un détail intéressant au sujet de l'Université de Paris et des lettres de saint François Xavier.

En ces temps-là, quelques Pères habitaient Paris, au collège des Lombards. La grande lettre de 1544 parvint jusqu'à eux. Peu après, elle était traduite en français avec deux autres lettres et publiée. Or, l'*imprimatur* fut donné par Jacques Corea, celui-là même qui, dans son collège de Sainte-Barbe, avait assisté à la naissance de la Compagnie et à l'initiative duquel Xavier, l'ancien Barbiste, devait d'être aux Indes !

Tout porte à croire que les lettres ardentes de Xavier produisirent les plus heureux effets apostoliques au milieu de cette jeunesse de l'Université. Le Père Paschase Broet, un peu plus tard, écrira de Paris que les amis de la Compagnie étaient friands des lettres venues des Indes. (Epist., 76; Brou, II, 237.)

Ce qui est certain, c'est que bon nombre de jeunes gens, après la lecture de ces lettres, se déterminèrent à entrer dans la Compagnie.

François Xavier a toujours été extraordinairement occupé, le temps de son apostolat a été relativement court, la plus grande partie de sa vie s'est passée en voyages des plus pénibles ; dès lors, on se demande avec étonnement comment il a pu écrire des lettres si nombreuses et si longues. La réponse à cette question est dans son amour pour ses Frères et dans un zèle inlassable pour tout ce qui concernait le service de Dieu et le salut des âmes.

De tels exemples sont utiles pour confondre la négligence ou la paresse, pour encourager et fortifier la bonne volonté.

Cinquième moyen : Le recrutement sacerdotal.

Dès que Xavier se vit chargé de porter l'Évangile aux Indes, il eut à cœur de s'assurer des coopérateurs non pour diminuer la part de travail, mais pour donner à ce travail plus d'intensité et de perpétuité. Il écrit de Lisbonne, 13 juillet 1540 :

« Ici, nous sommes activement à la recherche de quelques prêtres qui voulussent, pour le seul service de Dieu et le salut des âmes, aller aux Indes avec nous ; il nous semble que nous ne pourrions mieux servir Notre-Seigneur qu'en poursuivant cette recherche de compagnons. Que nous soyons une douzaine de prêtres, tous d'un même esprit, d'une même volonté, et nous ne pourrons manquer de faire beaucoup de bien. » (Cros, I, 169.)

Quand, dans les Indes, il vit le mouvement inespéré de conversion qui s'opérait, la bonne volonté du peuple et l'impossibilité d'y satisfaire, son zèle à attirer des collaborateurs s'accrut dans la proportion des besoins spirituels qu'il constatait. Aussi, dans ses lettres, il se fait le solliciteur infatigable de nouveaux missionnaires : recruter des apôtres semble être l'objectif principal qu'il a en vue dans sa correspondance.

Il écrit au Roi Jean III :

« Je vous demande une grâce aujourd'hui, au nom de tous les chrétiens portugais et indiens et au nom des païens même, principalement des Chinois et des Japonais ; cette grâce est que, dans votre zèle admirable pour le culte de Dieu et pour le salut des âmes, vous daigniez nous faire envoyer, cette année, autant de prêtres qu'il sera possible, des prêtres instruits et parfaitement éprouvés dans le collège et au dehors.

» Je vous conjure, au nom de votre charité envers Dieu et envers les hommes, qui sont les images de Dieu, daignez écrire à Rome au Père Ignace, afin qu'il envoie dans les Indes grand nombre de prêtres disposés à souffrir dans le corps et dans l'esprit. » (Mon., I, 956.)

Ces instances étaient surtout fréquentes auprès de son ami, le

Père Simon Rodriguez. Il le savait très influent auprès du Roi, très considéré dans cette province de Portugal qui, déjà, comptait des sujets nombreux et animés d'une grande ferveur ; il lui demandait de ne laisser passer aucune année sans envoyer un renfort de missionnaires.

Il recommande même à ses Frères de Goa de songer sérieusement à cette question du recrutement :

« Je vous en prie instamment, mes Pères, pour le service de Dieu, efforcez-vous d'attirer en notre Compagnie quelques personnes de bonne vie, qui nous puissent aider à enseigner la doctrine chrétienne par toutes les localités de ces îles. Que chacun de vous, du moins, tâche de se gagner un compagnon : si ce n'est pas un prêtre, que ce soit un laïque désireux de tirer vengeance de l'injure que lui ont faite le monde, le démon et la chair en le déshonorant aux yeux de Dieu et de ses saints. » (Cros, I, 332.)

On connaît ces magnifiques exhortations que Xavier voulait envoyer aux Universités de l'Europe : ce sont comme des traits de flamme qui s'élancent du cœur embrasé de l'apôtre :

« Que de fois il me vient à la pensée d'aller aux Universités d'Europe, principalement à l'Université de Paris, en Sorbonne, et là, à grands cris, comme un homme qui a perdu le sens, de dire à des hommes plus riches de science que du désir de se disposer à tirer d'elle bon profit, combien d'âmes, par leur négligence, sont frustrées de la gloire et sont en enfer. Si, tout en étudiant les lettres, ils s'étudiaient aussi à considérer le compte que Dieu leur en demandera, beaucoup d'entre eux, touchés de ces pensées, recourraient à des exercices spirituels faits pour leur donner connaissance de la volonté divine, et ils diraient : « Seigneur, me voici : que voulez-vous que je fasse ? Envoyez-moi où vous voudrez, et si cela vous plaît, même aux Indes. » (Cros, I, 233.)

Dans une autre circonstance, il écrit : « J'avais presque pris la résolution d'écrire à l'Université de Paris, au moins à notre maître de Cornibus et au docteur Picara, qu'il y a des millions et des millions d'infidèles qui se feraient chrétiens si les ouvriers ne manquaient pas, pour qu'ils se missent à découvrir et à favoriser les personnes qui *non quærunt quæ sua sunt, sed quæ Jesu Christi.* »

Cette lettre à l'Université fut-elle jamais écrite ? Un conseiller et auditeur de Navarre, qui pour lors étudiait à Paris, Jean de Rada, affirme l'avoir lue et s'en être procuré une copie. (Brou, I, 232.)

Au milieu de ses immenses travaux au Japon, il poursuit la réalisation de son désir le plus cher : recruter des missionnaires.

« Quand nous aurons été à même de juger du fruit qui se peut opérer dans les âmes au Japon, ce ne sera pas pour nous trop faire que d'écrire à toutes les principales Universités de la chrétienté; nous déchargerons notre conscience et chargerons la leur. Il y a, en effet, dans ces Universités, vertus et doctrine pour remédier à tant de maux et amener tous ces infidèles à la connaissance de leur Créateur, Rédempteur et Sauveur. Nous écrirons à ces docteurs, comme à nos Supérieurs et Pères, désirant qu'ils nous tiennent pour les derniers de leurs fils et nous leur parlerons du fruit qui se ferait ici avec leur aide et faveur afin que, s'ils ne peuvent eux-mêmes venir, ils encouragent ceux qui, pour la gloire de Dieu et le salut des âmes, s'offriraient à partager avec nous des consolations, des joies spirituelles plus grandes et meilleures, sans doute, que celles dont ils jouissent ailleurs.

» Si même la porte s'ouvrait à l'Évangile aussi grande qu'elle parait devoir s'ouvrir, nous ne manquerons pas d'en informer Sa Sainteté, puisqu'il est le Vicaire de Jésus-Christ sur la terre, le Pasteur de ceux qui croient en lui.

» Nous n'omettrons pas non plus d'écrire à tous les dévots et bénis Frayles qui vivent en de saints désirs de glorifier Jésus-Christ dans les âmes qui ne le connaissent pas encore. Quelque nombreux qu'ils viennent, il y a dans ce vaste domaine et dans celui de la Chine, plus grand encore, place et au delà pour contenter les désirs de tous. » (Cros, II, 32.)

On le voit, Xavier est le conquérant qui appelle aux armes et au secours tous les hommes de bonne volonté qui ont à cœur de dilater le royaume de leur Roi Jésus-Christ.

Tout en s'adressant à l'Europe, François n'eut garde de négliger le renfort que pouvait lui fournir le clergé indigène. Dès 1545, le Père Martin de Sainte-Croix nous le montre accompagné de quatre prêtres indigènes qu'il a fait ordonner. Il en place six autres au séminaire de Goa pour être ordonnés à leur tour, et aller évangéliser un pays à 250 lieues de Goa. Dès les premiers jours, il s'était intéressé à la fondation de ce séminaire: « Rien de plus nécessaire, écrivait-il à saint Ignace, et d'une nécessité tous les jours plus grande. J'espère, avec la grâce de Dieu, qu'avant peu d'années, il en sortira des hommes capables de propager la foi en ces contrées. » (Mon., 260.)

Persuadé de l'importance de ce séminaire, il s'en fit l'humble pourvoyeur. Habituellement, dans les pays qu'il évangélisait, il était vite entouré d'enfants que sa bonté attirait. Parmi ces enfants, il cherchait à découvrir ceux en qui d'heureuses qualités pouvaient faire espérer de futurs prêtres. Il prenait alors un soin spécial de ces enfants, se les attachait plus particulièrement et par ses paroles éveillait en eux la pensée et le désir de se dévouer à l'évangélisation de leurs compatriotes. On le voit ainsi, un jour, amener vingt petits Paravers de la côte de la Pêcherie ; un autre jour, vingt petits Moluquois de l'île des Moluques.

C'est un spectacle instructif et édifiant que celui de voir cet Apôtre, au retour de ses longues et fatigantes expéditions, revenir entouré d'un essaim d'enfants dont il espère faire, un jour, des prêtres. Il y a là, pour tous les prêtres, une leçon et un stimulant. Quel travail sérieux et fécond si, dans leurs tournées apostoliques, ils savaient chercher et découvrir des enfants qui perpétueront leur sacerdoce, et combattre ainsi le fléau de la pénurie des prêtres !

SIXIÈME MOYEN : *L'éducation.*

François était attaché au séminaire de Goa parce que dans les enfants qu'on y élevait, il voyait un moyen de recruter des prêtres : à la même époque, il favorisait la fondation de collèges qui n'avaient pas la même raison d'être que le séminaire, mais dont il entrevoyait l'importance au point de vue religieux.

« J'ai été envoyé dans cette ville de Baçaïm, écrit le Père Melchior Muñez, par le Père François. Nous songeons à y établir un collège pour les enfants du pays, parce que je le vois nécessaire, et le Père Maître François était aussi d'avis que le vrai fondement des accroissements de la foi dans ces pays, c'est l'érection de collèges, l'instruction des petits enfants, l'enseignement constant à tous, petits et grands. Sans cela, ils abandonnent la foi aussi facilement qu'ils l'ont reçue : *et novissima fiunt pejora prioribus.* » (Cros, II, 210.)

Dans une lettre à Jean III, le saint développait au long ses idées sur les œuvres d'éducation. Cette lettre est malheureusement perdue. La substance en a peut être passé dans celle qu'il envoyait à Ignace : « En ces régions, lui disait-il, on compte quatorze ou quinze forteresses où vivent les Portugais. On pourrait, si le roi aidait à la fondation, y établir autant de collèges. Partout il faut un prédicateur. Son compagnon confesserait, donnerait les exercices, ferait la classe. Ce serait le commencement de collèges destinés avant tout aux enfants portugais, et ensuite aux indigènes. »

En l'année 1549, la Compagnie compta aux Indes une résidence nouvelle, Ormuz, et l'embryon de trois nouveaux collèges, ce qui, avec Goa, portait à cinq le nombre de ses maisons sur la seule côte occidentale. Pour ce qui est des œuvres d'instruction, l'Inde n'était pas en retard sur l'Europe. Alors que, là-bas, saint Ignace ne se décidait que lentement à accepter pour son ordre l'œuvre extérieure de l'enseignement, ici, François comprenait qu'il était impossible à la Compagnie de se dérober à ce surcroît de ministère. Ces collèges, érigés sous son inspiration ou avec son approbation, lui font grand honneur : ils prouvent avec quelle largeur et quelle profondeur de vue François envisageait cette grave question de l'enseignement. (Brou, II, 177.)

L'attention de Xavier ne s'arrêtait pas au séminaire de Goa ou aux grands collèges, elle se portait encore sur ces petites écoles qu'on pourrait appeler écoles primaires. Il louait vivement les Pères qui avaient le courage de se livrer au dur travail de ces écoles, et il manifestait hautement la joie que lui causaient les résultats obtenus. Après avoir visité la petite école ouverte par le Père Roch de Oliveira et vu les enfants à l'œuvre. il écrit : « Le contentement que ces choses me donnent est incroyable ; priez tous Dieu de les conserver et de les promouvoir pour son saint service. » (Cros, I, 453.)

Son Zèle. Le Missionnaire.

Les Indes. Les Iles Moluques. Le Japon. La Chine.

Le prêtre idéal est le missionnaire, parcè que par amour pour Jésus-Christ et pour les âmes, il sacrifie ce à quoi le cœur humain est le plus attaché, la patrie, la famille, les amis, et cela au profit de peuples éloignés, inconnus, dont il ignore la langue, les mœurs et coutumes, dont il ne recevra souvent qu'ingratitude, et parmi lesquels il ne trouvera peut-être comme couronnement d'une vie de dévouement que le martyre. L'histoire des missions renferme des pages merveilleuses; les plus belles ont été écrites par François Xavier; voilà pourquoi l'Église le propose comme le modèle des missionnaires.

Nous l'avons vu, François, peu après sa conversion, entendit des appels secrets aux missions. Ce sujet lui tenait au cœur, il aimait à en parler à ses amis. La nuit, plus d'une fois, il lui sembla qu'il portait sur ses épaules quelque Indien qui réclamait ses bons offices. Ces pressentiments inspirés d'en haut se réalisèrent avec une rapidité imprévoyable. Ignace avait promis deux Pères au roi de Portugal, Paul de Camerino et Bobadilla; à la dernière heure, Bobadilla, malade, ne put partir.

« Tout à coup, raconte Ribadeneira, Ignace, qui était lui-même malade et alité, appela le Père Maître François Xavier, et lui dit : « Maître François, vous savez comme par ordre de Sa Sainteté deux des nôtres devaient aller dans l'Inde, et que nous avions choisi pour cette mission Maître Bobadilla; l'infirmité l'empêche de partir. L'ambassadeur ne peut attendre qu'il guérisse : voilà qui est pour vous. » Aussitôt le béni Père, avec grande allégresse et promptitude, répondit : « Eh bien ! En avant ! Me voici ! ».

C'est avec cette simplicité, sans gestes superflus, sans ombre de mise en scène, que fut décidé, proposé, accepté le départ de Xavier pour l'Orient. On était au 14 mars, l'ambassadeur partait le 15. Notre saint n'eut donc devant lui qu'une journée pour régler ses affaires, saluer ses amis, embrasser des confrères qu'il ne devait plus revoir et demander au pape sa bénédiction.

Les préparatifs matériels furent des plus sommaires. Il raccommoda certains vieux caleçons et je ne sais quelle sotanilla. Pour tout bagage, ses vêtements et son bréviaire. Quant à l'air de son visage, il montrait bien que Dieu l'appelait là où nous l'avons vu aller. L'apôtre partit le 16 mars 1540. (Rib., d. 381.)

Nous avons dit ce qu'avait été son séjour à Lisbonne, à Mozambique, à Goa. Mais le pape et le roi de Portugal ne l'envoyaient pas aux Indes pour se renfermer dans l'apostolat des Européens : sa vocation providentielle était d'ouvrir toutes grandes les portes de l'Orient aux missionnaires, d'élargir certaines routes déjà connues, d'en frayer d'absolument nouvelles, par lesquelles, pendant plusieurs siècles, se précipiteront des foules d'ouvriers apostoliques et des martyrs.

Notre but n'est pas de suivre notre missionnaire à travers tous les pays qu'il a évangélisés. Il nous suffit de donner une idée générale de son apostolat qui nous amène à découvrir quel zèle ardent dévorait son cœur.

Les premiers infidèles qu'évangélisa Xavier furent les Paravers. De Goa à Tuticorin, le voyage était d'un millier de kilomètres au moins. Trente fois en dix ans, dans un sens ou dans un autre, l'apôtre longea cette côte. Après quelques escales fort courtes en quelques ports, il arriva enfin au cap Comorin : il descendit et allant à pied, de village en village, il arriva à Tuticorin. Les Paravers, pêcheurs de perles, formaient une caste laborieuse ; ils se montrèrent dociles à la parole de François. « J'ai baptisé tous les enfants qui ne l'étaient pas, écrit-il à saint Ignace. Ceux qui étaient plus grands ne me laissaient le temps ni de dire mon office, ni de dormir. Il fallait leur apprendre quelque prière. A de si saintes importunités, je n'aurais pu me soustraire qu'impie. »

Du 28 octobre 1542 au 15 janvier 1544, quatorze mois se passent sans qu'on ait de lui aucune lettre. Durant ce temps, il va du Nord au Sud, du Sud au Nord, du cap Comorin au pont d'Adam sur un espace de 200 kilomètres. Il allait de bourgade en bourgade, toujours à pied, sous un soleil de feu, sur une terre embrasée. Aux journées ou aux nuits de marche succédaient les journées de labeur. Dès le matin, ses heures et sa messe dites, le saint allait par les villages, accompagné d'un enfant la croix à la main. Souvent lui-même allait, agitant sa clochette, groupant les auditeurs, prêchant, baptisant, bénissant et présidant les sépultures.

La soirée se passait à donner audience aux visiteurs, à répondre aux difficultés, à trancher les différends. Puis, quand le soir allait tomber, que les gens rentraient au village, il se rendait là où il comptait trouver le plus d'hommes réunis et prêchait l'Évangile à tous.

Il dormait souvent en plein air ou dans quelque hutte en terre à moitié diluée par les pluies, dans quelque taudis étouffant, sans fenêtres, envahi par les fourmis blanches, les insectes venimeux, les serpents et les rats. Un de ses compagnons affirme que c'était beaucoup quand ses grandes fatigues continues et son travail lui permettaient deux ou trois heures de sommeil. Il mendiait le peu de nourriture qu'il prenait, et à la pêcherie il n'y avait ni pain, ni viande, ni œufs, ni vin; l'eau était puisée souvent à l'étang où se lavaient hommes et bêtes; il ne faisait qu'un repas par jour. (Brou, I, 400.)

Le grand obstacle que François rencontra à son apostolat à la côte de la Pêcherie et dans toute l'Inde et contre lequel ses efforts échouèrent en partie lui vint des Brahmes. Irrités par les conversions qu'il opérait, ils attentèrent plusieurs fois à sa vie. Une nuit, averti par un chrétien, il n'eut que le temps de grimper sur un arbre pour échapper aux recherches de ses ennemis.

Les voyages sur terre étaient fatigants, ceux sur mer ne l'étaient pas moins, et l'on peut dire qu'une partie notable de son temps s'est passée sur le pont des navires ou au fond des barques indigènes. Il est difficile de s'imaginer ce qu'il eut à souffrir durant ces incessantes allées et venues, sous le soleil tropical ou sous les pluies, dans ces vaisseaux encombrés de ballots, de gens et de bêtes, dans ces nacelles indiennes sans pont ni abri. Mais ce n'était rien pour lui, dès qu'il y avait des âmes à convertir et un coin pour prier Dieu.

Emporté par son zèle, après avoir évangélisé les Indes, il résolut d'aller porter la bonne nouvelle aux îles Moluques. C'était un voyage de 3.500 kilomètres, voyage dangereux, car on ne pouvait entrer dans les îles malaises qu'à travers un dédale d'îles et d'îlots, de passes et de détroits. Après mille dangers, le saint arriva enfin à Amboise. Aussitôt débarqué, il se construisit une chapelle en ramée; après quoi, il se mit en quête des chrétiens qui pourraient se trouver dans la partie sud de l'île. Il résume son apostolat en trois lignes :

« Amboise est une île de 30 lieues de tour ; elle contient six localités chrétiennes. J'y ai baptisé beaucoup d'enfants dont plusieurs moururent après. On eût dit que Dieu les avait gardés jusque-là pour leur permettre d'entrer dans la voie du salut. » Il reprit les procédés apostoliques qui lui avaient réussi dans les Indes ; accompagné d'un ou de plusieurs enfants, il allait de porte en porte, demandant s'il y avait des malades, des nouveau-nés à baptiser, des morts à ensevelir. Parfois, les indigènes se renfermaient dans leurs cases, portes bien closes ; pour les en faire sortir, maintes fois Xavier imagina de chanter des psaumes ou des hymnes.

Il voulut aussi connaître les îles voisines. A la suite de ces excursions, il écrivit une lettre en Europe, et il n'y cache pas « que la race de ces îles est des plus barbares. Ils sont très perfides ; ils sont ingrats comme on ne l'est pas. Il y a des îles où l'on mange la chair humaine en temps de guerre. Ceux qui meurent de maladie, on leur coupe, pour s'en régaler, les mains et les pieds ». (Mon., p. 4, 417.)

Au bout de trois mois, le Père songea à gagner les îles du More dont on lui avait dit tant de mal. Malgré tous les pronostics contraires, il se dévoua si bien à ces insulaires réputés les plus sauvages que, peu à peu, il les domestiqua et fit parmi eux beaucoup de chrétiens. (Valignano, p. 76.)

Pour François, à son habitude, il est dans ses lettres fort sobre de détails : « J'ai baptisé beaucoup d'enfants ; mon séjour a été d'un mois. J'ai visité tous les lieux où il y avait des chrétiens : je les ai consolés et ils m'ont consolé. » Mais il acheta ce bien réalisé au prix de bien des sacrifices, car jamais peut-être il n'eut plus à souffrir qu'aux îles du More. Dans les années qu'il lui restait à vivre, partout où il ira, il gardera le souvenir du temps passé parmi ces sauvages. Plus tard, on écrira des Indes : « Le souvenir de son séjour aux Moluques lui demeura comme celui du temps le plus heureux de sa vie, parce que, disait-il, jamais il n'avait été plus dénué de tout secours humain. » (Ep. sel. Ind., 186.)

Les mois d'octobre, de novembre, de décembre s'étaient écoulés dans ces labeurs. Le but proposé était atteint. Xavier, d'une part, avait ramené au christianisme les néophytes apostats et converti beaucoup d'infidèles ; d'autre part, il connaissait la situation morale et religieuse du pays, il saurait mieux subvenir aux besoins spirituels de ces régions.

Vers la fin de juin 1547, Xavier rentrait à Malacca après dix mois d'absence et, le 13 janvier 1548, il remettait le pied sur le sol des Indes qu'il avait quitté depuis trois ans et six mois.

Le Japon.

Les différentes vies de saint François Xavier racontent fort au long son séjour au Japon : pour nous, il nous suffit de glaner quelques faits qui mettent mieux en lumière les vertus que nous avons déjà signalées et dont l'ensemble harmonieux constitue l'*Esprit de saint François Xavier*.

Dans des circonstances très providentielles, Xavier avait entendu dire beaucoup de bien des habitants du Japon : il résolut d'aller leur prêcher l'Évangile. En droite ligne, c'était un voyage de 5.000 kilomètres. On essaya vainement de le détourner d'une entreprise si périlleuse. Après avoir passé la nuit dans l'église de Notre-Dame-du-Mont, il s'embarqua, le 24 juin 1549, au soir de la fête de saint Jean-Baptiste.

Après une traversée des plus mouvementées, le 15 août, en la fête de l'Assomption de la Sainte Vierge, il abordait à Gangoxima, et prenait possession, au nom de Jésus-Christ, du sol japonais. Le 29 septembre, en la fête de saint Michel, qu'il établit patron du Japon, il se rendit auprès du vice-roi qui lui fit bon accueil et donna à tous les sujets permission de se faire chrétiens. En quelques mois, le nombre des prosélytes devint considérable : d'éclatants miracles opérés par le saint favorisaient beaucoup cet élan vers la foi. Malheureusement les bonzes, outrés de voir leurs adeptes les abandonner, obtinrent du vice-roi un édit interdisant à ses sujets d'embrasser la nouvelle religion. Tout ministère auprès des infidèles étant devenu impossible, Xavier s'attacha à confirmer dans la foi cent cinquante Japonais nouvellement baptisés ; il les confia ensuite au zèle de Paul de Sainte-Foi, et prit la route de Firando avec le Père Cosme de Torrès, le Frère Fernandez et le Japonais Bernard qui voulut être son compagnon inséparable : le voyage se fit péniblement à pied.

François avait consacré un an à évangéliser Cangoxima et les environs : il ne s'en était absenté que pour un voyage très court à Firando. C'était donc pour la seconde fois qu'il revoyait cette ville. Profitant de la bienveillance que lui témoigna le vice-roi à son arrivée, il s'adonna aussitôt avec ses compagnons au ministère de la prédication. Plusieurs fois par jour, ils allaient aux carrefours ou sur les places publiques réunir les curieux ou les gentilshommes qui les invitaient après la tombée de la nuit ; ils recevaient aussi dans leur modeste habitation bon nombre d'habitants qui venaient leur poser des questions sur leur doctrine. Quelques-uns de ces visiteurs ne tardèrent pas à demander le baptême.

Il vint à la pensée de François que s'il obtenait un édit favorable de l'empereur, il assurerait à l'apostolat des fruits plus nombreux et plus rapides ; il résolut donc de partir pour Miyako, la ville impériale. Après une vingtaine de jours passés à Firando, il prit le chemin du Nord. « Il n'avait, remarque Valignano, aucun secours, aucun appui des hommes. Il fallait, pour tenter une telle entreprise, un cœur vraiment grand et confiant. Pénétrer ainsi dans l'intérieur des terres, traverser toute la gentilité du Japon sans guide, dans un costume qui devait paraître si étrange, ceux qui savent ce qu'était alors le Japon diront que c'était une œuvre de confiance très héroïque et très surnaturelle. »

Après une quinzaine de jours d'un voyage des plus crucifiants, Xavier et son compagnon Fernandez arrivèrent à Yamaguchi, une des villes les plus riches et les plus corrompues du pays. Il fit aussitôt demander au vice-roi l'autorisation de prêcher l'évangile et se mit à l'œuvre sans attendre la réponse. Dès le lendemain, son compagnon et lui allèrent se placer aux carrefours ou dans les rues les plus populeuses et firent entendre à ce peuple la vérité évangélique. Pendant deux mois, ils continuèrent ce pénible apostolat, car les railleries, les moqueries ne leur manquèrent pas. Le résultat de cette prédication fut des plus modestes, si peu que rien, mais les missionnaires avaient semé en abondance et arrosé de leurs sueurs le bon grain : Dieu allait bientôt le faire germer et grandir.

Huit jours avant la Noël de 1551, nos voyageurs reprirent le chemin de Miyako : à vol d'oiseau, il y avait à peu près 400 kilomètres qui furent franchis à pied, car Xavier espérait ainsi mieux étudier le pays et y semer plus utilement l'Évangile. Nous avons dit au chapitre de la Pénitence ce que furent pour Xavier ces courses à travers une région inconnue, au fort d'un hiver rigoureux.

Quand il arriva à Miyako, il trouva la ville livrée au désordre, à l'anarchie. L'empereur avait fui ; impossible donc de l'aborder. Les contretemps allèrent se multipliant et entravèrent totalement l'apostolat de Xavier ; il fallut songer au retour. En s'éloignant, il regardait tristement la grande ville idolâtre qui, plus que toute autre, avait été pour lui la ville des déceptions. Très ému, il n'en pouvait détacher les yeux, et il répétait : *In exitu Israel de Egypto.*

Le retour fut aussi rude, plus rude peut-être que l'aller. On était en hiver, le froid atteignait son maximum et il fallait souvent naviguer immobile au fond d'une barque ; mais François ne perdit aucune occasion de parler de Dieu et de faire quelque bien.

Arrivés à Sakaï, nos voyageurs trouvèrent une jonque qui les déposa à Firando où le Père Cosme de Torrès les reçut avec une immense joie : « Vous pouvez vous imaginer, écrivait-il quelque temps après, ce que j'ai souffert d'être ainsi séparé du Père Maître François, à la pensée des dangers et des labeurs qu'il allait rencontrer, ainsi que le Frère Fernandez. Ils partirent à la fin d'octobre, au commencement des grands froids et des neiges. Mais ni le froid, ni les neiges, ni la crainte d'aller au milieu de populations inconnues ne pouvaient arrêter François, si grand était le feu d'amour de Dieu et le zèle des âmes qui brûlent en son cœur. Que n'eurent-ils pas à souffrir ? En barque, tapis à fond de cale ; sur terre, ignorant les routes, ils se mettaient comme valets au service des voyageurs à cheval et couraient derrière. Le soir, ils arrivaient trempés, épuisés, affamés dans les hôtelleries où il n'y avait rien pour eux, ni abri, ni nourriture. Le froid était tel qu'ils en avaient les jambes enflées. Ajoutez les insultes, les pierres que, dans les rues et sur les places, leur jetaient les enfants. Et rien n'empêchait Maître François de prêcher l'Évangile. Ce sont là des ardeurs de zèle que nous ne saurions imaginer, il faut l'avoir vu. Ses œuvres nous animent plus encore que ses paroles, et quoi que ce soit que nous fassions ou que nous souffrions, c'est une confusion que de se comparer à lui. Je ne vous en donne pas le détail, ce serait infini. »

François aurait pu goûter un peu de repos si légitimement gagné, mais son zèle lui rendait le repos impossible. Il repartit donc pour Yamaguchi afin d'obtenir du puissant Daïmyo ce qu'il n'avait pu obtenir de l'empereur à Miyako. Sa démarche, cette fois, fut couronnée de succès. Le Daïmyo lui donna pleine liberté de prêcher dans ses États, il lui fit même don d'un monastère inoccupé et d'un vaste terrain sur lequel le Père Cosme de Torrès bâtit plus tard une maison et une église. Sans tarder, le Père François et le Frère Fernandez reprirent leur laborieux apostolat. Deux fois par jour, ils se rendaient dans la rue principale de la ville ; là, assis sur la margelle d'un puits, l'apôtre faisait lire la doctrine, tandis qu'il restait en prières. Dieu féconda leurs travaux, et en deux mois, le nombre des chrétiens avait atteint le chiffre de cinq cents. On sent la joie que ce mouvement de conversion cause à François dans les lignes suivantes écrites à saint Ignace : « Bien des gens arrivent à nous pour s'instruire : nous prêchons deux fois par jour, et de très longues disputes viennent ensuite à ce propos. Des bonzes en grand nombre, des gentilshommes assistent à nos instructions avec beaucoup de gens du peuple. Notre logis ne désemplit pas ; plusieurs n'y peuvent trouver place. Il n'est pas croyable combien ceux qui ont été admis au baptême nous aiment ; ils viennent et reviennent chez nous s'enquérir de ce qu'ils pourraient faire pour nous être agréables ; ils se font un plaisir de nous gagner des adeptes. »

Au milieu de ces incessants travaux, François apprit l'arrivée, au port de Figi, d'un vaisseau portugais qui allait repartir pour Goa. Il résolut de profiter de cette occasion pour retourner aux Indes où l'appelaient de graves intérêts. Il quitta Yamaguchi vers la fin de septembre 1551. Selon sa coutume, il alla à pied, portant sur ses épaules un paquet où se trouvaient ses livres de prières, un calice, une pierre sacrée, du vin et des ornements de la messe. On voulait le soulager, il refusait, disant : « Ce sont des objets sacrés. »

Grâce au concours des Portugais, la réception au palais du vice-roi fut des plus solennelles : celui-ci lui accorda pleine liberté de prêcher la foi dans la ville et dans le royaume. Sans différer, Xavier et ses compagnons se mirent à l'œuvre et parcoururent les rues prêchant l'Évangile et furent assez heureux pour faire des conversions.

Entre le 15 et le 20 novembre, Xavier quittait le Japon, laissant à la garde de Dieu la mission, bien frêle encore, qu'il venait de fonder. Ce n'était pas la conversion en masse que Paul de Sainte-Foi lui avait fait entrevoir, mais à défaut du nombre, on avait la qualité, et le mot de Xavier restera proverbial : « *Les chrétiens du Japon, mes délices !* »

Dans les Indes, le grand obstacle à la foi avait été les Brahmes ; au Japon, le grand obstacle fut les bonzes. Au moment de quitter le Japon, Xavier eut avec eux, devant le vice-roi, une discussion qui dura cinq jours et où il fit triompher la vérité. Il sut même se faire des amis parmi ces bonzes, mais très peu eurent le courage de confesser cette vérité qu'ils reconnaissaient au fond du cœur. Ce fut une des grandes peines du missionnaire en quittant ce pays qu'il aimait tant. (Monum., Cros, Brou, Michel.)

L'apostolat de Xavier au Japon s'est exercé au milieu de peines, de souffrances, de contradictions, de déceptions sans nombre : son exemple dit à tous les athlètes de Jésus-Christ que rien ne doit vaincre ni abattre leur courage dans leurs entreprises apostoliques. Les uns sèment, les autres récoltent, mais Dieu proportionne la récompense non au succès apparent, mais à la bonne volonté.

LA CHINE.

Xavier quittait donc le Japon avec l'ardent désir de conquérir ce noble pays à la foi ; mais il avait remarqué maintes fois la subordination complète des Japonais à l'enseignement religieux des Chinois. Acculés par les raisonnements de l'apôtre, les bonzes et les gentilshommes se retranchaient derrière cet argument : « Si votre religion était la vraie, en Chine, on ne l'ignorerait pas. » Ces paroles enflam-

mèrent plus encore le zèle de François et, au lieu de songer au repos,
il conçut le vaste projet d'aller porter la lumière de l'Évangile au
peuple chinois lui-même afin que de là elle rayonnât sur le Japon.
C'était encore plus de travaux, encore plus de contradictions, encore
plus de déceptions : *amplius, Domine, amplius,* sa prière d'autrefois
allait être exaucée.

Xavier soumit son projet à son ami Diégo Pereira qui l'encouragea
et offrit même de supporter seul les frais du voyage. Les débuts
étaient souriants, aussi François, l'âme remplie d'espérance, écrivait
à saint Ignace : « Le Japon me semble bien fait pour que le christianisme une fois établi s'y perpétue. Sur un tel sol, tout travail est
bien employé. J'ai donc grand espoir que votre charité nous enverra
pour cela de saints ouvriers. De tous les pays découverts de ces
côtés, le Japon offre le plus la garantie dont j'ai parlé... Du Japon
à la Chine, la traversée est courte. C'est un pays immense que la
Chine, il est riche, tout y abonde... Les Chinois sont très ingénieux,
curieux de s'instruire... Si rien dans l'Inde ne vient traverser mon
dessein, j'espère aller en Chine, cette année 1552, pour le service de
Dieu Notre-Seigneur, qui pourra régner non seulement dans la
Chine, mais aussi au Japon. Dès que les Japonais, en effet, sauront
que les Chinois ont reçu la loi de Dieu, ils perdront vite la foi en
leurs sectes. Oui, j'ai grande espérance que par le moyen de la
Compagnie de Jésus, les Chinois et les Japonais sortiront de leur
idolâtrie et adoreront le vrai Dieu et Jésus-Christ, sauveur de toutes
les nations. » (Brou, Monum., I, ép. 100-18.)

Xavier avait compté sans la malveillance humaine qui fit échouer
tous ses beaux projets. Don Alonso de Ataïde, quatrième fils de
l'illustre Vasco de Gama, s'opposa formellement au départ de Diégo
Pereira, son frère, et le mit dans l'impossibilité de remplir les promesses faites à François. Toutes les supplications, toutes les objur-
gations furent inutiles, et l'irascible gouverneur parvint même à
ameuter toute une classe de citoyens contre François qui ne
recueillît plus que des insultes au lieu des témoignages de respect
et d'estime qu'il recevait auparavant. Ne pouvant plus se montrer
en public sans donner lieu à des scènes scandaleuses, il résolut de
se retirer sur le vaisseau de son ami Diégo ; il avait l'âme saturée
de tristesse et de peine, et comme il l'écrira plus tard, jamais,
depuis son arrivée aux Indes, il n'avait eu à subir de si cruelle
épreuve.

Avant de partir, il descendit à terre pour aller dire la messe à
Notre-Dame-du-Mont et faire ses adieux aux Pères et à ses amis,
puis il s'embarqua sur le *Santa Croce* qui fit voile vers San-Chouan

ou Sancian, qui avait été choisie comme un territoire neutre où Chinois et Portugais venaient échanger leurs marchandises; la Chine restait fermée aux étrangers sous les peines les plus sévères.

Arrivé à Sancian, il y rencontre bon nombre de Chinois avec lesquels il se met aussitôt en rapport. L'espérance grandit en son cœur, et il écrit : « Tous les Chinois que nous voyons paraissent contents de nous voir entrer en Chine. Ils désirent que nous réussissions. Ils avouent que la loi de nos livres est meilleure que la leur. Ils sont donc très satisfaits, mais aucun d'eux ne veut se charger de nous porter, à cause des périls qu'ils pourraient courir...

« Dès notre arrivée à Sancian, nous fîmes une chapelle, et j'ai dit la messe tous les jours, jusqu'à que je tombai malade de fièvres : la maladie dura quinze jours ; maintenant, par la grâce de Dieu, je me trouve bien portant ; il ne manque pas d'occupations spirituelles. Je ne sais que vous annoncer, si ce n'est que nous sommes déterminés d'aller en Chine. Il a plu à Dieu Notre-Seigneur qu'un homme honorable, marchand de Canton, s'offrit, au prix de 200 cruzados, à me porter à Canton. Ce serait dans une petite embarcation où ne se trouveraient d'autres mariniers que ses fils et ses serviteurs. Il s'est offert, de plus, à me tenir caché dans sa maison, trois ou quatre jours, et à me déposer, un matin, à la porte de la ville avec mes livres et d'autres petits bagages. De là, j'irais bientôt chez le gouverneur pour lui dire que nous étions venus pour nous rendre près du roi de Chine. » (Ajuda, 25, fol. 71.)

François Xavier était donc bien résolu à affronter la mort, pourvu qu'il pût prêcher Jésus-Christ. On était au 12 novembre ; le saint était plein de confiance ; encore huit jours, et il serait sur le continent. Mais au lieu des travaux et des souffrances que rêvait l'apôtre, c'était l'heure de la récompense qui allait sonner.

« Le 19 novembre, écrit le Chinois Antoine, serviteur de l'apôtre, était la date convenue avec le marchand chinois ; il ne paraît pas. Un jour, deux jours se passent, il faut se rendre à l'évidence ; c'est fini, le Père n'entrera pas en Chine.

« C'est à ce moment qu'il se sentit mal. Se voyant indisposé, sans rien à manger, il me demanda s'il ne serait pas bon d'aller sur le vaisseau de Diégo Pereira qui était mouillé en pleine mer. Je lui répondis que cela me paraissait bien, puisque en terre nous souffrions de telles privations ; sur le vaisseau, nous trouverions quelqu'un qui le nourrirait, le soignerait et là il pourrait se rétablir. Le Père fut de mon avis, et peu après il s'embarqua pour aller au navire : ce fut un mardi après-midi, 22 novembre. Il ne put passer qu'une nuit sur le vaisseau, durant laquelle il souffrit beaucoup et du roulis, parce que la mer était grosse, et d'une très forte fièvre. Aussi, de bon matin, il revint avec moi à terre, portant sous le bras une paire de chausses en drap qu'on lui avait donnée pour se défendre du froid qui était grand; il portait de plus, dans la manche, quelques amandes qu'on lui avait données pour manger. Il vint du vaisseau avec une telle fièvre et si brûlant qu'il paraissait une braise.

» Le voyant dans cet état, un Portugais le saigna; il s'évanouit, mais on le fit revenir à lui en lui jetant un peu d'eau au visage.

» Peu après, il éprouva un grand dégoût; il ne pouvait rien manger. Le lendemain, jeudi, comme on vit que la fièvre allait croissant, on lui fit une nouvelle saignée; il s'évanouit de nouveau. Ne pouvant rien manger et si tourmenté comme il l'était de la fièvre, il demeurait tellement endurant et patient que jamais on ne lui entendit formuler une plainte.

» Le jeudi, de bonne heure, il lui survint quelques accès de délire, mais tant qu'ils durèrent, jamais il ne dit un mot qui se pût attribuer à extravagance; les yeux élevés au ciel, d'un visage joyeux et de bel aspect, et à haute voix comme s'il eût prêché, il faisait certains colloques comme : *Tu autem meorum peccatorum et delictorum miserere! — Jesu, Fili David, miserere nobis! — Mater Dei, memento mei!* avec beaucoup d'autres paroles que je ne comprenais pas.

» Il fut ainsi, parlant avec une très grande ferveur, l'espace de cinq à six heures, et le nom de Jésus toujours à la bouche, tout ce jour de jeudi et tout ce jour de vendredi; il fut si patient et si bénin qu'il ne donnait aucun travail à qui le servait. Il demeura sans rien manger depuis le mercredi jusqu'au samedi. Le samedi, il commença à perdre la parole. Dès que je vis cela, il me parut que Notre-Seigneur le voulait vite prendre et je me disposai à le veiller. Cette nuit du samedi au dimanche, je veillai en effet toute la nuit, lui, demeurant toujours les yeux fixés sur un crucifix que je lui avais posé là. Quand l'aube du dimanche fut près de paraître, je vis qu'il allait mourir, et comme je lui mettais un cierge à la main, étant moi seul avec lui, il s'endormit dans le Seigneur, sans quasi aucun labeur, ni râles, ni épanchement d'humeur.

» Le béni Père mort, son visage demeura d'un bel aspect, si vermeil et si rosé, qu'il ne semblait que vivant et tel qu'il est, je crois, au royaume du Seigneur. » (Adjuda, 25/1, pl. 105; Cros, II, 346.)

Ainsi mourut le grand missionnaire, en pleine vigueur de l'âge, mais épuisé par dix années de travaux. Il trépassa, privé de tout, à des millions de lieues de ceux qu'il aimait, n'ayant pour recueillir son dernier soupir qu'un de ces Chinois qu'il était venu chercher si loin. Le reste lui manquait, et cette Compagnie qu'il chérissait d'une tendresse si ardente, et ses amis qui s'en étaient allés, et ses projets qu'il a vus avorter les uns après les autres.

Il convenait à un apôtre de disparaître ainsi dans l'abandon comme son Maître en Croix. Mais que de fois cette mort sera présente à l'esprit de ses frères et successeurs ! Ce sera leur suprême consolation, à défaut du martyre, de quitter la vie en plein pays de mission, sans aucun de ces soulagements qu'ils eussent trouvés dans le plus pauvre de leurs couvents, sans compagnon pour leur fermer les yeux et sans autre témoin que leur muet crucifix. (Brou, II, 366.)

Epilogue.

« Saint François Xavier est grand parmi les saints, ce qui signifie
qu'en dehors même de l'ordre mystique, il y avait en lui une grandeur qui, sur le plan simplement humain, se fût manifestée. Ignace
de Loyola ne fit que capter au profit de l'Église et de la charité
divine un génie qui s'ignorerait encore, mais qui se fût précipité,
un jour ou l'autre, vers les plus belles aventures. Il était de ceux
qu'attirent invinciblement les forces mystérieuses de l'univers. La
parole d'Ignace a sanctifié sa curiosité, et la croix de Jésus fut
désormais sa seule boussole. La ténacité, l'endurance, l'audace
heureuse le charma; il réunit au plus haut degré ces qualités des
grands explorateurs et des conquérants. Les plus célèbres d'entre
eux, avec trois cents cavaliers, ont conquis des empires. Lui seul
ou accompagné de quelques pauvres piétons comme lui, il a fondé,
dans les pays les plus hostiles, des œuvres dont la seule qui ait
presque entièrement succombé a duré cent ans. A coup sûr, ses
espérances n'ont pas été réalisées, et la religion chrétienne n'a
triomphé nulle part, pas plus dans l'Inde ou en Malaisie qu'au
Japon. Mais comme le combat continue, il nous est impossible de
préjuger de l'avenir.

» Et ce n'est pas à ces conséquences matérielles qu'il faut mesu-
rer l'importance de son rôle. Il a créé un des mouvements les plus
considérables et les plus féconds des temps modernes. Il a rapproché
les mondes. Il n'a pas inventé l'apostolat des infidèles, mais pour
la première fois, il en a ébauché l'organisation; il en a fait une
forme normale, régulière, disciplinée de l'activité chrétienne. Il n'y
a pas un seul missionnaire sur la planète qui ne soit, plus ou moins,
son héritier ou son imitateur. Le pasteur anglo-saxon ou américain
qui, en Chine ou en Syrie, consacre parfois une partie de ses abon-
dants loisirs à lui chicaner sa gloire ou à regretter qu'il ait trop
aimé la Sainte Vierge et les saints, lui doit le meilleur de son idéal

et quelques traits essentiels de la conception apostolique. Plus encore son exemple est de ceux qui ont augmenté la confiance légitime que l'homme peut avoir dans ses propres forces alimentées par la foi et soutenues par la grâce. La nature est fière des victoires qu'il a remportées sur elle, et le dur traitement que ses mortifications lui ont imposé ajoute à la gloire de l'espèce humaine. Quelles pitoyables créatures nous serions et quelle triste famille si, dans la défense et la propagation des idées les plus désintéressées, des hommes comme lui ne relevaient notre honneur ! Sa vie est de toutes ses œuvres la plus substantielle et la plus vivante. Il a continué et il continue d'agir dans les âmes. Il a été de tous les labeurs ingrats qu'ont poursuivis les missionnaires de Jésus-Christ au Canada, en Amérique, en Afrique, en Chine, et de toutes leurs souffrances et de tous leurs martyres. On retrouve son souvenir sur tous les chemins qui les ont conduits vers les supplices et dans toutes les solitudes où ils ont failli perdre cœur. Ils ont envié ses courses les plus périlleuses, ses tempêtes, ses joies amères, jusqu'à ses humiliations, jusqu'à l'isolement de son grabat funèbre, jusqu'à son agonie, loin de tous les siens, sous les yeux bridés d'un Chinois. Et ceux qui sont partis pour convertir les païens ont vu briller, au terme de leurs efforts, comme de pures récompenses, des choses dont la seule pensée fait frémir. » (Bellessort, *Saint François Xavier*, p. 340.)

Table des Matières.

Pages.

37,801. — Bordeaux, Imprimerie Y. Cadoret, 17, rue Poquelin-Molière.

A LA MÊME ADRESSE

37.801. — Bordeaux, impr. Y. Cadoret, 17, rue Poquelin-Molière.